Norden

Westküste
und zentrale Südinsel

Süden

Sonnenuntergang im Westen, Südufer der Otago Peninsula mit Sandfly Bay im Vordergrund, Tour 25

Neuseeland Südinsel

Copyright Conrad Stein Verlag GmbH.
Alle Rechte vorbehalten.

Der Nachdruck, die Übersetzung, die Entnahme von Abbildungen, Karten, Symbolen, die Wiedergabe auf fotomechanischem Wege (z. B. Fotokopie) sowie die Verwertung auf elektronischen Datenträgern, die Einspeicherung in Medien wie Internet (auch auszugsweise) sind ohne vorherige schriftliche Genehmigung des Verlages unzulässig und strafbar.

Alle Informationen, schriftlich und zeichnerisch, wurden nach bestem Wissen zusammengestellt und überprüft. Sie waren korrekt zum Zeitpunkt der Recherche. Eine Garantie für den Inhalt, z. B. die immerwährende Richtigkeit von Preisen, Adressen, Telefon- und Faxnummern sowie Internetadressen, Zeit- und sonstigen Angaben, kann naturgemäß von Verlag und Autor – auch im Sinne der Produkthaftung – nicht übernommen werden.

Der Autor und der Verlag sind für Lesertipps und Verbesserungen (besonders per E-Mail) unter Angabe der Auflagen- und Seitennummer dankbar.

Dieses OutdoorHandbuch hat 160 Seiten mit 41 farbigen Abbildungen, 25 farbigen Kartenskizzen im Maßstab 1:50.000, 1:75.000 und 1:100.000, sowie 23 farbigen Höhenprofilen und einer farbigen, ausklappbaren Übersichtskarte. Es wurde auf chlorfrei gebleichtem, FSC®-zertifiziertem Papier gedruckt, in Deutschland klimaneutral hergestellt und transportiert und wegen der größeren Strapazierfähigkeit mit PUR-Kleber gebunden.

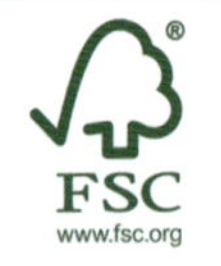

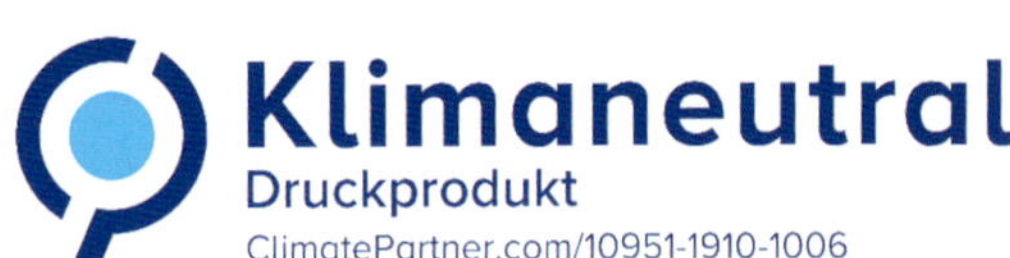

Dieses Buch ist im Buchhandel und in Outdoor-Läden erhältlich und kann im Internet oder direkt beim Verlag bestellt werden.

OutdoorHandbuch aus der Reihe „Regional", Band 408

ISBN 978-3-86686-596-9 1. Auflage 2020

© Basiswissen für draussen, Der Weg ist das Ziel und FernwehSchmöker sind urheberrechtlich geschützte Reihennamen für Bücher des Conrad Stein Verlags

Text: Daniel Hüske
Fotos: Daniel Hüske (sofern nicht anders gekennzeichnet)
Karten: Heide Schwinn
Lektorat: Amrei Risse
Layout: Alexandra Sauerland

Gesamtherstellung: gutenberg beuys feindruckerei

Dieses OutdoorHandbuch wurde konzipiert und redaktionell erstellt vom:

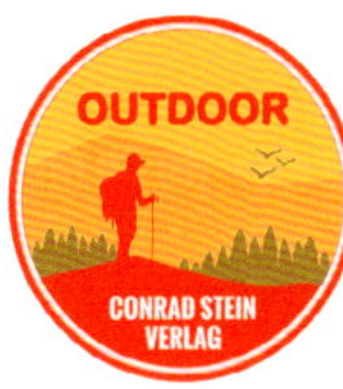

Conrad Stein Verlag GmbH, Kiefernstr. 6, 59514 Welver,
☎ 023 84/96 39 12, FAX 023 84/96 39 13,
info@conrad-stein-verlag.de,
www.conrad-stein-verlag.de

Besuchen Sie uns bei Facebook & Instagram:

www.facebook.com/outdoorverlag

www.instagram.com/outdoorverlag

Titelfoto: Wanderer auf dem Skyline Track bei Mt Alpha, Tour 18

Inhalt

Wanderparadies Neuseelands Südinsel

Neuseeland – der Klang dieses Namens lässt wahrscheinlich auch Ihren Puls höherschlagen. Völlig zu Recht, denn Sie haben mit dem Land der weißen Wolke eines der schönsten Wanderziele der Welt als Destination auserkoren. Endlose Küsten, goldgelbe Strände, imposante Berge, weite Flusstäler, wunderschöne Seen und märchenhafte Wälder – all das sind bunte Zutaten für ein glückliches Wanderherz. Kaum ein anderes Gebiet der Welt besticht auf kompaktem Raum mit einer solch abwechslungsreichen Landschaft. Die Vielfalt hält für jeden Anspruch etwas parat, von leichten Familienwanderungen bis zur anspruchsvollen Tour für Gipfelaspiranten ist wirklich für jeden etwas dabei. Obendrein lässt die häufig hervorragende Wanderinfrastruktur kaum Wünsche offen für den Sprung ins Outdoor-Abenteuer.

Gerade die Südinsel, auch Te Waipounamu genannt, gilt unter vielen Gästen als die wildere und abgeschiedenere der beiden Hauptinseln. Nur ein Viertel der Bevölkerung wohnt hier und die Einwohnerdichte fällt mancherorts bis unter einen Einwohner pro Quadratkilometer. Fast die Hälfte der Landesfläche steht unter Naturschutz, vor allem große Teile des Rückgrats der Südlichen Alpen und nahezu die gesamte Westküste. 9 von landesweit insgesamt 13 Nationalparks finden sich hier, mit bekannten Vertretern wie dem Abel-Tasman- oder Aoraki-/Mt-Cook-Nationalpark. Naturliebhaber, Küstenfans und Berganbeter können sich verzaubern lassen von der teilweise schier unvorstellbaren Dimension der umgebenden Szenerie.

Es wird klar, warum Neuseeland und insbesondere die Südinsel von vielen zivilisationsgeschundenen Besuchern als Reiseziel auserkoren wird. Auf der Suche nach Freiheit und Gedankenpause landet das Land im Pazifik auf der Liste der Sehnsuchtsziele vermehrt ganz oben. Die steigenden Besucherzahlen der letzten Jahre bleiben natürlich auch auf den Tracks des Landes nicht ganz unbemerkt. Das hat entsprechend Auswirkungen auf die Auswahl der Wanderwege in diesem Buch. Während einige Klassiker trotz der hohen Popularität nicht ausgespart wurden, so werden Ihnen ebenso ruhigere Varianten vorgestellt. Wann immer möglich und sinnvoll sind attraktive alternative Zugänge und ergänzende Abstecher beschrieben oder Wandertouren aufgenommen worden, die vorsichtig als „Geheimtipp" bezeichnet werden können.

Für ein Land mit einem ausgedehnten Wandernetz in einer Gesamtlänge, die der Entfernung von Dubai nach Auckland entspricht, kann kein Wanderführer den Anspruch auf Vollständigkeit erheben und alle schönen Wege abdecken. Worauf Sie sich jedoch verlassen können, ist, dass jede beschriebene Tour etwas Besonderes für Sie bereithält: eine beeindruckende Aussicht auf die Bergwelt, einen wilden Küstenabschnitt, liebliche Strände, türkisblaue Seen. Das Buch wird Ihnen hoffentlich viele atemberaubende Momente bescheren und einen besonders faszinierenden Teil unserer Erde ein Stückchen näherbringen können. Wir, das Verlagsteam und der Autor, wünschen Ihnen unvergessliche Wanderungen.

Reise-Infos

Anreise

Internationale Flugverbindungen

Zahlreiche internationale Fluglinien bieten tägliche Verbindungen nach Neuseeland an. Die Reisezeit von Frankfurt nach **Auckland** (AKL, Nordinsel) oder **Christchurch** (CHC, Südinsel) mit kurzem Stopp am Persischen Golf, in Asien oder Amerika beträgt mindestens 23 Stunden. Mit einer weiteren Zwischenlandung in Australien können Sie auch das südlich gelegene **Queenstown** (ZQN, Südinsel) direkt anfliegen.

Formalitäten

Reisende mit deutscher, österreichischer oder schweizerischer Staatbürgerschaft benötigen für einen Urlaubsaufenthalt in Neuseeland von bis zu drei Monaten kein Visum, als Reisedokument reicht ein gültiger Reisepass. Dazu müssen Sie ein Rück- oder Weiterflugticket vorweisen können und werden ggf. nach ausreichenden finanziellen Mitteln zur Deckung der Reisekosten befragt.

Seit Oktober 2019 ist zusätzlich die Beantragung einer elektronischen Einreisegenehmigung (NZeTA) verpflichtend (Bearbeitungszeit bis zu drei Tage). Neben den Antragsgebühren von $ 9 (mobile App) bzw. $ 12 (Website) wird automatisch eine Tourismusabgabe (IVL) von $ 35 berechnet.

💻 nzeta.immigration.govt.nz, www.auswaertiges-amt.de

Biosecurity

Bei der Ankunft gelten strenge Einfuhrregelungen für Lebensmittel, tierische oder pflanzliche Produkte. Geben Sie auch die kleinsten Mengen in Ihrem Gepäck auf der Einreisekarte unbedingt an, andernfalls riskieren Sie empfindliche Bußgelder. Frisches Obst, Gemüse, Fleisch oder Fisch darf generell nicht ins Land gebracht werden und kann in den dafür vorgesehenen Containern entsorgt werden. Ist Nahrung hingegen industriell hergestellt und verpackt, ungeöffnet und haltbar, dann ist dies in den meisten Fällen unproblematisch (z. B. dehydrierte Wandernahrung).

Machen Sie auch einen Haken bei „Yes“ zur Frage nach Outdoor-Ausrüstung und stellen Sie sicher, dass Schuhe, Socken, Zelt und Co. vor der Reise penibel gereinigt wurden. Rechnen Sie mit einer möglichen Inspektion durch die Beamten oder deren Spürhunde.

💻 www.biosecurity.govt.nz

Weiterreise zur Südinsel

Innerhalb von Neuseeland verfügen Air New Zealand (💻 www.airnewzealand.de) und Jetstar (💻 www.jetstar.com) über ein dichtes Flugnetz. So werden von Auckland auf der Nordinsel neben Christchurch und Queenstown auch **Nelson** (NSN) und **Dunedin** (DUD) direkt bedient. Weitere Flughäfen auf der Südinsel befinden sich u. a. in **Hokitika** (HKK) und **Invercargill** (IVC).

Zur Überquerung der Cook Strait zwischen Nord- und Südinsel bestehen außerdem Flugverbindungen von Wellington (WLG) nach Nelson sowie **Blenheim** (BHE). Sounds Air (💻 www.soundsair.com) fliegt neben diesen beiden Zielen auch noch den kleinen Flughafen von Picton (PCN) an. Die klassische Anreise über die oft windgebeutelte Meerenge erfolgt allerdings per Fähre mit Interislander oder Bluebridge.

💻 www.greatjourneysofnz.co.nz, www.bluebridge.co.nz

Unterkünfte

Die Bandbreite von Übernachtungsmöglichkeiten in Neuseeland ist groß: Von einfachen Hostels, Pensionen bis hin zu Luxushotels ist für jeden Geschmack etwas dabei. Vielfältige Campingoptionen versprechen Freiheit und Flexibiltät (☞ Verkehrsmittel, Auto und Wohnmobil) und auf den Wanderstrecken sorgen Hütten und Zeltplätze für ein intensives Wildniserlebnis (☞ Wanderinfrastruktur).

Verkehrsmittel

Bus und Bahn

Der nationale Busanbieter **Intercity** (☎ 09/583 57 80, 💻 www.intercity.co.nz), verbindet viele Regionen Neuseelands miteinander und fährt täglich mehrere Hundert Standorte an, teilweise unter den teureren Touranbieternamen GreatSights, Gray Line und awesomeNZ. Tickets zum Standardpreis können nicht storniert werden, hierfür sollten Sie den teureren Flexipreis wählen. Für Vielfahrer können die angebotenen Buspässe (FlexiPass oder TravelPass) eine Preisersparnis bringen.

☺ Wenn Sie rechtzeitig buchen, erwischen Sie vielleicht einen $-1-Platz. Wer zuerst kommt, mahlt zuerst, denn pro Intercity-Bus ist genau einer dieser Schnäppchenplätze verfügbar. Die Busverbindungen werden ein Jahr im Voraus freigeschaltet.

Ergänzend zum Intercity-Netz sind die Verbindungen zwischen Christchurch und der Westküste (Westport und Greymouth) erwähnenswert.

Atomic Shuttles (💻 www.atomictravel.co.nz) und **East West Coaches** (💻 www.eastwestcoaches.co.nz) verkehren via Arthur's Pass oder Lewis Pass zwischen Osten und Westen der zentralen Südinsel. Alternativ können Sie zur Überquerung der Südlichen Alpen auch eine Zugreise mit dem **TranzAlpine** antreten (www.greatjourneysofnz.co.nz).

Da die genannten überregionalen Optionen allerdings nur wenige Start- und Zielpunkte der Tracks direkt erreichen, hat sich über die Jahre eine Fülle von kleineren Shuttle-Anbietern etabliert. In den Wanderbeschreibungen dieses Buches finden Sie Angaben zu den möglichen Alternativen zum eigenen Fahrzeug. Ist eine Mindestanzahl an Personen angegeben, dann ist dies einem Mindestgesamtpreis gleichbedeutend, der dann auf die Anzahl der tatsächlich Reisenden aufgeteilt wird.

Auto und Wohnmobil

Das Reisen mit einem Auto oder Campervan eröffnet im Vergleich zur Busreise flexiblere Möglichkeiten. Sie sind insgesamt zügiger unterwegs, nicht an starre Fahrpläne gebunden und können einfacher die Südinsel links und rechts der Hauptrouten erkunden. Für kurze Aufenthalte ist in der Regel eine Anmietung die bessere Variante. Sollten Sie drei Monate oder länger in Neuseeland planen, dann kann ein Kauf die richtige Wahl sein. Für detaillierte Infos zur Thematik Miete oder Kauf stehen zahlreiche Reiseführer für Neuseeland zur Auswahl. Exemplarisch sei das DuMont Reise-Handbuch „Neuseeland“ genannt. Einen Kauf mit Rückkaufgarantie bietet Kiwi Cruise Control an (www.kiwicruisecontrol.de). Das Buch „Als Dach der Sternenhimmel – Camping in Neuseeland“ von 360° medien beleuchtet ausführlich alle Aspekte des Reisens mit dem Wohnmobil und unter www.freedomcamping.org finden Sie einen ersten Überblick über die Campingmöglichkeiten. Für das freedom camping, das freie Campen auf öffentlichem Gelände, muss Ihr Fahrzeug in bestimmten Regionen über eine Toilette sowie Frisch- und Abwassertank verfügen (self-contained).

Kontaktieren Sie bei den vereinzelt im Buch aufgeführten freedom-camping-Möglichkeiten vorab die Besucherzentren vor Ort, da sich die Einschränkungen jederzeit ändern können.

Für das Führen von Fahrzeugen in Neuseeland benötigen Sie eine gültige deutsche Fahrerlaubnis sowie eine beglaubigte englische Übersetzung. Beantragen Sie dafür am besten vor der Reise einen internationalen Führerschein.

In Neuseeland herrscht Linksverkehr. Die meisten Besucher gewöhnen sich recht schnell an den Seitentausch. Bei der Übernahme in den Städten ist anfangs besondere Aufmerksamkeit geboten. Eine gute Übersicht zum Fahren auf Neuseelands Straßen finden Sie unter www.nzta.govt.nz [Suchbegriff: driving-in-nz-german].

Die in diesem Buch vorgestellten Wanderungen sind bis auf wenige Ausnahmen mit einem herkömmlichen Auto oder Campervan, auch größeren Kalibers, gut erreichbar – andernfalls finden Sie entsprechende Hinweise. Beachten Sie, dass manche Tracks nur über unbefestigte Straßen, sogenannte *gravel roads*, erreichbar sind und die Mietbedingungen vieler Anbieter das Befahren solcher Straßen untersagen. Ausnahmen davon sind z. B. Apex Car Rentals (💻 www.apexrentals.co.nz) für Autos und PiwiWiwi (💻 www.piwiwiwi.co.nz) für Campervans.

Fast immer befindet sich direkt am Start der vorgestellten Wanderwege ein Parkplatz und in vielen Fällen liegt ein ⛺ Campingplatz in unmittelbarer Nähe, den Sie sowohl mit dem Wohnmobil als auch mit dem Zelt nutzen können. Obwohl Neuseeland grundsätzlich ein sicheres Reiseland ist, können vereinzelte Fahrzeugeinbrüche oder gar -diebstähle nicht völlig ausgeschlossen werden. ✋ Lassen Sie daher keine Wertsachen im Fahrzeug liegen. Diese können Sie in Ihren Unterkünften oder vereinzelt auch in den Besucherzentren gegen eine kleine Gebühr zwischenlagern. Bewachte Parkplätze sind sehr selten verfügbar. Starten Sie alternativ von den genannten Campingplätzen aus oder nutzen Sie die Transportangebote vom nahe gelegenen Ort zum Track. Insgesamt ist die Wahrscheinlichkeit für solch unangenehme Situationen für die beschriebenen Wanderungen allerdings als gering einzustufen.

Telefon

Von Deutschland telefonieren Sie nach Neuseeland mit der Vorwahl 00 64, gefolgt von den im Buch angegebenen Telefonnummern ohne vorangestellte Null. Die innerhalb Neuseelands kostenfreien 0800-Nummern einiger Anbieter können in der Regel nicht vom Ausland aus gewählt werden.

Klima und Reisezeit

Klima

Neuseeland liegt in einer gemäßigten Klimazone mit vier Jahreszeiten. Ein genauer Blick auf die mittleren jährlichen Niederschläge und Temperaturen verrät allerdings, dass starke regionale Unterschiede zu verzeichnen sind. Maßgeblich für die Wettermuster auf der Südinsel sind die häufig vorherrschenden Westwinde (*westerlies*) und die als Klimascheide agierenden Südlichen Alpen.

Die regenbeladenen Luftmassen der Tasmanischen See (Tasman Sea) bringen der Westküste entsprechend starke Niederschläge. Während die vorgelagerten, flachen Küstenstreifen noch relativ glimpflich mit 2.000 bis 3.000 mm im Jahr davonkommen, sieht es weiter östlich im bergigen Inland schon anders aus. So fallen z. B. im Südwesten am Milford Sound an etwa 200 Tagen im Jahr durchschnittlich fast 7.000 mm (ca. das Siebenfache von Deutschland). An den westlichen Flanken der Südalpengebirgskette regnet oder schneit es sogar bis zu 10.000 mm. Nur 150 km landeinwärts vom Milford Sound hinter den Bergen liegt hingegen das trockenste Gebiet Neuseelands: Central Otago bekommt nur 350 mm Niederschlag ab – im Jahr wohlgemerkt.

Hin und wieder treten kurzzeitige Wetterextreme auf. An der Westküste können in 48 Stunden 500 mm und mehr Niederschlag runterprasseln. Zuletzt lag der Rekord im März 2019 bei über 1.000 mm westlich von Hokitika (☞ Wanderung 9)! Flüsse treten dann in kürzester Zeit über die Ufer und reißen alles mit, was sich ihnen in den Weg stellt. Während solcher Kapriolen entstehen Erdrutsche, Küsten- und Uferabschnitte verschwinden oder verändern sich, Wanderwege werden durch umgestürzte Bäume unpassierbar und Straßen sowie Brücken weggespült. Rechnen Sie deshalb in Neuseeland immer mit wetterbedingten Sperrungen, Umleitungen oder anderen Einschränkungen.

Es wird ersichtlich, warum es so wichtig ist, vor jeder Wanderung die Wetterprognosen einzuholen (☞ Outdoor Safety Code). Die Mitarbeiter in den Besucherzentren können meist auf lange Erfahrung zum Mikroklima vor Ort zurückgreifen und die Wetterlage gut einschätzen. Eine **i** Info-Adresse zur Kontaktaufnahme ist bei jeder Wanderung angegeben. Online können Sie die letzten Vorhersagen unter 💻 www.metservice.com abrufen. ✋ Werfen Sie auf der Seite auch einen Blick auf die Prognosen außerhalb der Städte unter „Mountains & Parks" und die Wetterwarnungen (*severe weather*). Detaillierte Wetterkarten für die nächsten Tage finden Sie unter 💻 www.metvuw.com/forecast (z. B. „New Zealand – South Island, Forecast: 3-day Thumbnails").

Zur Aufheiterung der Stimmung ist ergänzend aber noch zu vermerken, dass auch die regenreichen Gebiete der Südinsel durchaus ausgeprägte Hochdruckwetterlagen erleben können.

Als grobe Daumenregel kann festgehalten werden: Je weiter östlich Sie sich aufhalten, desto weniger ist tendenziell mit Niederschlägen zu rechnen. Dies gilt vor allem für Ihre Position in Relation zu den Bergzügen der Südlichen Alpen. Manchmal sind es nur wenige Kilometer, die zwischen blauem Himmel und wolkenverhangenen Bergen liegen. Während z. B. in Wanaka mit seinen nur 700 mm Niederschlag im Jahr schönste Sommerstimmung herrscht, regnet es vielleicht am Rob Roy Glacier (☞ Wanderungen im Süden, weitere Tracks) zur gleichen Zeit unaufhörlich.

Apropos Sonne: An der Nordküste rund um Nelson zeigt sie sich mit üppigen 2.300 Stunden im Jahr am häufigsten. Je weiter südlich oder westlich Sie reisen, desto seltener wird sie Sie aufwärmen können. Die Temperaturen der Südinsel erreichen im Sommer (Dez-Feb) in den tiefer liegenden Gebieten durchschnittlich einen Tageshöchstwert um die 18 °C im Süden, bis 22 °C im Norden. Die Tiefstwerte der Nacht liegen etwa 8 °C bis 10 °C niedriger. Da es sich dabei nur um Mittelwerte handelt, kann das Thermometer mancherorts am Nachmittag durchaus Richtung 30°-C-Marke klettern und die Nachttemperaturen bis in den einstelligen Bereich oder im tiefen Süden gar bis zum Gefrierpunkt fallen.

Im Frühling (Sep-Nov) oder Herbst (März-Mai) kann es spürbar kühler sein. Die mittleren Spitzenwerte am Tag liegen zu Frühlingsbeginn und im Spätherbst im Schnitt bei über 10 °C im Süden und weiter nördlich um die 15 °C. Nachtfröste sind in dieser Zeit keine Seltenheit. Generell sind die Temperaturschwankungen in Küstennähe weniger stark ausgeprägt als im Landesinneren, und das sowohl im Unterschied zwischen Tag und Nacht als auch zwischen den Jahreszeiten.

Welche Temperatur zu erwarten ist, hängt natürlich auch entscheidend von der Topografie der Umgebung ab: Pro 100 m Anstieg sinkt die Temperatur etwa um 0,6 °C.

☝ Tiefere Temperaturen sind nicht die einzige wetterbedingte Herausforderung, welche Ihnen in den Bergregionen der Südinsel begegnen kann. In höheren Lagen kann es zu jeder (!) Jahreszeit schneien. Exponierte Abschnitte oberhalb der Baumgrenze, vor allem entlang von Kämmen oder über Pässe, sind häufig stürmischen Winden ausgesetzt. Um der unterschätzten Gefahr der Unterkühlung (Hypothermie) durch den Wind entgegenzuwirken (besonders bei Regen), sollten Sie wind- und regendichte Außenbekleidung mit auf Tour nehmen! Rechnen Sie immer mit sich schnell ändernden Witterungs- und Sichtbedingungen (nicht nur in den Bergen) und Temperaturstürzen, auch wenn optimale Bedingungen vorhergesagt wurden. Nehmen Sie einen Kompass und/oder ein GPS-Gerät mit. Die sprichwörtlichen vier Jahreszeiten an einem Tag können Sie hier innerhalb kürzester Zeit erleben.

Beste Wander- und Reisezeit

Etwa die Hälfte der beschriebenen Wanderungen befindet sich in Küstennähe oder in tieferen Lagen. Winterliche Bedingungen können zwar vereinzelt die Begehbarkeit vorübergehend einschränken, sie sind aber ansonsten ganzjährig möglich.

Der andere Teil der vorgestellten Wanderwege verläuft dagegen durch bergiges Gelände bis hinauf in alpines Terrain. ☝ Außerhalb der wärmeren Monate des Jahres muss hier vermehrt mit Behinderungen durch Schnee, Eis oder Glätte gerechnet werden (ggf. ist Winterausrüstung wie z. B. Steigeisen notwendig) und es besteht entlang einiger dieser Tracks Lawinengefahr (☞ Weitere (Natur-) Gefahren). Viel Erfahrung mit winterlichen Bedingungen ist dann notwendig.

Sollte ein Weg nicht ganzjährig gleichermaßen empfehlenswert sein, finden Sie in der Zusammenfassung am Anfang der Tour einen Tipp zur besten Wanderzeit.

Um möglichst die meisten Wanderregionen der Südinsel genießen zu können, empfiehlt sich eine Reisezeit zwischen November und April. Ab kurz vor Weihnachten herrscht allerdings absolute Hochsaison, wenn in der Spitze eine halbe Million Besucher im Monat ankommt und gleichzeitig bis Anfang Februar in Neuseeland Schulferien sind. Unterkünfte sind dann häufig ausgebucht und die populären Wanderwege sind brechend voll. Die Natur gibt in dieser Zeit ihr Bestes und lässt viele Bäume blühen (Pōhutukawa, Rātā und Tea Trees), die Tage sind mit 15 Stunden sehr lang. Nach dem Waitangi Day am 6. Februar wird es etwas ruhiger, wenngleich die Besucherzahlen bis März weiterhin hoch sind. Die Zeit des langsam einsetzenden, teilweise bunten Herbstes kann beständige Witterung mit sich bringen und eignet sich häufig sehr gut zum Wandern. Längere Touren sollten Sie nun jedoch zeitig beginnen, da die Nacht wieder eher einbricht. Zu Ostern und in den Ferien während der zweiten Aprilhälfte wird es noch einmal ein wenig geschäftiger, bevor in den Bergen unwiderruflich der Winter einzieht.

☺ Wenn Sie zeitig in der Saison starten, beginnen Sie am besten mit dem Nordteil der Insel und reisen anschließend in den kälteren Süden, bei Start im Herbst andersherum.

Karten und GPS

In den meisten Fällen genügen die Karten in diesem Buch zur Orientierung während der Wanderung. Wünschen Sie topografische Wanderkarten für größere Bereiche in Papierformat oder möchten Sie Touren im unmarkierten Gelände wandern (☞ Wanderungen 15, 22 und 23), dann halten Besucherzentren die **Topo50-Karten** von Land Information New Zealand (💻 www.linz.govt.nz) sowie Outdoor-Karten von **NewTopo** (💻 www.newtopo.co.nz) und **geographx** (💻 geographx.co.nz) zum Kauf bereit. Die Topo50- und einige der geographx-Karten können Sie auch über entsprechende Fachgeschäfte in Deutschland beziehen.

Die Online-Kartenversion unter 💻 www.topomap.co.nz eignet sich bestens für die Vorbereitung von zu Hause. ☺ Hier können Sie übrigens alle LINZ-Topo50-Karten kostenfrei herunterladen (große Dateigröße) und ausdrucken. Außerdem ist der Download als „Custom Map" für Garmin-GPS-Geräte möglich.

Kostenpflichtige Topo50-Apps für Smartphones mit Offline-Karten sind z. B. **„Topo GPS New Zealand"**, **„Places2Note"** (ab Plus-Abo) oder **„Neuseeland Topo Karten Pro"**.

Die GPS-Tracks zu den beschriebenen Wegen können Sie kostenlos von der Internetseite des Verlags (💻 www.conrad-stein-verlag.de) herunterladen.

☺ Die Kartenempfehlungen wurden von der Geobuchhandlung Kiel überprüft. 💻 www.geobuchhandlung.de

☺ Zwei der in diesem Führer beschriebenen Wanderwege laufen durch mehr oder weniger flaches Gelände ohne nennenswerte Höhenunterschiede. In diesen Fällen wurde auf die Darstellung eines Höhenprofils verzichtet.

📖 **GPS** *Grundlagen · Tourenplanung · Navigation* von Michael Hennemann, Conrad Stein Verlag, Basiswissen für draußen, ISBN 978-3-86686-495-5, € 9,90

Bei der Orientierung im Gelände ist die Beachtung der **Deklination** (auch Missweisung genannt) in Neuseeland von besonderer Bedeutung. Der Unterschied zwischen dem **geografischen Norden** (*true north*, rechtweisend Nord) und der Himmelsrichtung, in die die Kompassnadel zeigt, dem **magnetischen Norden** (*magnetic north*, missweisend Nord), ist hier besonders hoch. Aktuell liegt der Wert auf der Südinsel zwischen 22° Ost im Nordwesten (Golden Bay) und 26° Ost im Südosten (Catlins). Der Zusatz Ost bedeutet, dass der magnetische Norden östlich vom geografischen Norden abweicht. Unter 💻 www.ngdc.noaa.gov/geomag können Sie den Wert, der keineswegs konstant bleibt, aktuell für Ihre jeweilige Position annähernd bestimmen.

Alle Angaben und Karten im Buch beziehen sich auf den geografischen Norden, daher müssen Sie die Deklination bei der Bestimmung der Laufrichtung berücksichtigen. Ist im Buch z. B. als Himmelsrichtung Süden (180°) angegeben (Kartenkurs) und Sie haben eine Deklination von 23° Ost bestimmt, dann wäre die angepasste Kompassrichtung (Kompasskurs) zur Geländeorientierung bei 157°, also etwa Südsüdost (SSO). Würden Sie die angezeigte Kompassrichtung nicht adjustieren, dann würden Sie nicht wie gewünscht tatsächlich nach Süden laufen, sondern stattdessen in Richtung Südsüdwest (SSW, 203°) abdriften.

Einige Kompasse bieten die Möglichkeit zur festen Einstellung einer Missweisungskorrektur an. Das erspart das fehleranfällige Umrechnen. Bei elektronischen Geräten ist mitunter die optionale Einstellung der Nordreferenz verfügbar, welche Sie am besten auf geografischen Norden setzen, sodass die Deklination automatisch eingerechnet wird.

Beachten Sie darüber hinaus, dass Kompasse aus Europa in der Regel in Neuseeland nicht einwandfrei funktionieren. Zwar richtet sich die Nadel grundsätzlich weiterhin nach Norden aus, aber sie kann sich wegen starker Kippneigung (*magnetic dip*, Inklination) nicht mehr frei drehen und am Boden der Kompassdose verklemmen. Sie benötigen einen Kompass mit der für Neuseeland passenden Inklinationszone (Silva: Magnetic South, Zone 5, Suunto: Southern Hemisphere). Vor Ort erhalten Sie die geeigneten Kompasse in Outdoor-Sportgeschäften oder unter 💻 www.mapworld.co.nz/compasses.html (Standort Christchurch, mit Versand in ganz Neuseeland, auch an Unterkünfte). Alternativ können Sie vorab einen Kompass mit „globaler Nadel" erwerben, welcher dann auch problemlos auf der Südhalbkugel funktioniert (z. B. die TruArc-Serie von Brunton).

Wanderinfrastruktur

Die meisten der rund 14.000 km an möglichen Wanderwegen in Neuseeland werden von der Naturschutzbehörde Department of Conservation (DOC, 💻 www.doc.govt.nz) betrieben und instand gehalten. Vor allem die populären, bekannteren Tracks sind meist sehr gut mit Wegweisern bestückt, verlaufen auf natürlichen bis begradigten Wegen und sind dementsprechend einfach zu wandern. Als Markierungen werden in der Regel orange Dreiecke oder orange Metallstangen genutzt. ✋ Folgen Sie niemals blauen oder pinken Dreiecken, die Fallen oder Köder markieren.

Das sollte jedoch nicht darüber hinwegtäuschen, dass die Bandbreite auf den Wanderstrecken des Landes deutlich größer ist. Im „Hinterland", dem *backcountry*, kann die Beschilderung kaum präsent, mit Steinmännchen ersetzt oder gar nicht existent sein, teilweise sind die Wege schmal und verlaufen steil und ausgesetzt über steinigen, wurzeligen und ursprünglichen Untergrund. Bäche und Flüsse müssen dann häufig gefurtet werden, weil keine Brücken installiert sind, und mitunter sind kleine Kletterpassagen zu meistern.

Nicht selten queren die Wanderwege privates Land. Bleiben Sie dann stets auf den markierten Wegen und hinterlassen Sie die Tore so, wie Sie sie vorgefunden haben. Dass Sie sich strikt an die Wegbeschreibung halten, ist vor allem für Wanderer nach Ihnen wichtig, da privates Gelände in Neuseeland vielerorts auf Basis einer Wegerechtsvereinbarung (*easement*) durchquert werden darf und diese vom Wohlwollen der Privatbesitzer abhängt.

Das DOC hat für die etwa 600 verschiedenen Tracks auf der Südinsel fünf Schwierigkeitsgrade mit entsprechenden Symbolen ersonnen: Easiest: Short Walk, Easy: Walking Track, Intermediate: Great Walk/Easier Tramping Track, Advanced: Tramping Track und Expert: Route (💻 www.doc.govt.nz [Suchbegriff: Walking track categories]). Allerdings werden dabei nur der Anspruch an Orientierung und die Wegbeschaffenheit berücksichtigt. Die konditionellen Herausforderungen wie zu bewältigende Höhenmeter oder Distanz fließen genauso wenig in die Beurteilung ein wie wetterbedingte Risiken. Das führt dazu, dass Wanderungen wie z. B. zum Ben Lomond (☞ Wanderung 19) als „Easy" eingestuft werden, obwohl je nach Zugang zwischen 1.000 und 1.500 Höhenmeter im Anstieg zu überwinden sind.

In diesem Buch wird ein anderer Ansatz zur Einordnung in die drei Schwierigkeitsstufen verfolgt (☞ vordere Umschlagseite): Die höchste Wertung in den einzelnen Unterkategorien Wegbeschaffenheit, Wegbeschilderung, Anspruch an Fitness und zu erwartende Wetterbedingungen wird gleichzeitig auf die Gesamtwertung übertragen. Um beim Beispiel des Ben Lomond zu bleiben: Obwohl die Wanderung auf größtenteils einfachem Untergrund verläuft und verhältnismäßig gut ausgeschildert ist, wird der konditionell anspruchsvolle Track über größtenteils offenes, exponiertes Gelände der roten (schwierigsten) Kategorie zugeordnet.

Die Wandertouren in diesem Buch sind mit unterschiedlicher Länge auf den Tagesbereich begrenzt. Viele der mehreren Hundert Wanderhütten in Neuseeland sind hingegen nur als Ziel von Mehrtageswanderungen erreichbar. Gleiches gilt für die meisten der rund 40 ausgewiesenen Zeltplätze entlang der Südinselwanderwege.

Auf einigen der vorgestellten Wanderungen besteht dennoch die Möglichkeit einer Übernachtung in Neuseelands Wildnis. Hütten oder Zeltplätze entlang von Great Walks müssen allerdings vorab gebucht werden (bookings.doc.govt.nz) und die begrenzten Plätze sind unter Umständen schon Monate im Voraus ausverkauft. Grundsätzlich ist die Buchungsempfehlung: je eher, desto besser.

Für viele der sogenannten Backcountry-Hütten benötigen Sie „Hut Tickets" („Serviced Hut", $ 15, oder „Standard Hut", $ 5), welche in allen größeren Besucherzentren der Insel vorab gekauft und in jeder beliebigen Hütte der entsprechenden Kategorie eingesetzt werden können. Im Gegensatz zu den fest gebuchten Übernachtungen an den Great Walks gilt hier das „First come, first serve"-Prinzip. Ein Platz ist also nicht sicher, die zusätzliche Mitnahme einer Matte oder noch besser eines Zeltes ist ratsam. Alternativ ist ein zeitiger Wanderstart empfehlenswert, um noch bei Tageslicht wieder zurückkehren zu können, wenn die Hütte belegt ist.

Erwarten Sie nicht zu viel Luxus, die Hütten Neuseelands sind in puncto Ausstattung kaum mit Alpenhütten vergleichbar. Sie sind im Schlafsaalstil mit Matratzen ohne jegliche Bettwäsche versehen, außerdem stehen Wassertanks und einfache Toiletten (manchmal Spül-WCs) zur Verfügung. Ab und zu steht ein Hüttenwart mit Rat und Tat zur Seite. Heißes Wasser, Duschen, Kochutensilien oder gar Verpflegung werden Sie vergeblich suchen und Ihren Abfall müssen Sie wieder mitnehmen. Auch die Zeltplätze kommen meist nur mit Plumpsklo und Wasseranschluss daher, manchmal mit Unterstand, Bänken und Tischen. Dennoch oder vielleicht gerade wegen der Einfachheit ist eine Übernachtung fernab der Zivilisation eine empfehlenswerte Erfahrung.

Wandern mit Kind

Neuseelands Wanderwege weisen eine enorme Bandbreite auf, auch in Bezug auf deren Familien- bzw. Kindertauglichkeit. Zur besseren Einordnung finden Sie zu jeder vorgestellten Wanderung Hinweise, ob sich die Tour auch zur Erkundung mit Kindern eignet (Wegkategorien ☞ Umschlagklappe). Wenn eine Wanderstrecke auch abschnittsweise gelaufen werden kann, floss die Distanz nicht in die Beurteilung der Kindereignung ein.

Weitere Wanderideen über das Buch hinaus finden Sie unter 💻 www.doc.govt.nz [Suchbegriff: Family-friendly walks].

Zu allen Fragen rund um die allgemeine Reiseplanung mit Kindern ist die Facebookgruppe ⓕ „Neuseeland mit Baby und Kind" eine gute Anlaufstelle.

Outdoor Safety Code

Jedes Jahr rücken Freiwillige der Such- und Rettungskräfte auf Kosten des Staates Neuseeland mehr als 500-mal aus, um in Not geratene Wanderer zu retten. Nicht selten sind die Gründe mangelnde Vorbereitung oder eine Trackauswahl, die nicht der eigenen Fitness und Erfahrung entspricht. Die moderne Infrastruktur des Landes und das allgemein einfache Reisen sollten nicht zu gedankenlosem Verhalten in der Wildnis verführen. Beachten Sie daher in Ihrem eigenen Interesse folgende fünf goldenen Sicherheitsregeln:

Bereiten Sie sich angemessen vor (Plan your trip)

Dieses Buch ermöglicht es Ihnen, Ihre Wanderung vorab gut zu planen. Holen Sie außerdem vor dem Start in den Besucherzentren vor Ort oder via Telefon letzte Infos ein, z. B. zum Wetter oder zu aktuellen Wegbedingungen. Auf der Südinsel verteilt gibt es 12 DOC Visitor Centres und etwa 30 sogenannte i-SITEs (💻 www.newzealand.com/de/visitor-information-centre). Die Erstgenannten sind bei Wanderfragen in der Regel die besten Ansprechpartner. Vertrauen Sie auf die Einschätzung der „Locals" und richten Sie Ihre Planung danach aus. Möchten Sie noch weitere, hier nicht vorgestellte Wanderungen machen, dann ist spätestens ab DOC-Kategorie „Intermediate" (☞ Wanderinfrastruktur) ein spontanes „Ranfahren" ohne Vorabinfos nicht ratsam.

Die Zeitangaben im Buch sind großzügig bemessen und beziehen sich auf die Gehzeit eines durchschnittlich trainierten Wanderers mit leichtem Tagesgepäck ohne längere Pausen. Bedenken Sie, dass Wetterbedingungen und körperliche Verfassung die Dauer Ihrer Wanderungen beeinflussen können.

Informieren Sie jemanden über Ihre Wanderungen (Tell someone your plans)

Geben Sie jemandem Infos über Ihre Wanderpläne und nutzen Sie den vorgefertigten Fragebogen „Outdoor Intentions Form" unter 💻 www.adventuresmart.nz. Sollte Ihnen etwas zustoßen, kann der sogenannte *trusted contact* die Rettungskräfte informieren, wenn Ihre Rückkehr überfällig ist. Als trusted contact kommen

Familienmitglieder, Freunde oder Personen vor Ort infrage. Alternativ bietet auch 💻 www.fernweh-trekking.de diesen Service an. Besucherzentren übernehmen die Überwachung hingegen nur in seltenen Fällen. Tragen Sie sich auch unterwegs in die Hüttenbücher ein, selbst wenn Sie dort nicht übernachten möchten.

Informieren Sie sich über das Wetter (Be aware of the weather)

☞ Klima und Reisezeit

Wählen Sie entsprechend Ihrer Erfahrung und Fitness aus (Know your limits)

Die Anforderungen der Wanderungen dieses Buches an Sie und an Ihre Ausrüstung sind sehr unterschiedlich. Wählen Sie die Wanderwege mit Bedacht nach Ihren Fähigkeiten und Kenntnissen. Seien Sie bereit, umzukehren oder gar nicht erst zu starten, wenn es die Umstände notwendig machen. Achten Sie auf psychologische Fallstricke bei der Entscheidungsfindung in kritischen Situationen, z. B. Gruppendynamik, und agieren Sie vor allem ruhig und fokussiert. Wenn Sie in einer Gruppe wandern, bleiben Sie beieinander, besonders in widrigen Verhältnissen.

Nehmen Sie angemessene Ausrüstung mit (Take sufficient supplies)

Die gesamte Ausrüstung im Detail zu besprechen würde den Rahmen dieses Buches sprengen. Suchen Sie vor der Reise ein Fachgeschäft auf und lassen Sie sich professionell beraten. Die Kunst besteht darin, die elementaren und sicherheitsrelevanten Dinge mit sich zu führen und den unnötigen Ballast zu Hause zu lassen.

Achten Sie bei Ihrer Bekleidungswahl auf ein flexibles Zwiebelprinzip, um das häufig unterschätzte Risiko einer Unterkühlung (Hypothermie) zu verringern. Als Außenschicht sollten auf keinen Fall Regenjacke und Regenhose fehlen, welche gleichzeitig als Windschutz fungieren können.

Ergänzend als Nässeschutz sollten noch ein Rucksackcover und ggf. wasserdichte Packsäcke für das Ersatzset Bekleidung und Elektronik in Betracht gezogen werden. Vergessen Sie nicht Mütze, Schaltuch und vielleicht sogar Handschuhe sowie Sonnenschutz mit Hut/Cap, Brille und Sonnencreme (SSF 30, 💻 www.sunsmart.org.nz) für Wanderungen in offenem Gelände, je nach Reisezeit und Bedingungen vor Ort.

Nicht bei jeder Wanderung sind hohe Wanderstiefel notwendig, stabiles Schuhwerk zur Vermeidung von Verletzungen ist aber im Allgemeinen empfehlenswert. Die Angaben zur Wegbeschaffenheit der einzelnen Wanderungen geben

Ihnen Hinweise zur Auswahl der geeigneten Schuhe. Gamaschen oder robuste Hosen sind eher bei anspruchsvolleren, engen Wegen oder *off-track*-Abschnitten notwendig (☞ Wanderungen 9, 15, 22, 23), um vor Schlamm, Nässe oder spitzer und scharfer Vegetation wie dem Speargrass (*Spaniard*) zu schützen.

Denken Sie an ausreichend Verpflegung und Wasser und planen Sie eine gewisse Notration ein. Einkehr- oder Verpflegungsmöglichkeiten gibt es auf den beschriebenen Wanderungen nur in wenigen Fällen, und wenn, dann sind diese entsprechend erwähnt. Hütten und Zeltplätze entlang der Wege haben in der Regel Wassernachschub. Bedenken Sie, dass Bäche oder Flüsse am Wegesrand nicht immer als Trinkwasserquelle verfügbar sind. Wenn doch, dann ist die Anwendung einer Wasseraufbereitungsmethode ratsam, da Parasiten wie Giardia und Kryptosporidien in Neuseelands Gewässern vorkommen.

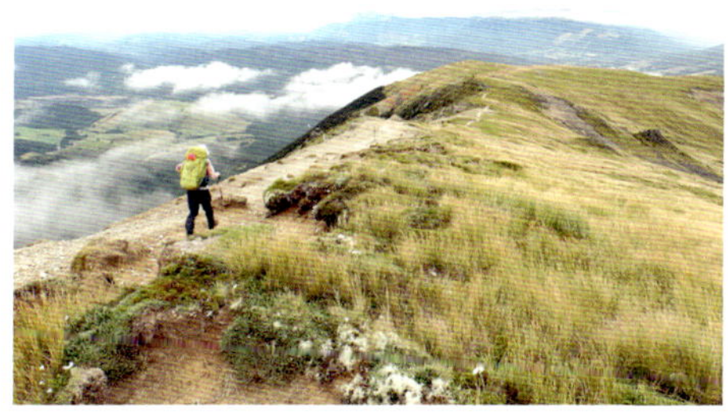

Die richtige Ausrüstung ist wichtig, Tour 6

Ob Sie Wanderstöcke mitführen wollen, hängt von Ihren persönlichen Präferenzen ab. Sie bieten in unwegsamem Gelände mehr Balance und Sicherheit und können Gelenke entlasten, aber auch unpraktisch sein, wenn die Hände mit zum Einsatz kommen.

Für Übernachtungen in Hütten benötigen Sie zusätzlich Schlafsack, Kocher und Brennstoff (nicht ins Fluggepäck!) sowie Kochutensilien, zum Camping noch Zelt und Schlafmatte. Vor allem in der Hochsaison finden Sie manchmal keinen Platz mehr in den Hütten, nicht einmal auf dem Boden (☞ Wanderinfrastruktur). Berücksichtigen Sie dies bei Ihrer Zeit- und Ausrüstungsplanung. Auch wenn Sie am selben Tag zurückkehren möchten, ist eine Stirnlampe generell ratsam, vor allem bei Wanderungen außerhalb des Sommers, bei langen Touren oder spätem Start. Für ungeplante Übernachtungen im Freien ist die Mitnahme eines leichten Biwaksacks oder eines Tarps und einer Rettungsdecke sinnvoll, für Notfälle sollten Erste-Hilfe-Sets und eine Miniapotheke im Rucksack sein. Nehmen Sie auch ein geeignetes Gerät zur Notfallkommunikation mit. Handys (Notruf 111) haben nicht überall Empfang, Notfallsender können Sie als Alternative z. B. unter 💻 www.notfallsender.de mieten.

Weitere Infos zu mehr Sicherheit beim Wandern in Neuseeland erhalten Sie unter 💻 www.mountainsafety.org.nz. Empfehlenswert ist das „Plan My Trip"-Tool, welches eine individualisierte Übersicht je nach Region und Reisezeit über alle relevanten Details wie Wettervorhersage, Trackupdates und Packliste anbietet.

Weitere (Natur-)Gefahren

Lawinengefahr

Lawinengefahr besteht in den Bergen der Südinsel hauptsächlich in der Zeit ab Spätherbst (Mai) bis weit hinein in den Frühling (Nov), ist aber nicht hundertprozentig darauf beschränkt. Lawinenabgänge sind nach starken Schneefällen grundsätzlich zu jeder Jahreszeit möglich und stellen in exponierten Lagen auch während der Wandersaison ein seltenes Restrisiko dar. Typischerweise treten Lawinen darüber hinaus auf, wenn Sturm, Regen, starke Sonneneinstrahlung oder warme Temperaturen die bestehende Schneedecke instabil werden lassen.

Die Lawinenlage wird nur auf einigen wenigen Tracks des Landes überwacht und führt dann bei höherer Gefahrensituation zu Sperrungen. In der Regel erfolgt die Risikoeinschätzung jedoch in Eigenverantwortung.

Informationen zu den **aktuellen Lawinenwarnstufen unterteilt nach Höhenstufen und Hangausrichtung** erhalten Sie für einzelne Gebiete der Südalpen unter 💻 www.avalanche.net.nz oder vor Ort in den Besucherzentren. Die fünfteilige Skala des NZAA (New Zealand Avalanche Advisory) ändert sich fortlaufend zwischen „Low" bis „Extreme", je nach Stabilität der Schneedecke.

Darüber hinaus steht Ihnen zur Einschätzung des **terrainspezifischen Lawinenrisikos je nach Geländeform und Hangneigung** in der Umgebung der geplanten Wanderung mitunter die sogenannte ATES-Skala (Avalanche Terrain Exposure Scale) zur Verfügung. Die Einordnung in die drei Geländerisikoklassen „Simple", „Challenging" und „Complex" ist unabhängig von der Stabilität der Schneedecke und bleibt unverändert. Für die wichtigsten Bergregionen kann die Geländebewertung online unter 💻 www.doc.govt.nz [Suchbegriff: be avalanche alert] abgerufen werden.

Beide Skalen, NZAA und ATES, sollten bei der Gesamteinschätzung des Lawinenrisikos einbezogen werden, z. B. mithilfe des Avaluator™ Trip Planner unter 💻 www.avalanche.ca/tutorial/pre-trip-planning/avaluator-trip-planner. Achtung: Auch in Gebieten ohne ATES-Rating kann Lawinenrisiko bestehen (z. B. Ben Lomond, ☞ Wanderung 19)! Unter 💻 www.fatmap.com können Sie sich als Alternative zu ATES auf einer topografischen 3D-Karte anschaulich Hangneigungen und -ausrichtungen anzeigen lassen.

Alle Tracks in diesem Buch mit bekanntem ATES-Rating oder lawinengefährdetem Gelände sind mit einem entsprechenden Hinweis versehen. Wandern Sie entlang dieser Wanderwege nur dann, wenn die Bedingungen es zulassen oder Sie die notwendige Wintererfahrung besitzen und geeignete Ausrüstung mitführen. Am besten meiden Sie jedoch diese Wanderwege während der Lawinensaison gänzlich.

Bach- und Flussquerungen

Auf allen Wanderungen des Buches sind die Querungen von großen Flüssen und Bächen durch Brücken entschärft. Ab und zu ist jedoch das Furten von kleineren Bachläufen notwendig. Während oder nach starkem Regen können die Pegel stark ansteigen und Bäche sich in reißende Ungetüme verwandeln. Fließt das Wasser schneller als Gehgeschwindigkeit, schäumt es, ist es trübe oder dunkel durch aufgewühlte Sedimente oder sind gar Rollgeräusche von Steinen zu hören, dann warten Sie besser ab, bis der Wasserstand wieder sinkt, oder kehren Sie – wenn möglich – um. Nehmen Sie die notwendige Ausrüstung mit, um solche Situationen „aussitzen" zu können. Denken Sie daran, dass Ihr Leben mehr wert ist als der verpasste Bus am Ziel. Misslungene Fluss- und Bachquerungen sind Neuseelands Todesursache Nr. 1 beim Wandern. If in doubt, stay out!

Gezeiten

Bei einigen Küstenwanderungen werden Strandabschnitte beschrieben, die nur zu Ebbezeiten passiert werden können. Mit Ebbe ist in diesem Buch die umgangssprachliche Definition als der Zeitpunkt des tiefsten Wasserstands gemeint (Niedrigwasser, *low tide*). Bei den jeweiligen Wanderungen finden Sie Angaben dazu, in welchem Zeitfenster der Weg begehbar ist, und Infos zur Bestimmung des Ebbezeitpunkts.

Bitte beachten Sie, dass Faktoren wie Windstärke oder neben Mondstellung auch die Sonne-Erde-Konstellation das Ausmaß des Tidenhubs (Unterschied zwischen Hochwasserpegel bei Flut und Niedrigwasserpegel bei Ebbe) schwanken lässt. Trotz Ebbe kann also ein Küstenabschnitt dennoch unpassierbar sein, z. B. bei rauer See. Die Ebbezeiten können demnach nur eine ungefähre Orientierung bieten.

Schwimmen/Baden

Hinweise zu Bademöglichkeiten entlang der Wanderwege finden Sie in den Beschreibungen. Detaillierte Infos zur Sicherheit wie aktuelle Wasserqualität oder Gefahren (z. B. durch Strömung) von zahlreichen Badestellen Neuseelands finden Sie unter:

www.lawa.org.nz/explore-data/swimming und www.findabeach.co.nz.

Jagd

Wanderer teilen sich Neuseelands Wildnis mit vielen Hobbyjägern. Große abgesteckte Gebiete, auch in den Nationalparks, sind für die Jagd freigegeben. Gerade in abgelegenen Regionen und insbesondere während der Hirschbrunft von März bis April (*‚roar' season*) sind einige Waidmänner unterwegs. Beim Jagen selbst schlagen sie sich durchs Gebüsch und halten sich in der Regel von den Wegen fern.

Dennoch ist es ratsam, mindestens ein auffälliges, leuchtend buntes Kleidungsstück zu tragen, damit Sie als Wanderer erkannt werden. UN-Blau oder Orange heben sich am besten ab. Ideal ist eine Mütze, da diese auch bei üppiger Vegetation herausragt. Ein farbenfrohes Regencover für den Rucksack ist eine gute Ergänzung. Bleiben Sie auf den markierten Wegen (sofern vorhanden) und meiden Sie die Dämmerung.

✋ Beachten Sie diese Hinweise auf den Wanderungen 1, 2, 9, 10, 12, 15, 16, ✋ 18 (!), 22 und 23 (!). Auf den anderen Strecken ist eine Begegnung mit Jägern unwahrscheinlich oder das Jagen untersagt.

Sandflies

Nicht unbedingt eine Gefahr, aber eine Plage können die Schwärme der 2-3 mm kleinen neuseeländischen Sandfly aus der Familie der Kriebelmücken werden. Die Quälgeister sind über das ganze Land verteilt, besonders aktiv sind sie allerdings an der Westküste und in der Nähe von Wasser. Lästig ist ihr Auftreten zu Hunderten, besonders bei hoher Luftfeuchtigkeit und während der Dämmerung. Der entstehende Juckreiz, Schwellungen und teilweise blutende Entzündungen bis zu mehreren Wochen nach den Bissen sind in der Intensität von Person zu Person sehr verschieden. Nicht kratzen!

Die Methode mit den besten Erfolgschancen, um sich die Biester vom Leib zu halten, ist das großflächige Bedecken mit möglichst heller Kleidung (insbesondere Füße und Beine). In begrenztem Maße helfen auch Insektenschutzmittel mit DEET oder natürliche Varianten (z. B. „Goodbye Sandfly" oder „Okarito Sandfly Repellent").

Kaum als Trost herhalten kann der Fakt, dass die Tierchen bei Wind, Regen und Dunkelheit den Rückzug antreten. Auch bei kälteren Temperaturen sind sie etwas weniger penetrant. Wenn gar nichts mehr hilft, dann bleibt Ihnen nur noch, in Bewegung zu bleiben, denn die Schnellsten sind die Störenfriede nicht.

Updates

Der Conrad Stein Verlag veröffentlicht Updates zu diesem Wanderführer, die direkt vom Autor oder von Lesern des Buches stammen. Sie finden sie auf der Internetseite des Verlags (💻 www.conrad-stein-verlag.de), wenn Sie dort diesen Buchtitel aufrufen. Der links abgebildete QR-Code führt Sie direkt zur richtigen Seite.

Norden

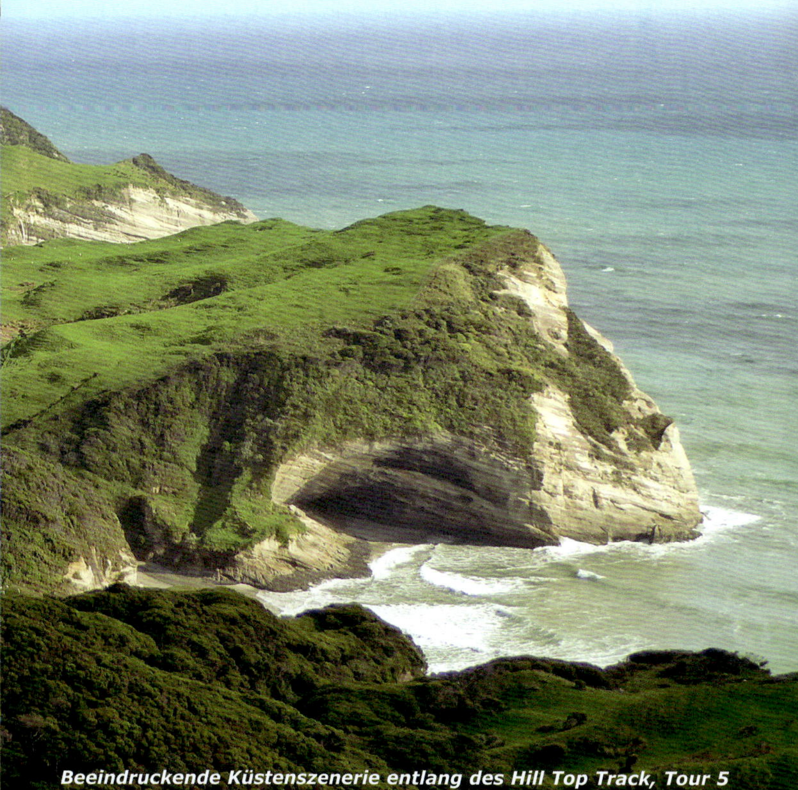

Beeindruckende Küstenszenerie entlang des Hill Top Track, Tour 5

❶ Marlborough Sounds: Queen Charlotte Track (Ship Cove bis Endeavour Inlet)

WC

Tour für Romantiker und historisch Interessierte

Die Wanderung entlang des nordöstlichsten Abschnitts des Queen Charlotte Track besticht durch die häufigen Postkartenaussichten auf traumhafte Buchten und Inseln, typisch für die zerklüfteten, üppig grünen Marlborough Sounds. In der Bucht von Ship Cove lag der Seefahrer und Entdecker James Cook zwischen 1770 und 1777 mehrfach für längere Zeit vor Anker und hatte die ersten bedeutenden Kontakte eines Europäers mit den Māori-Ureinwohnern.

Seit 2018 laufen Arbeiten zur Verlegung des Wanderweges zwischen Ship Cove (Start) und Schoolhouse Bay Campsite. Ende 2019 soll der neue Abschnitt eröffnet und der alte Routenverlauf geschlossen werden. Der Weg wird etwa 3 km länger werden, die Höhenmeter werden sich hingegen kaum verändern. Die folgende Beschreibung und alle Angaben beziehen sich bereits auf den neuen Wegverlauf. Dieser kann noch leicht variieren und die Darstellung ist unter Umständen lückenhaft und ungenau. Zum besseren Verständnis wurde der alte Track in der Karte ergänzend dargestellt.

→ Start: Ship Cove (Bootssteg), GPS S 41°05.678' E 174°14.066';
Ziel: Furneaux Lodge (Bootssteg), GPS S 41°05.643' E 174°11.236'

15,9 km

5 Std. + je ca. 1 Std. Bootsfahrt hin und zurück

↑ ↓ 490 m/490 m

⇧ 0-240 m

Wegweiser an den meisten wichtigen Stellen

einfache, breite Waldwege ohne Hindernisse, nur wenig Steine, vereinzelt etwas matschig und rutschig, viel Schatten

Furneaux Lodge (Ziel)

Ship Cove (Start), Schoolhouse Bay Campsite (km 5,8), Tawa Saddle (km 9,9)

WC Ship Cove (Start), Schoolhouse Bay Campsite (km 5,8), Tawa Saddle (km 9,9), The Pines (km 14,8), km 15,8, Furneaux Lodge (Ziel)

Schoolhouse Bay (km 5,8)

Schoolhouse Bay Campsite (km 5,8)

Die Bootsfahrt, Badespaß, die frechen Wekas und der alte Rimu-Baum werden die Wanderung kurzweilig werden lassen. Eine Abkürzung ist möglich (☞ unten). Die

Zeit zwischen Ankunft und Abfahrt der Boote ist für Familien mit Kleinkindern etwas eng bemessen.

Coathanger Carpark oder High St Carpark in Picton, 100 m bzw. 200 m zum Bootshafen, Zufahrt über Wellington St, $ 1/Std. bzw. $ 5/Tag

Start und Ziel erreichen Sie nur per Boot. Diverse Anbieter starten 1-2x tägl. ab Picton, Town Wharf, London Quay/Ecke Wellington St, dort befinden sich auch die Ticketbüros, z. B. von Beachcomber Cruises, ☏ 03/573 61 75 oder 08 00/62 45 26, www.beachcombercruises.co.nz (⇔ $ 87).

Picton i-SITE, The Foreshore, ☏ 03/520 31 13, picton@marlboroughnz.com, marlboroughnz.com

Von März bis November ist der Track auch für Mountainbikes zugelassen.

Nach vorheriger Anmeldung beim Bootsbetreiber können Sie sich alternativ in der Resolution Bay absetzen lassen ($ 5 mehr, 6 km Wegstrecke weniger).

Der spannende Tag startet mit einer Bootsfahrt durch den bezaubernden Queen Charlotte Sound.

☺ Wenn Sie sich für das zeitige Boot um 8:00 entscheiden, können Sie für ca. 1 Std. einen empfehlenswerten Zwischenstopp auf Motuara Island einlegen ($ 5 mehr). Anfang des 20. Jahrhunderts noch niedergebrannt für die Schafzucht, ist die Insel nach vielen Jahrzehnten Regeneration inzwischen wieder grün und bietet seit den Neunzigern als Vogelschutzgebiet einen Rückzugsort für seltene Vögel wie den Sattelvogel (*saddleback*) oder den Springsittich (*yellow-crowned parakeet*). Einige Rowi-Kiwi aus Ōkārito (☞ Wanderung 10) verbringen hier ihre Kindheit. Ein kurzer Anstieg führt zum höchsten Punkt der Insel mit fantastischen Blicken über den Queen Charlotte Sound (⇆, ➲ 1,5 km, ⌛ 45 Min., ↑↓ 128 m/128 m, ⇧ 0-128 m). Hier hisste übrigens James Cook am 31. Januar 1770 die britische Fahne.

Die eigentliche Wanderung beginnt an der idyllischen und geschützten Bucht von Ship Cove, dem Startpunkt des insgesamt 74 km langen Queen Charlotte Track. Beim James-Cook-Denkmal vermitteln ausführliche Tafeln Hintergrundinformationen zum geschichtsträchtigen Ort.

Direkt am Bootssteg startet der Wanderweg. Er führt (zunächst) in ursprünglichen, dichten Wald hinein und steigt nach und nach an. Mit zunehmender Höhe dominieren Buchen das Bild, unter deren Schutz andere kleinere Bäume, Farne und Sträucher wie z. B. Kiekie-Kletterpflanzen mit ihren markanten Luftwurzeln gedeihen. Die Vegetation entlang des Queen Charlotte Track ist keinesfalls durchgehend von Urwald geprägt, sondern gleicht vielmehr einem Potpourri aus regenerierendem jungen Wald als Spätfolge exzessiver Landnutzung, nicht einheimischen Pflanzen wie wilden Kiefergewächsen und verstreuten Flecken mit alten endemischen Bäumen.

Nach 3 km erreichen Sie die Aussichtsplattform beim Ship Cove Saddle ➊ (⇧ 240 m, auch schlicht Lookout Point genannt). Vom Sattel aus haben Sie prächtige Ausblicke auf die Resolution Bay und die vor Ihnen liegenden, sattgrünen Hügelarme, welche mit ihren sanften, geschwungenen Uferlinien einen perfekten Kontrast zum tiefblauen Wasser des Queen Charlotte Sound bieten. In die andere Richtung schauen Sie auf das offene Meer und Motuara Island im Vordergrund. An schönen Tagen sind in der Ferne die Küste der Nordinsel und Kapiti Island zu erkennen.

Vom höchsten Punkt der Wanderung geht es die nächste Zeit die gewonnenen Höhenmeter mit einem Schlenker über die 400 ha große Halbinsel Bottle Rock wieder bergab. Sie wird mit großen Anstrengungen von den Vogelfeinden Fuchskusu (possum), Ratten (rat) und Hermeline (stoat) nahezu frei gehalten. Die hier getesteten neuen Technologien sollen später landesweit angewandt werden (mehr Infos unter 💻 zip.org.nz). Achten Sie einmal bewusst auf die Vogellaute der Umgebung.

Auf Meeresspiegelhöhe haben Sie nach insgesamt 5,8 km am nordöstlichen Zipfel der Resolution Bay den Schoolhouse Bay Campsite ➋ erreicht. Hier finden Sie außer dem Platz für sechs Zelte, Trinkwasser und Toiletten noch eine nette kleine Bademöglichkeit. Bei schönem Wetter sollten Sie die Gelegenheit dazu nutzen, denn das restliche Ufer der Resolution Bay ist weiter westlich von hier leider öffentlich nicht zugänglich.

⛺ Schoolhouse Bay Campsite, 6 Zeltplätze, $ 6 p. P., bar in die „Vertrauensbox" legen oder vorab bei Picton i-SITE buchen

Halten Sie sich vom Zeltplatz in Richtung Westen. Nach 400 m stößt die alte Wegführung des Tracks von rechts dazu, Ihr Weiterweg verläuft jedoch nach links. Sie passieren in der Folge mehrere Tore und orientieren sich stets rechts an dem erkennbaren Weg. Bei km 7,7 biegen Sie nach einem letzten Tor scharf nach rechts ab ➌.

Die Wanderung verläuft weiterhin sanft bergauf und Sie haben noch mehrfach ausgiebige Ausblicke auf den westlichen Teil der Resolution Bay. Der breite Weg folgt teilweise einem alten Pferdetrack, der im Zuge von Plänen zum Abbau von Antimonvorkommen in der Gegend bereits in den 1880ern entstand. Nachdem das unprofitable Geschäft später aufgegeben worden war, siedelten sich hier mehrere Farmen an. Das dafür nötige Land wurde bis 1910 in großem Ausmaß durch Fällungen und Brandrodung vom Wald „befreit". Erst 1950 wurde die letzte Farm wegen magerer Ausbeute verlassen. Beim genauen Hinsehen sind die Spuren der Vergangenheit an der Sekundärvegetation trotz 70 Jahren Erholung noch zu erkennen.

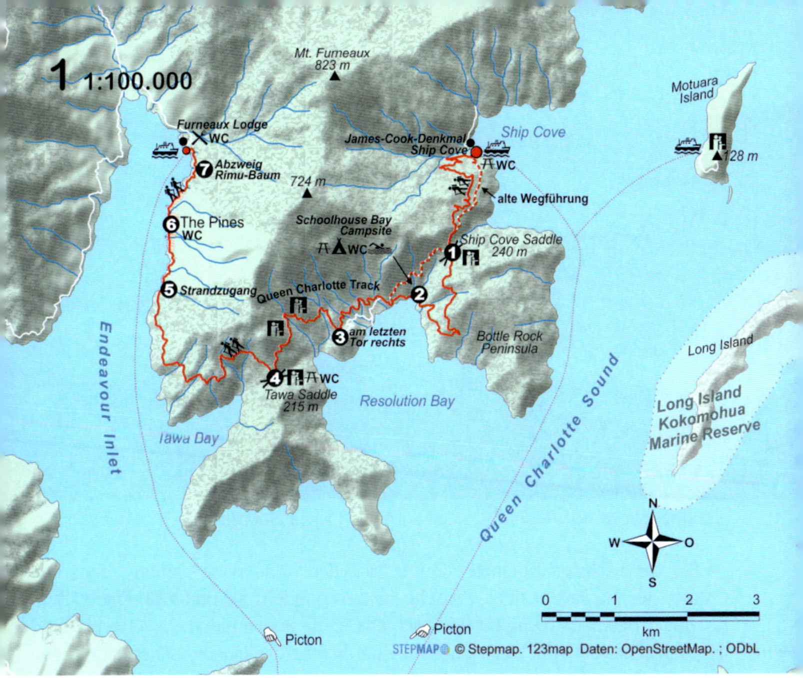

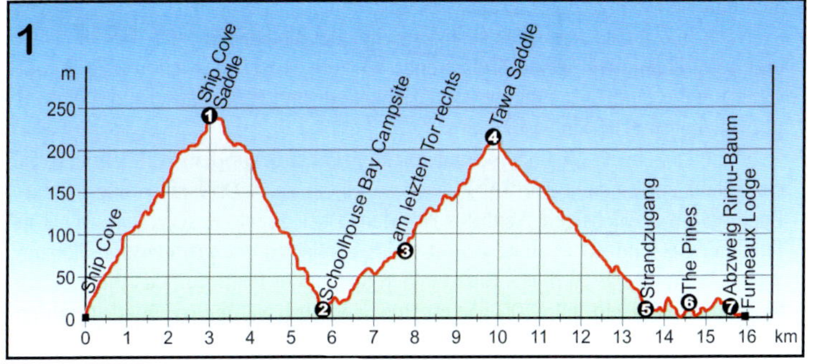

Bei km 9,9 haben Sie den letzten Anstieg des Tages gemeistert und gelangen zum Tawa Saddle ❹ (⇧ 215 m). Knapp zwei Drittel der Gesamtstrecke sind geschafft. Vom exzellenten Rastplatz aus haben Sie schöne Blicke auf die Tawa Bay im Vordergrund, eine der zahlreichen Buchten des dahinterliegenden Endeavour Inlet.

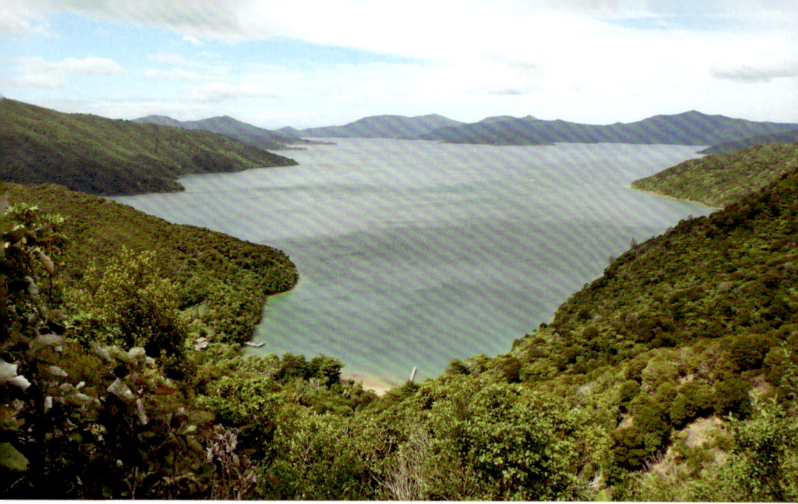

Schöne Blicke auf Resolution Bay kurz vor Tawa Saddle

Für die nächsten Kilometer windet sich der Wanderweg hinunter bis zum Ostufer des Endeavour Inlet. Zwischenzeitlich wandern Sie durch Bestände älterer, hoher Bäume. Ab und zu sind auch graue, durch den Einsatz von Herbiziden abgestorbene Kiefernhölzer zu sehen. Zum Schutz der einheimischen Flora und Fauna wird hier die Ausbreitung der sogenannten *wilding pines* seit 2007 im Rahmen eines groß angelegten Projekts eingedämmt.

Nach und nach nähern Sie sich dem Ufer des Endeavour Inlet, bei km 13,6 und 13,9 laden zwei kleine Steinstrände ❺ zum Stopp ein. Schon bald darauf erreichen Sie eine Ansammlung von Wochenend- und Ferienhäusern und einigen Bootsanlegern (The Pines) ❻.

Die Pflanzenwelt wird noch einmal dichter und kurz vor dem Wanderziel weist ein Schild auf einen 2-Min.-Abstecher zu einem ca. 1.000 Jahre alten Rimu-Baum ❼ im urwüchsigen Wald des Howdens Bush Scenic Reserve hin. Mit 2 m Durchmesser und 30 m Höhe gehört das Exemplar zu den größten und ältesten seiner Art in Neuseeland (☝ Bitte bleiben Sie auf der Plattform, das Wurzelwerk ist sehr empfindlich). Die 400 ha von Howdens Bush wurden vor über 40 Jahren vom damaligen Besitzer der Furneaux Lodge unter der Bedingung, dass das Gebiet für immer unangetastet bleibt, an die neuseeländische Krone vermacht.

Zurück auf dem Hauptweg gelangen Sie in wenigen Minuten ans Ziel.

✕ Hier in der Furneaux Lodge können Sie sich noch stärken, bevor Sie vom Boot für die Rückfahrt nach Picton abgeholt werden. ☎ 03/579 82 59,
💻 www.furneaux.co.nz

❷ Marlborough Sounds: The Link Pathway (Wedge Point bis Momorangi Bay)

WC

Tour für Liebhaber idyllischer Buchten

Bislang war eine Auto- oder Fahrradfahrt entlang der sich ewig windenden Straße des Queen Charlotte Drive die einzige Möglichkeit, um die Traumszenerie des Grove Arm, des westlichen Ausläufers des Queen Charlotte Sound, genießen zu können. Die Privatinitiative The Link Pathway ermöglicht nun auch die Erkundung der faszinierenden Küstengegend auf Schusters Rappen. Teils entlang eines eigens dafür neu angelegten Wanderwegs, teils auf wiederbelebten alten Tracks der ersten Siedler von 1860 verläuft der Weg in Schlängellinien meist ausreichend weit von der Straße entfernt zwischen Picton und Anakiwa sowie ab 2020 auch nach Havelock. Hier wird ein abwechslungsreicher Teilabschnitt mit eindrucksvollen Aussichten vorgestellt.

→ Start: Parkbucht Queen Charlotte Drive, 5,7 km nordwestlich von Picton, GPS S 41°15.983' E 173°59.726'; Ziel: Momorangi Bay, Queen Charlotte Drive, 14 km westlich von Picton, GPS S 41°16.245' E 173°56.480'

8,7 km

2 Std. 30 Min.

↑ ↓ 175 m/305 m

⇧ 0-225 m

Wegweiser an allen wichtigen Stellen

einfache, befestigte und breite Wege ohne Hindernisse oder Stufen, häufig Schatten

Das Camp Office von Momorangi Bay (Ziel) betreibt ein kleines Café mit Terrasse.

Whenuanui Bay Lookout (km 3,5), Ngakuta Bay Recreation Reserve (km 5,7)

WC Ngakuta Bay Recreation Reserve (km 5,7), Momorangi Bay (Ziel)

Ngakuta Bay Recreation Reserve (km 5,7), Momorangi Bay (Ziel). Bitte informieren Sie sich vorab online über die Wasserqualität (☞ Reise-Infos/Weitere (Natur-) Gefahren)!

Momorangi Bay DOC Campsite (Ziel), ☎ 03/573 78 65, Buchung erforderlich

Vorsicht bei den zwei Straßenquerungen (km 5,1/km 6,1), außerdem liegen Start und Ziel direkt an der Straße.

P Kleine Parkbucht am Queen Charlotte Drive. Anfahrt: Folgen Sie von Picton der Beschilderung zum Queen Charlotte Drive. Nach zwei Aussichtspunkten passieren Sie die Shakespeare Bay und fahren in engen Kurven nach Norden. Der Blick auf den Grove Arm öffnet sich und kurz nach den Fußgängerschildern erreichen Sie nach einer Rechtskurve die Parkbucht auf der rechten Seite. Alternativ können Sie auch auf dem Queen Charlotte Drive weiterfahren, in Ngakuta Bay (km 5,7) oder Momorangi Bay (Ziel) parken und in die andere Richtung wandern.

The Link Bus, 027/314 85 69, thelinkbus.co.nz, verbindet auf Anfrage Start, Governors Bay, Ngakuta Bay und Ziel miteinander, ($ 5/$ 10 p. P.), Ende Dez bis Ende Jan außerdem 3-4x tägl. nach festem Fahrplan.

Picton i-SITE (☞ Wanderung 1)

Der Track ist auch für Mountainbikes zugelassen.

Die ersten 5 km werden bei erhöhter Waldbrandgefahr gesperrt.

Wer die Privatinitiative unterstützen möchte, kann unter givealittle.co.nz/org/link-pathway-trust spenden.

The Link Pathway startet offiziell in Picton am Beginn des Queen Charlotte Drive (Ende der Dublin St) und kann als Zugang zum Start der beschriebenen Wanderung genutzt werden (→, 5,4 km, 1 Std. 30 Min., ↑↓ 220 m/85 m, ⇧ 0-150 m).

Laufen Sie für knappe 100 m von der Parkbucht an der Straße entlang zurück Richtung Picton. In einer Linkskurve führt der Wanderweg auf der rechten Straßenseite eine Steigung hinauf (Schild Link Pathway).

Auf der gegenüberliegenden Straßenseite führt Sie ein Abstecher zum Wedge Point mit Überresten einer Radarstation aus dem Zweiten Weltkrieg (⇆, 1,4 km, 30 Min., ↑↓ 50 m/50 m, ⇧ 135-180 m). Von einem etwas zugewachsenen Aussichtspunkt haben Sie einen guten Blick auf den weiten Queen Charlotte Sound.

Anfangs noch etwas steiler, ist der Anstieg später mühelos zu meistern. Die niedrigen Bäume, Büsche und Gräser am Wegesrand – eine Folge landwirtschaftlicher Nutzung in der Vergangenheit – ermöglichen erste herrliche Blicke auf die verzweigte Uferlinie entlang des Grove Arm. So fällt es kaum auf, dass nach 1,6 km bereits der höchste Punkt der Wanderung erreicht ist ❶ und der Track im weiteren Verlauf nun wieder sanft bis zu einer Höhe von 150 m abfällt.

Die jetzt immer beeindruckender werdenden Ausblicke auf die zahlreichen Buchten gipfeln bei km 3,5 in einem der schönsten Aussichtspunkte der Marlborough Sounds. Vom Whenuanui Bay Lookout ❷ schauen Sie ungehindert auf die goldgelbe Whenuanui Bay vor Ihnen sowie weite Teile von Grove Arm und Queen Charlotte Sound. Zwei Rastbänke laden zum Verweilen und Träumen ein. Übrigens: Entlang der grünen Hänge auf der gegenüberliegenden Seite des Sound verläuft der südwestliche Abschnitt des bekannten Queen Charlotte Track (☞ Wanderung 1).

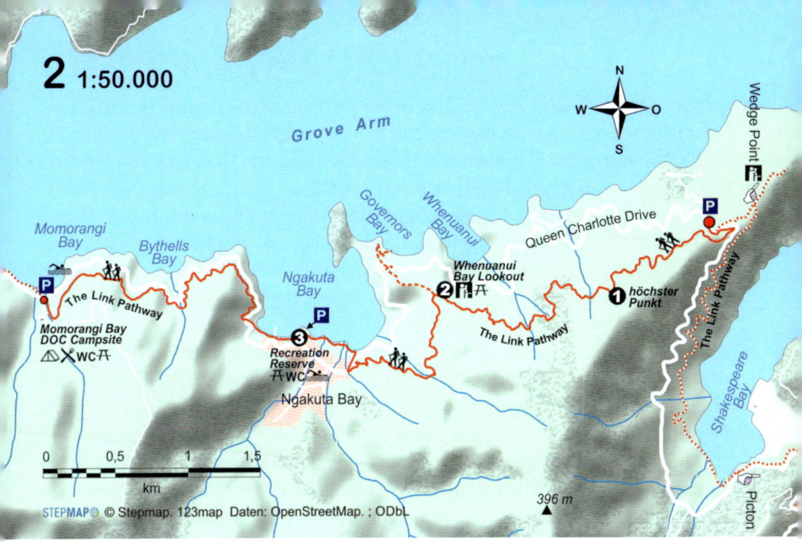

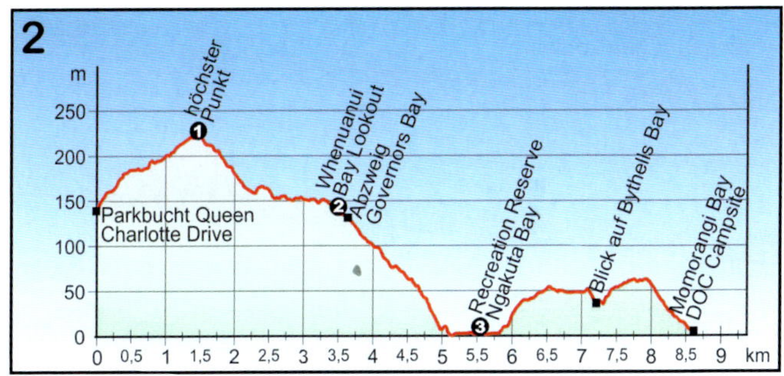

Nach der Pause führt der Weg um einen Bergrücken herum.

↳ An einem unscheinbaren Abzweig kurz nach dem Lookout können Sie nach rechts den Bergrücken hinunter zur abgeschiedenen, goldenen Governors Bay WC wandern.
(⇆, ➲ 1,7 km, ⌛ 45 Min., ↑ ↓ 140 m/140 m, ⇧ 0-140 m)

Für den Weiterweg bleiben Sie auf dem Link Pathway und laufen an der westlichen Bergflanke bis zur kleinen Siedlung in der Bucht von Ngakuta Bay hinab. Unten angelangt queren Sie die Straße und folgen ihr für 50 m nach rechts Richtung Picton, bis ein kleiner Weg mit Holzzaun die Straße nach links wieder verlässt. Der Weg führt nun für 500 m am Gezeitenstrand der Bucht vorbei, bis Sie schließlich das Ngakuta Bay Recreation Reserve ❸ erreichen. Hier können Sie am Sandstrand oder auf Wiesen und Bänken die friedliche Stimmung von Ngakuta Bay genießen und ein Bad im kühlen Nass nehmen.

Folgen Sie dem Strand in Richtung des westlichen Endes der Bucht. Knapp 100 m nach dem Bootssteg geht es durch Buschwerk und Buchen vom Strand links weg zu einer erneuten Straßenquerung nach 150 m. ✋ Bei Flut müssen Sie ggf. durch das gestiegene Wasser waten. Alternativ laufen Sie stattdesen etwa 600 m entlang der Straße.

Sie steigen noch einmal 50 Höhenmeter an und mit letzten Blicken heißt es Abschied nehmen von Ngakuta Bay. Wie gewohnt schlängelt sich der Weg an den grünen Hängen oberhalb des Grove Arm entlang. Die nächsten 1,5 km verlaufen meist flach vorbei an der kleinen Bucht Bythells Bay.

Kurz vor dem Ziel wandern Sie durch einen beeindruckenden Wald mit vielen Farnen und Tea Trees hinab zum oberen Teil des Campingplatzes von Momorangi Bay. Folgen Sie dem Hauptweg nach rechts 200 m hinunter zum Camp Office an der Straße des Queen Charlotte Drive.

Whenuanui Bay Lookout

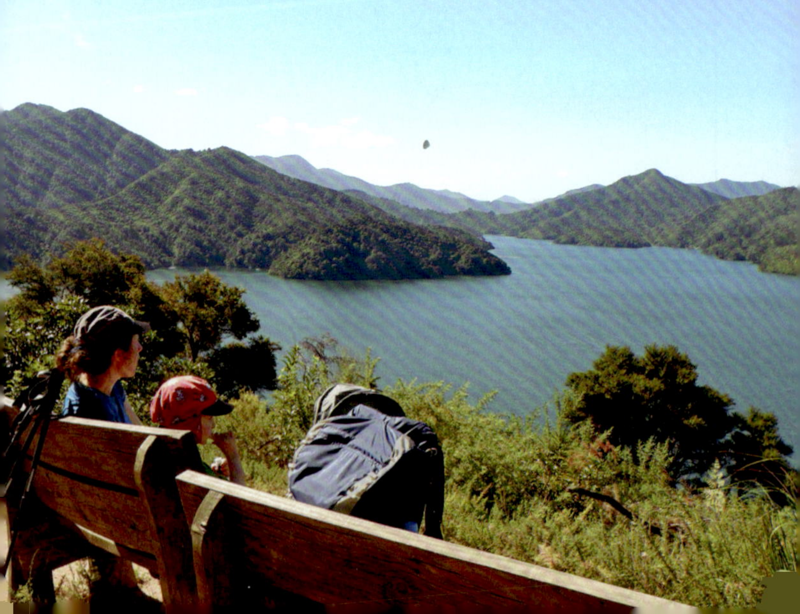

❸ Abel-Tasman-Nationalpark: Anchorage Circuit und Pitt Head Loop WC

Tour für Wandereinsteiger und Badebegeisterte

Der äußerst beliebte Abel-Tasman-Nationalpark versprüht mit seiner sanften Küstenszenerie an der Tasman Bay und dem warmen, sonnigen Klima ein paradiesisches Flair. Saftig grüne Vegetation, gold schimmernde Strände und türkisblaues Wasser sorgen für ein berauschendes Farbenspiel. Das gut ausgebaute Wegenetz lässt sich angenehm laufen und lädt auch ungeübte Wanderer und Familien zum Erkunden und Genießen ein. Während der Anchorage Circuit einen Streifzug ins interessante Hinterland macht, besticht der Loop um den Pitt Head mit subtropischem Ambiente und einer Traumbucht.

Start/Ziel: Anchorage Bay, Zugang Anchorage Hut und Campsite, GPS S 40°57.393' E 173°03.459'

13,2 km (Anchorage Circuit inkl. Astrolabe Lookout und Cleopatra's Pool: 9,8 km, Pitt Head Loop: 3,4 km)

4 Std. (Anchorage Circuit: 3 Std., Pitt Head Loop: 1 Std.) + je 30 Min. bis 1 Std. Bootsfahrt hin und zurück

325 m/325 m (Anchorage Circuit: 200 m/200 m, Pitt Head Loop: 125 m/125 m)

0-105 m

Wegweiser an allen wichtigen Stellen, vereinzelt zusätzlich orange Markierungen (Stangen, Kreise, Dreiecke)

einfache, befestigte und breite Wege ohne Hindernisse oder Stufen, längere schattige Abschnitte

Astrolabe Lookout (km 1,4), Westufer Torrent Bay (km 6,9), Torrent Bay Lookout (km 11,1)

WC bei allen Hütten und Campsites

Anchorage Bay (Start/Ziel), Cleopatra's Pool (km 5,5), Te Pukatea Bay (km 12,2)

Anchorage Hut (Start/Ziel)

Anchorage Campsite (Start/Ziel), Torrent Bay Village Campsite (km 8,2), Te Pukatea Bay Campsite (km 12,2)

Abel Tasman ist ein Paradies für Kinder (und Erwachsene), mit Stränden zum Baden und Sandburgen-Bauen. Das Queren durch den Mündungsschlamm wird für Begeisterung sorgen. Mehrere Rundwege sind als kürzere Varianten möglich. Cleopatra's Pool ist wegen rutschiger Steine nicht für Kleinkinder geeignet und zwischen dem Abzweig dorthin und Torrent Bay Village Campsite (km 6 bis km 8,2) gibt es teilweise abschüssige Stellen.

Parken ist auf den Grundstücken der Bootsunternehmen (☞ unten) oder in deren unmittelbarer Nähe möglich, öffentlicher Parkplatz am südlichen Start des Abel Tasman Coast Track in Marahau. ☺ Bei folgenden Unterkünften in Marahau können Sie Ihr Fahrzeug über Nacht sicher unterstellen: The Barn Backpacker, ☏ 03/527 80 43, www.barn.co.nz, $ 5 pro Nacht, nur für Gäste, oder Old Macdonald's Farm Holiday Park, ☏ 03/527 82 88, www.oldmacs.co.nz, $ 7 pro Nacht, kostenfrei für Gäste für die Anzahl der Übernachtungen. Anfahrt: von Nelson nach Richmond (SH 6) und Motueka (SH 60) halten und nach Riwaka bei km 55 den ausgeschilderten Nebenstraßen nach Marahau oder Kaiteriteri für 10 bzw. 6 km folgen.

von Nelson nach Marahau oder Kaiteriteri: ScenicNZ Abel Tasman, ☏ 03/548 02 85, www.scenicnzabeltasman.co.nz, tägl., $ 21-25

Den Startpunkt erreichen Sie nur per Boot. Es gibt mehrfach täglich Verbindungen zwischen Marahau/Kaiteriteri und Anchorage Bay ($ 40, ⇔ $ 67): Abel Tasman AquaTaxi, Marahau & Kaiteriteri, ☏ 03/527 80 83 oder 08 00/27 82 82, www.aquataxi.co.nz; im gleichen Firmenverbund Marahau Water Taxis, The Abel Tasman Centre, Marahau, ☏ 03/527 81 76 oder 08 00/80 80 18, www.marahauwatertaxis.co.nz; Abel Tasman Sea Shuttle, Kaiteriteri, ☏ 03/527 86 88 oder 08 00/73 27 48, www.abeltasmanseashuttles.co.nz; Wilsons Abel Tasman, Kaiteriteri, ☏ 03/528 2027 oder 08 00/22 35 82, www.abeltasman.co.nz. ☺ Die größeren Boote der beiden letztgenannten Unternehmen eignen sich besser für Fahrten mit Kleinkindern, die See kann rau sein.

Nelson DOC Visitor Centre, 79 Trafalgar St, ☏ 03/546 93 39, nelsonvc@doc.govt.nz; Motueka i-SITE, 20 Wallace St, ☏ 03/528 65 43, www.nelsontasman.nz (Hier können Sie gegen eine kleine Gebühr Ihr Gepäck zwischenlagern.). Informativ ist auch die Abel Tasman App, www.janszoon.org.

Die Querung der Gezeitenmündung (Ästuar) von Torrent Bay zwischen km 8,2 und 9,1 ist nur im Zeitfenster von 1,5-2 Std. vor und nach Ebbe möglich. Die aktuellen Ebbezeiten finden Sie unter www.doc.govt.nz/abeltasmantrack.

Wenn Sie unabhängig von den Gezeiten laufen möchten, empfiehlt sich eine Wanderung gegen den Uhrzeigersinn von Torrent Bay bis Anchorage Bay. Dazu können Sie sich mit dem Boot im Norden vom Torrent Bay Village absetzen lassen (nur vormittags möglich, keine Abholung erlaubt). Ca. 500 m südlich treffen Sie bei km 8,2 auf Höhe des Torrent Bay Village Campsite auf die beschriebene Wanderung.

Nach der beeindruckenden Bootsfahrt erreichen Sie die beschauliche Anchorage Bay, eine Nebenbucht der breiten Torrent Bay. Ein großer Schritt aus dem Boot und Sie spüren erstmals den warmen, typisch goldenen Sand des Abel-Tasman-Nationalparks unter Ihren Füßen. In der schillernden Anchorage-Bucht

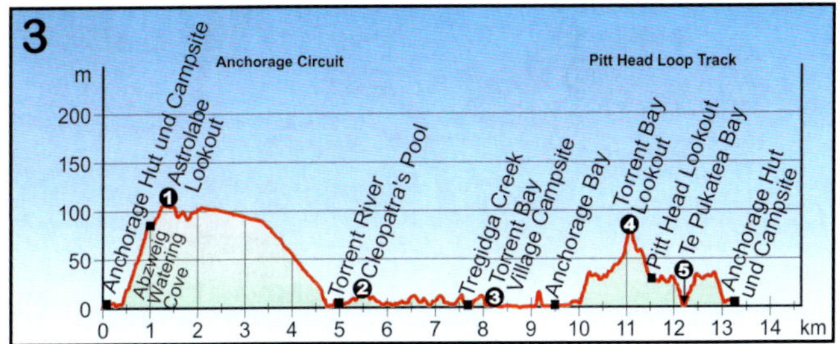

treffen Tageswanderer sowie die Übernachtungsgäste der Anchorage Hut und des benachbarten Zeltplatzes auf Kajakfahrer und „Yachties". Im Sommer kann es hier entsprechend geschäftig zugehen. In den frühen Morgen- und späten Abendstunden ist die Stimmung entspannter.

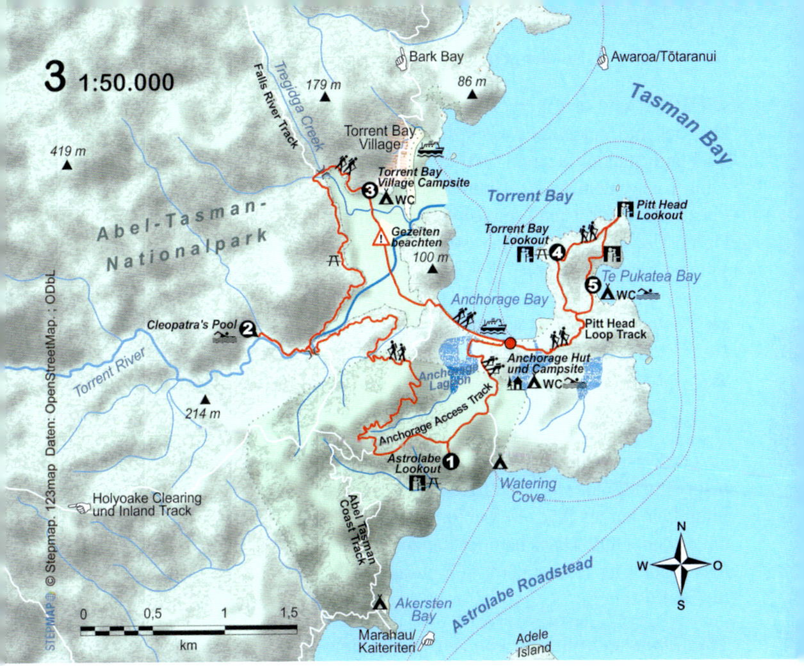

☺ Wenn Sie eine Übernachtung planen, dann richten Sie Ihr Lager am besten vor der Wanderung ein. So können Sie die Tour mit kleinem Tagesgepäck genießen. Die Anchorage Hut ist eine der modernsten DOC-Hütten Neuseelands (neu seit 2013) und eine hervorragende Option für Wanderer ohne Zeltausrüstung. Der beliebte Anchorage Campsite bietet einige Annehmlichkeiten wie Bänke, Kochunterstände etc. und wird auch häufig von Schulgruppen genutzt. Wer es ruhiger mag, dem sei zur Übernachtung der bezaubernde kleine Campsite der Te Pukatea Bay wärmstens empfohlen. Hier gibt es zwar außer ein paar Bänken und Plumpsklos keine weitere Infrastruktur, dafür haben Sie den fantastischen Campsite fast für sich alleine.

Anchorage Hut, 34 Schlafplätze, $ 75 p. P., Mai-Sep $ 32 p. P., Great-Walks-Buchung erforderlich (☞ Wanderinfrastruktur)

Anchorage Campsite, 50 Zeltplätze, $ 30 p. P., Mai-Sep $ 15 p. P., Great-Walks-Buchung erforderlich

Die Wanderung beginnt am östlichen Strandende des Anchorage Beach direkt beim Zugang zur Hütte und zum Zeltplatz (kleine Holzrampe). Folgen Sie dem Strand ein kurzes Stück in Richtung Westen. Bereits nach wenigen Metern, direkt hinter dem DOC-Häuschen der Ranger, geht es links vom Strand ab ein paar Stufen hinauf. Der Pfad verläuft nun etwas oberhalb des Strandes durch das sporadische Küstengrün.

Pfad hinter dem Strand von Anchorage Bay

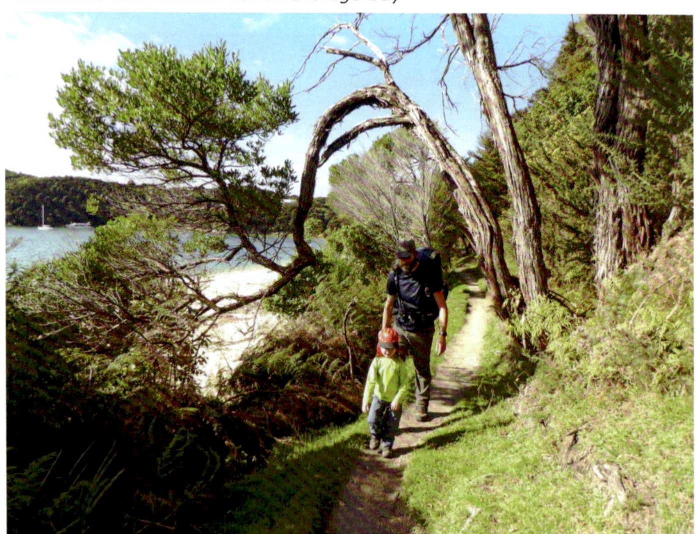

Etwa 200 m später schwenkt der Weg nach links in den sogenannten Anchorage Access Track (Wegweiser „Watering Cove“ und „Marahau“). Das Feuchtbiotop der Anchorage Lagoon zu Ihrer rechten Seite diente den Māoris früher als Nahrungsquelle – die ersten Siedler Neuseelands lebten bereits vor 600 Jahren in der Küstengegend des Nationalparks.

Anschließend geht es insgesamt 100 Höhenmeter stetig bergauf. Anfangs spenden Tea Trees, Baumfarne und später Hakea-Büsche noch Schatten, sie werden aber nach und nach immer kleiner und verstreuter und geben schließlich den Blick in die Umgebung frei. Nach Norden haben Sie eine hervorragende Sicht auf die Torrent Bay und das Feuchtgebiet.

Am Abzweig zur Watering Cove halten Sie sich weiter geradeaus und erreichen nach 1,3 km bereits die höchste Stelle der Wandertour. Nach links führt Sie ein kurzer Abstecher zum Aussichtspunkt Astrolabe Lookout ❶. Hier haben Sie einen weiten Blick über die Gewässer des Astrolabe Roadstead und die dahinterliegende Adele Island. Die eigenwillige Namensgebung ist auf den französischen Entdecker d'Urville zurückzuführen, der 1827 – fast 200 Jahre nach Abel Janszoon Tasman – mit seinem Schiff „Astrolabe“ an dieser Stelle für eine Woche festmachte. *Roadstead* steht für Ankerplatz und Adele war der Name seiner Frau.

Zurück auf dem Access Track folgen Sie diesem noch für weitere 500 m bis zur kommenden Weggabelung und halten sich dann rechts Richtung Torrent Bay. Die Vegetation ist die nächste Zeit durch dichteren, vielfältigen Wald mit zahlreichen Südbuchen (*silver beech*) geprägt. Der flach verlaufende Wanderweg umrundet zunächst in sich ewig windenden Schlängellinien die Senken eines Wasserlaufs, der bei nasser Witterung die Anchorage Lagoon speist. So gelangen Sie trotz eigentlich kurzer Entfernung erst bei km 3,4 an einen weiteren Abzweig. Orientieren Sie sich leicht links Richtung „Torrent Bay (via high tide track)“ und „Cleopatra's Pool“. Der Weg fällt gemächlich ab und nach einer Weile können Sie erste Blicke auf die Gezeitenmündung von Torrent Bay erhaschen. Später wendet sich der Track nach Westen und nimmt die immer enger werdende Trichtermündung des Torrent River ins Visier. Laufen Sie am Abzweig zum Holyoake Clearing geradeaus, 200 m danach erreichen Sie bei km 5 eine Holzbrücke über den sanften Fluss.

Nur wenige Schritte hinter der Brücke führt der Abstecher zu Cleopatra's Pool nach links. Der 500 m lange Weg am Ufer des Torrent River besticht durch ein verzauberndes Urweltgefühl. Die bemoosten Steine im Flussbett werden zunehmend größer, entsprechend ist der Wanderweg vereinzelt etwas steiniger als gewohnt. Nach einem Linksschwenker endet der Weg an einem tieferen Nebenbach ❷. Klettern Sie von hier über Steine oder waten Sie durch das Wasser zu der kleinen Landzunge gegenüber. Halten Sie dazu Ausschau nach einem großen orangen Dreieck und einem kleinen DOC-Holzschild. Der dahinterliegende Torrent River und der natürliche Cleopatra's Pool sind vom Ende des Weges nur zu erahnen. Ein Bad im erfrischenden, kristallklaren Wasser des Flusses weckt neue Lebensgeister. Wagemutige können die natürliche Steinrutsche herunterschlittern.

Zurück am Hauptweg windet sich der Track für eine längere Passage am Westufer leicht oberhalb des Inlet (eine Bucht mit schmaler Verbindung zum Meer) entlang, meist mit freiem Ausblick. Der Untergrund ist vereinzelt etwas felsig und an einigen leicht abschüssigen Stellen ist Vorsicht geboten, vor allem wenn kleine Kinder mit Ihnen wandern. Der Wanderweg dreht schließlich in Höhe des Abzweigs zum Falls River Track nach Osten ab und umrundet die Mündung des Tregidga Creek, welchen Sie bald auf einer Holzbrücke überqueren. Nun sind es nur noch 500 m bis zum Torrent Bay Village Campsite.

Torrent Bay Village Campsite, 10 Zeltplätze, $ 30 p. P., Mai-Sep $ 15 p. P., Great-Walks-Buchung erforderlich

Hier, bei km 8,2 am Ende des Zeltplatzes, beginnt auch die ausgeschilderte Route über die Gezeitenmündung ❸. Große orange Stäbe weisen Ihnen den 900 m langen Weg durch den Schlamm. Start und Ende sind zusätzlich mit großen orangen Kreisen gekennzeichnet. Beachten Sie unbedingt das Zeitfenster zur sicheren Querung. Gerade bei Einsetzen der Flut kann die Bucht sehr schnell wieder unter Wasser stehen! Nasse Füße sind Ihnen übrigens dennoch sicher, denn nach 150 m müssen Sie den Tregidga Creek und nach weiteren 400 m den Torrent River durchwaten, was unter normalen Wetterbedingungen allerdings problemlos möglich ist. Halten Sie sich am Ende des weglosen Abschnitts leicht links.

Wieder im Wald laufen Sie über einen niedrigen Sattel, orientieren sich an der Weggabelung am Sattelpunkt nach links und wandern auf der anderen Seite zur zauberhaften Anchorage Bay hinunter. Von hier sind es noch ungefähr 600 m am Strand entlang bis zum Ausgangspunkt.

Wenn Ihnen die Puste und die Lust am Wandern noch nicht ausgegangen ist, dann sollten Sie die kleine Runde des Pitt Head Loop Track mit der Te Pukatea Bay als Sahnestückchen des Tages nicht verpassen. Verlassen Sie dazu an der Holzrampe den Strand und folgen Sie dem breiten Hauptweg durch das Gelände des Anchorage Campsite. Nach ca. 200 m überqueren Sie über einen Holzsteg den Abfluss eines weiteren Feuchtgebiets.

Der Weg steigt für eine kurze Weile durch typischen Küstenwald an, verläuft aber im weiteren Verlauf flach und bequem durch einen dichten Wald aus Tea Trees. 500 m nach dem Steg erreichen Sie einen Abzweig, an dem Sie links abbiegen (Schild „Pitt Head Lookout" und „Anchorage – via Pitt Head Track").

Die nächsten knapp 500 m erklimmen Sie die höchste Erhebung der Halbinsel. Dort befindet sich auf der linken Seite ein Aussichtspunkt erster Klasse. Vom mit Bänken ausgestatteten Torrent Bay Lookout ❹ haben Sie geniale Blicke über die weite, grün-türkise Bucht bis hin zur großen Tasman Bay und den Ausläufern der Marlborough Sounds im Osten. Im Nordwesten ergeben die grünen Hügel der Küstenlinie und die hellen Streifen goldener Strände ein prachtvolles Bild.

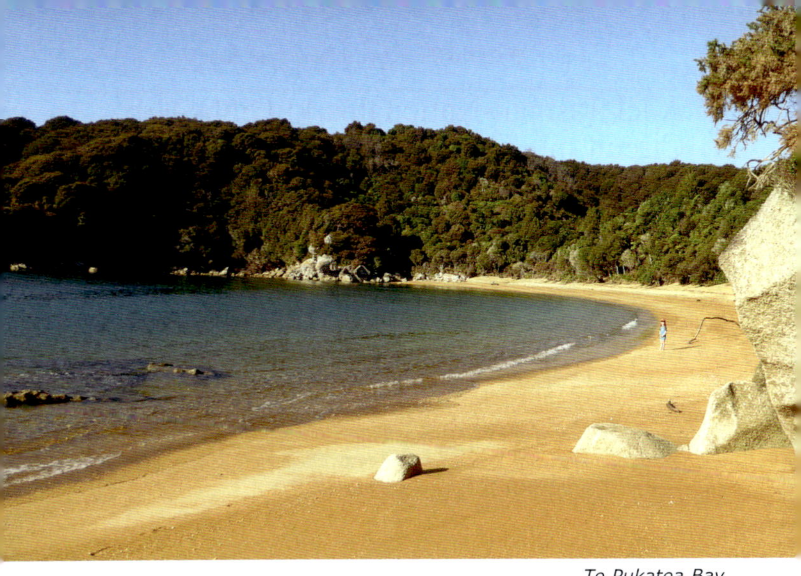

Te Pukatea Bay

Früher befand sich ganz in der Nähe ein Festungs-Pā der Māori (eine Art kleines, befestigtes Dorf/Siedlung).

Von hier aus peilt der abfallende Weg zunächst die Spitze der Landzunge an, wo vom Rundweg ein kleiner Abstecher geradeaus zum Pitt Head Lookout abführt. Der Aussichtspunkt befindet sich neuerdings bereits nach ca. 100 m an einer Plattform. Der Blick auf die Gewässer der Tasman Bay ist vergleichsweise unspektakulär, jedoch haben Sie etwa 10 m vorher versteckt auf der linken Seite Aussicht auf eine hübsche kleine Bucht mit Sandstrand.

Folgen Sie der eigentlichen Runde weiter im Uhrzeigersinn und bereits kurze Zeit später haben Sie wundervolle Blicke auf einen der schönsten Strände des gesamten Nationalparks – die Te Pukatea Bay. Die halbmondförmige Bucht setzt die Farben der Umgebung perfekt in Szene, besonders bei Ebbe. Sie werden sich nicht entscheiden können, ob Sie lieber den faszinierenden Anblick noch ein bisschen genießen oder schnell hinunter zum erfrischenden Bad im glasklaren Wasser eilen wollen. Ungefähr 300 m bergab sind es noch bis zum traumhaften Strand der Te Pukatea Bay in Höhe des gleichnamigen Zeltplatzes ❺.

Te Pukatea Bay Campsite, 7 Zeltplätze, $ 30 p. P., Mai-Sep $ 15 p. P., Great-Walks-Buchung erforderlich

Folgen Sie anschließend dem Weg weiter geradeaus und komplettieren Sie die Runde. Zurück zur Anchorage Bay nehmen Sie den bekannten Weg.

④ Abel-Tasman-Nationalpark: Gibbs Hill Circuit mit Separation Point

WC

Tour für Aktive zu verborgenen Naturjuwelen

Auf der abwechslungsreichen Rundwanderung um den Nordzipfel des Abel-Tasman-Nationalparks geht es deutlich ruhiger zu als auf den Wanderwegen südlich von Tōtaranui, da hier keine Wassertaxis anlegen dürfen. Entlang der Strecke erleben Sie die Vielfalt, die einen Besuch im kleinsten Nationalpark Neuseelands so unvergesslich macht: üppiger Küstenwald, herrliche Aussichten auf bezaubernde Gezeiteninlets und Buchten, Granitfelsen mit Seebären, bizarre Felsgebilde und wunderschöne goldene Strände mit hervorragenden Bademöglichkeiten am Ende der ereignisvollen Tour.

Start/Ziel: Tōtaranui, Parkplatz für Tagesbesucher, GPS S 40°49.322' E 173°00.220'

21,6 km (inkl. Separation Point)

6 Std. 30 Min.

↑ ↓ 805 m/805 m

⇧ 0-385 m

Wegweiser an allen wichtigen Stellen, vereinzelt zusätzlich orange Markierungen (Stangen, Kreise, Dreiecke)

einfache, befestigte und meist breite Wege ohne Hindernisse oder Stufen, Ausnahme: kurze anspruchsvollere Passagen beim Abstieg zum Separation Point und zwischen Mutton Cove und Anatakapau Bay, Gibbs Hill Track teilweise steil und rutschig, längere schattige Abschnitte

Abzweig Wainui Bay (km 7,3), Whariwharangi Hut (km 10,1), Abzweig Separation Point (km 12), km 13, Mutton Cove Campsite (km 15,2)

WC Campground Office Tōtaranui (Start/Ziel), Whariwharangi Hut (km 10,1) sowie an allen Campsites

Tōtaranui Beach (Start/Ziel, für Kinder ist das Inlet im Norden des Campgrounds besonders geeignet), Mutton Cove (km 14,6 bis km 15,6), Anapai Bay (km 17,9 bis km 18,1)

Whariwharangi Hut (km 10,1)

Whariwharangi Bay Campsite (km 10,1), Mutton Cove Campsite (km 15,2), Anapai Bay Campsite (km 18,0)

Tōtaranui DOC Campground (Start/Ziel), ☏ 03/528 80 83, Buchung erforderlich

Toller Badespaß ist bei dieser Tour garantiert. Mit Ausnahme des letzten, kurzen steilen Abstiegs zum Separation Point sind grundsätzlich alle Abschnitte für Kinder jeden Alters geeignet, die gesamte Strecke aufgrund der Länge der Wanderung eher für ältere, konditionsstarke Kinder. Für eine kürzere Strecke bietet sich z. B. die Hin-und-zurück-Wanderung von Tōtaranui über Anapai Bay und Mutton Cove bis zum Separation Point (ohne Abstieg zum Felsvorsprung) an.

Tōtaranui-Besucherparkplatz. Achten Sie auf die Torschließzeiten des Tōtaranui Campground von abends bis frühmorgens (genaue Zeiten unter www.doc.govt.nz/totaranui) – nutzen Sie für den zeitigen Start oder eine mögliche späte Rückkehr die Parkmöglichkeit vor dem Tor, GPS S 40°49.408' E 173°00.067'. Anfahrt: von Nelson zunächst wie Wanderung 3, jedoch hinter Riwaka dem SH 60 für weitere 50 km folgen. In Takaka nach rechts in die Motupipi St Richtung Pohara und Tōtaranui abbiegen und 1 km später nach rechts dem Abel Tasman Drive für 20 km folgen. 700 m nach dem Wainui-Falls-Abzweig **entweder** rechts für 10,5 km auf unbefestigter, enger Straße mit vielen Kurven (am Awaroa-Abzweig links halten) bis nach Tōtaranui fahren **oder** links in die McShane Rd abbiegen: nach einer leicht passierbaren Furt führt eine gut erhaltene, unbefestigte Straße in 2,5 km zum alternativen Start mit Parkplatz an der Wainui Bay.

Golden Bay Coachlines, ☏ 03/525 83 52, www.goldenbaycoachlines.co.nz, verbindet Nov-März tägl. Nelson und Takaka mit den Start-/Zielpunkten in Tōtaranui ($ 59/$ 24) und Wainui Bay ($ 54/$ 20). Der gleiche Shuttlebus verkehrt auch zwischen den beiden Zugangspunkten ($ 15). Trek Express / The Heaphy Bus, ☏ 03/540 20 42, www.trekexpress.co.nz oder www.theheaphybus.co.nz, bedient Wainui Bay Dez-Mitte März tägl., danach bis April sowie Nov nur Mo und Mi ($ 55), auch als Charter verfügbar (mind. 5 Pers.).

Tōtaranui als nördlichste Anlegestelle im Nationalpark wird von allen Bootsunternehmen angefahren (Anbieter ☞ Wanderung 3).

☞ Wanderung 3, außerdem Golden Bay Visitor Centre, 16 Willow St, Takaka, ☏ 03/525 91 36

Der Abschnitt des Gibbs Hill Track (bis km 7,3) und der Zustieg von Wainui Bay sind von Mai bis September für Mountainbikes zugelassen.

Die 17,1 km lange Streckenwanderung zwischen Wainui Bay und Tōtaranui ist eine Alternative zum beschriebenen Rundweg (Transport zwischen beiden Enden mit Golden Bay Coachlines).

☺ Das Gebiet um Tōtaranui bietet eine Vielzahl an weiteren Wandermöglichkeiten, gerade auch für Einsteiger und Familien, z. B. nach Süden zum Aussichtspunkt Skinner Point, zum Strand von Goat Bay etc. – mehr Infos dazu finden Sie unter www.doc.govt.nz [Suchbegriff: Totaranui Walks].

Vom Parkplatz des Tōtaranui Campground laufen Sie am kleinen Kreisverkehr beim Camp Office nach rechts in die beeindruckende Allee aus alten London-Platanen hinein, welche 1856 vom damaligen Farmbesitzer William Gibbs gepflanzt wurden. Am Ende der „Avenue" halten Sie sich am Schild geradeaus Richtung „Coast Track North, Separation Point". Nur 150 m später folgen Sie dem Weg nach rechts und drehen damit gen Norden.

Kurz darauf passieren Sie auf der linken Seite das Ngarata Homestead, ein über 100 Jahre altes Gebäude im kalifornischen Bungalowstil. Das Haus diente als Wohnsitz für die ansässigen Farmfamilien und wird heute als Gästehaus für Schulgruppen genutzt. Halten Sie sich auf dem rechten von beiden Fahrwegen, vorbei an einem Tor, und schon bald haben Sie nach rechts Ausblick auf das Gezeiteninlet von Tōtaranui. Nach einem knappen halben Kilometer durchschreiten Sie in einem Schlenker eine Wiese, an dessen Ende Sie auf eine Weggabelung ❶ (km 1,3) treffen.

Verlassen Sie hier den Abel Tasman Coast Track und nehmen Sie den linken Wiesenweg. Der beginnende Gibbs Hill Track folgt teilweise heute noch einem Pferdetrack der alten Farmer von Tōtaranui nach Wainui Bay. Bleiben Sie zunächst am linken Wiesenrand, bevor es geradeaus in den „Busch" hineingeht und Sie in einer Senke den kleinen Bachlauf des Kaikau Stream durchqueren.

Von nun an geht es auf einfachem, aber teilweise glitschigem Untergrund stetig bergan. Viele Baumfarne säumen den Weg und immer wieder haben Sie gute Blicke auf die bewachsenen Hänge der Umgebung und zurück nach Tōtaranui. Nach 300 erklommenen Höhenmetern erreichen Sie an einem Sattel mit Tōtaranui im Osten und Wainui Bay im Westen die nächste Gabelung. Halten Sie sich hier rechts Richtung Norden (Schild „Wainui" und „Whariwharangi") entlang des Bergrückens von Gibbs Hill. Während Sie die letzten Meter emporsteigen, eröffnet sich eine fantastische Aussicht auf die Wainui Bay und deren vorgelagertes Gezeiteninlet. Kurz vor Gibbs Hill erinnern Kreuze an zwei Männer, die im Jahr 2009 bei einem Flugzeugabsturz ums Leben kamen. Nach insgesamt 5 km

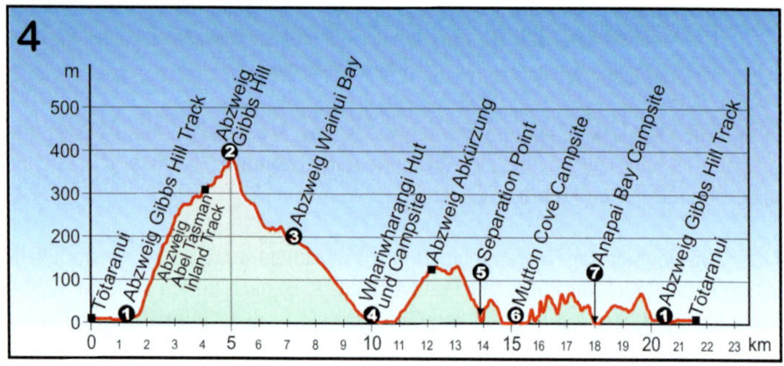

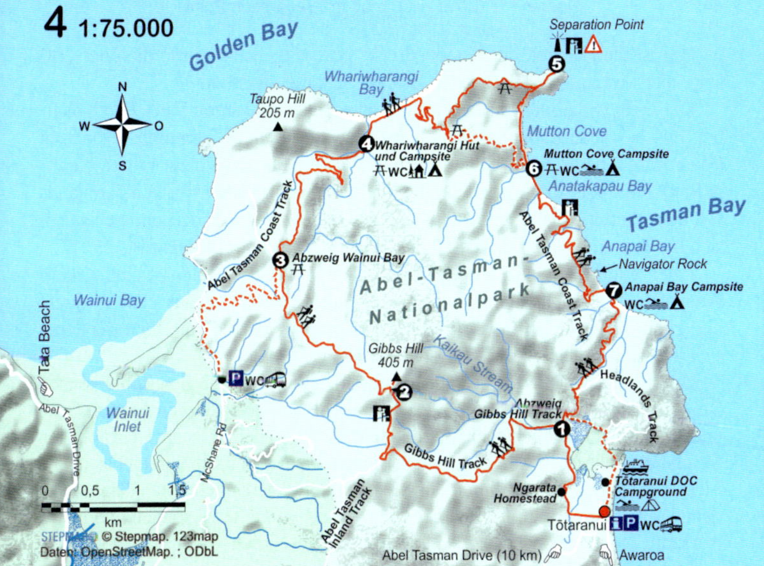

ist schließlich am höchsten Punkt der anstrengendste Teil der Wanderung geschafft ❷. Der kleine Trampelpfad auf der rechten Seite hinauf zum zugewachsenen Gibbs Hill mit Sendemasten (⇧ 405 m) lohnt kaum, denn die häufigen Ausblicke vom Weg sind mindestens genauso beeindruckend.

Der nun folgende Abstieg ist anfangs relativ steil, bei Nässe kann es hier rutschig werden. Etwa 2,3 km nach dem Gibbs Hill stößt der Wanderweg wieder auf den Abel Tasman Coast Track, von links kommt der alternative Zustieg von Wainui Bay dazu (➔, ➲ 2,8 km, ⌛ 1 Std., ↑↓ 185 m/0 m, ⇧ 5-190 m) ❸. Sie setzen Ihren bisherigen Abstieg nach rechts fort.

Der bequeme Weg nimmt durch regenerierenden Wald aus Tea Trees und ein paar Farnen Kurs Richtung Whariwharangi Bay. In der Gegend bot sich noch bis in die 70er-Jahre hinein ein Bild von kahlem Weideland und der heutige Trackverlauf hat seinen Ursprung ebenfalls bei den damaligen Farmern. Bei km 10,1 erreichen Sie die charmante Whariwharangi Hut und den Whariwharangi Bay Campsite ❹. (✋ Auch wenn der Name es vermuten lässt, der Zeltplatz liegt nicht direkt am Strand.)

Whariwharangi Hut, 20 Schlafplätze, $ 75 p. P., Mai-Sep $ 32 p. P., Great-Walks-Buchung erforderlich (☞ Wanderinfrastruktur)

Whariwharangi Bay Campsite, 20 Zeltplätze, $ 30 p. P., Mai-Sep $ 15 p. P., Great-Walks-Buchung erforderlich

Fast ist die Halbzeit der Wanderstrecke geschafft. Bänke sowie die über 100 Jahre alte, restaurierte Hütte laden zu einer längeren Rast ein.

Der Weiterweg quert den Campsite und nach einem kurzen Stück durch dichten Busch wandern Sie rechts entlang beeindruckender Monterey-Zypressen (Macrocarpa) parallel zum Strand. (↳ Geradeaus gelangen Sie zur Whariwharangi Bay.) Am Ende der Zypressenreihe, die zum Schutz des damaligen Farmlands vor dem Wetter gepflanzt wurde, schwenkt der Weg gen Süden und schlängelt sich bergan mit einigen Blicken zurück aufs Meer langsam landeinwärts.

Einen guten Kilometer und 115 Höhenmeter Aufstieg später ist eine weitere Weggabelung erreicht (unmittelbar nach einer Bank): Geradeaus geht es direkt und zügig zum Mutton Cove Campsite (Abkürzung von 1,6 km), Sie orientieren sich jedoch nach links, mit Ziel Separation Point.

Auf dem schmalen Weg nach Osten über den bewachsenen Bergkamm können Sie ab und zu schöne Blicke auf die romantische Doppelbucht von Mutton Cove und Anatakapau Bay genießen. An der spitzen Weggabelung nach 1,6 km laufen Sie erst einmal weiter geradeaus und vor Ihnen öffnet sich nach Norden das offene Meer der Golden Bay. Zu Ihren Füßen liegen hohe, zerklüftete Granitklippen, an denen sich Neuseeländische Seebären (*New Zealand fur seals*) sonnen und häufig markante Laute – manchmal auch ein Husten oder Niesen – von sich geben.

Das Kap von Separation Point mit seinem kleinen Leuchtturm rückt ins Blickfeld. Der Felsvorsprung am Ufer „trennt" die Tasman Bay im Süden von der Golden Bay im Norden. ✋ Der Abstieg nach dem Warnschild über Steine und größere Absätze ist sehr steil und teilweise ausgesetzt und für kleinere Kinder sowie Eltern mit Kindertrage ungeeignet. Unten auf dem Felsplateau erwartet Sie ein Rastplatz par excellence ❺. In der Entfernung können Sie im Norden ein paar Bäume scheinbar mitten im Wasser erspähen – dort liegt die Spitze der 30 km langen Nehrung von Farewell Spit, dem auf der Landkarte deutlich erkennbaren „Kiwischnabel".

Nach der Pause gehen Sie die 350 m zurück bis zur Weggabelung und laufen nun links zur Bucht von Mutton Cove hinab. Durch die Bäume schimmert schon der goldgelbe Sand und mit jedem Schritt wächst die Vorfreude auf den Strand, den Sie nach 400 m erreichen.

Folgen Sie ihm bis zum Südende und kraxeln Sie in Höhe des orangen Dreiecks über die Felsen. Auf der anderen Seite scheint der Weg zu Ende zu sein, lassen Sie sich aber nicht täuschen. Sie überqueren für einige Meter das „Steinmeer", bevor rechts hinauf ein paar Stufen zu einer Brücke führen. Kurz danach empfängt Sie die verträumte Anatakapau Bay.

Wie schon in der Bucht zuvor verläuft der Weg entlang des Ufers. Rechter Hand in Höhe der großen Kiefern liegt der Mutton Cove Campsite (der irritierenderweise den Namen der vorherigen Bucht trägt) ❻. Der Zeltplatz auf einer ebenen Wiese ist einer der schönsten Campsites des Nationalparks, bietet allerdings bei schlechten Witterungsbedingungen relativ wenig Schutz.

Mutton Cove Campsite, 20 Zeltplätze, $ 30 p. P., Mai-Sep $ 15 p. P., Great-Walks-Buchung erforderlich

Kurz vor dem südlichen Ende des Strandes geht es direkt nach einem kleinen Wasserlauf rechts in den Busch hinein. Auf dem 2,3 km langen Weg zur nächsten Bucht, der Anapai Bay, klettert der Track durch das grüne Landesinnere zwischenzeitlich bis auf 70 m Höhe empor und windet sich in stetigem Auf und Ab nach Süden. Nach den ersten 500 m haben Sie eine geniale Aussicht zurück auf Anatakapau Bay und Mutton Cove. Aufgrund eines Erdrutsches im Jahr 2018 erreichen Sie den Strand von Anapai Bay neuerdings nur wenige Meter nördlich von dem geschützt unter Tea Trees liegenden Zeltplatz, alte Karten zeigen noch die falsche Wegführung.

Anapai Bay Campsite, 6 Zeltplätze, $ 30 p. P., Mai-Sep $ 15 p. P., Great-Walks-Buchung erforderlich

Anatakapau Bay und Mutton Cove, 📷 *Ruth Bollongino*

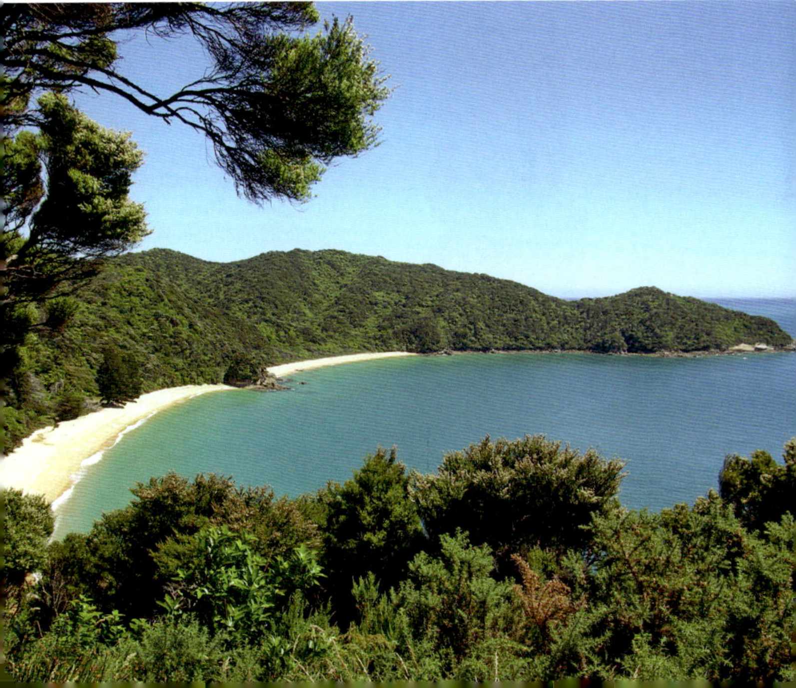

Nördlich von Anapai befindet sich ein versteckt liegender zweiter Strand. Um dorthin zu gelangen, folgen Sie der Anapai Bay nach links und halten nach 100 m Ausschau nach einem Pfad in den Wald hinein. Dieser führt Sie für wenige Meter durch Dickicht zum „geheimen" Nordstrand. Zwischen den beiden Hauptstränden liegt eine weitere, von Felsen eingeschlossene, winzige Bucht mit einigen bizarren Felsformationen, die Sie vom kurzen Buschabschnitt aus durch Herunterkraxeln über Felsen erreichen können. Bei Ebbe gelangen Sie zu dieser auch problemlos entlang des Ufers, vorbei am Navigator Rock, einem der schönsten Fotomotive im Nationalpark. Von der Anapai-Seite sieht das Felsgebilde wie eine polynesische Statue aus.

Navigator Rock von Anapai Bay aus, sieht aus wie eine polynesische Statue

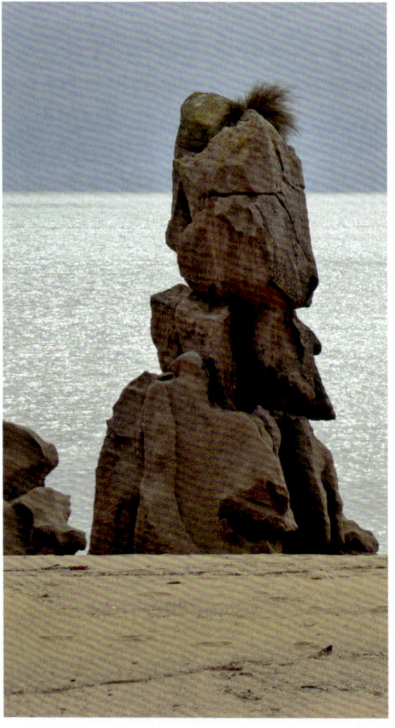

Auf dem eigentlichen Weiterweg gen Süden passieren Sie den kleinen Anapai Bay Campsite 7 und bereits 100 m später geht es abermals direkt nach einem Wasserlauf rechts in den Wald. Ein letztes Mal verläuft der Weg vorbei an plätschernden Bächlein durch das üppige, subtropisch anmutende Küstengrün und nach 1,5 km sind an einem Sattel alle Anstiege des Tages gemeistert. Am Abzweig nach links zum Headlands Track bleiben Sie geradeaus auf dem Hauptweg.

Nach weiteren 350 m bergab können Sie bei Ebbe scharf nach links den Weg über das Tōtaranui-Gezeiteninlet zum Nordende des Campgrounds einschlagen und dort dem Fahrweg nach Süden bis zum Parkplatz folgen (geringfügige Abkürzung von 150 m). Alternativ gelangen Sie wenig später zum Abzweig des Gibbs Hill Track vom Beginn der Wanderung und laufen auf dem bekannten Weg zurück bis zum Ausgangspunkt der Tour.

5 Golden Bay: Wharariki Beach, Hill Top Track und Fossil Point

Tour für Entdecker und Fans von prächtiger Küstenszenerie

Der Wharariki Beach ist mit seinem weiten Strandabschnitt, seinen hohen Dünen und faszinierenden Felsformationen, -toren und -höhlen ein Eldorado für Entdecker. Planen Sie hier genügend Zeit ein! Beim Seebären-„Kindergarten" kommen Tierliebhaber voll auf ihre Kosten. Und das ist erst der Anfang der Wanderung. Der anschließende Hill Top Track entlang der Steilküste mit freien Blicken aufs Meer durch den hügeligen grünen Puponga Farm Park, vorbei an Cape Farewell, Pillar Point und der Old Man Range, lässt die Seele zur Ruhe kommen. Eine überragende Aussicht auf die lange Sandzunge von Farewell Spit und ein Abstecher zu den Sedimentgesteinen von Fossil Point komplettieren die Traumwanderung. Ein absoluter Favorit an ruhigen Tagen an der oft windumtosten Nordspitze der Südinsel.

→ Start: Wharariki Beach Carpark, GPS S 40°30.549' E 172°41.092'; Ziel: Parkplatz Farewell Spit Visitor Centre & Café, GPS S 40°31.292' E 172°44.469'

13,6 km

4 Std. 30 Min.

↑↓ 515 m/500 m

0-165 m

Wegweiser an den wichtigsten Stellen, häufig orange Markierungen (Stangen, vereinzelt Dreiecke). Abschnittsweise ist eine gewisse Orientierung notwendig, da die Wegführung nicht immer eindeutig ist.

meist einfache Wegbeschaffenheit, häufiges Auf und Ab, hin und wieder steiles Gelände, Wiesenabschnitte bei Nässe rutschig, mehrere Zaunstufen, kaum schattige Abschnitte, teilweise stark Wind und Wetter ausgesetzt

Archway Café (direkt beim Start), Farewell Spit Visitor Centre & Café (Ziel)

keine Rastbänke

WC an allen drei Parkplätzen (Start, km 13,4, Ziel)

Vom Baden am Wharariki Beach ist wegen starker Strömungen abzuraten!

Wharariki Beach Holiday Park (200 m vor dem Start), einige Gäste empfinden die neugierigen Pfauen, frei herumlaufenden Pferde und Ökotoiletten als befremdlich); alternativ Farewell Gardens (37 Seddon St, Puponga)

Je nach Streckenabschnitt ist die Wanderung für Kinder geeignet bis sehr gut geeignet: Die jungen Seebären sind ein Highlight, die gesamte Wanderung ist aufgrund der Länge in Kombination mit dem häufigen Auf und Ab aber nur für ältere, konditionsstarke Kinder empfehlenswert. Im Abschnitt zwischen km 4,5 und km 6,3 sollten Kinder stets unter Aufsicht von Erwachsenen sein, denn auf der linken Seite des Weges befinden sich teilweise steile Klippen! Besondere Vorsicht bei windigen Bedingungen! Auch beim Passieren der Old Man Range (km 9,0 bis km 9,8) verläuft der Weg entlang abschüssiger Bereiche. Familien mit kleineren Kindern können als kleine Runde vom Wharariki Beach bei den Seebärenpools über den direkten Weg zurück zum Wharariki Beach Carpark laufen (➲ 4,8 km).

P Wharariki Beach Carpark. Anfahrt: Von Nelson zunächst wie bei Wanderung 3, jedoch hinter Riwaka dem SH 60 für weitere 76 km bis kurz vor Collingwood folgen. Die Hauptstraße nach links verlassen und 500 m später nach rechts abbiegen (Schilder „Farewell Spit"). Nach 22 km erreichen Sie Puponga und folgen 100 m nach der Linkskurve **entweder** der unbefestigten Wharariki Rd geradeaus für 5,7 km bis zum Startparkplatz **oder** nach rechts dem Freeman Access für etwa 1 km bis zum Parkplatz am Farewell Spit Visitor Centre & Café (Ziel) oder zum Triangle Flat Carpark (km 13,4).

Dion Leigh, Besitzer des Wharariki Beach Holiday Park, verbindet nach vorheriger Absprache Start und Ziel ($ 10 p. P., mind. 2 Pers.), Kontakt auch über das Farewell Spit Visitor Centre & Café, und fährt auf Wunsch auch von/nach Collingwood ($ 40 p. P.) oder Takaka ($ 60 p. P.). Dorthin gelangen Sie von Nelson mit Golden Bay Coachlines oder The Heaphy Bus (☞ Wanderung 4).

i ☞ Wanderung 3 und 4

Der hier beschriebene Zugang zum Wharariki Beach über dessen westliches Ende und zu den Seebären-Pools ist nur bei Ebbe (ca. +/– 2 Std. 30 Min.) möglich. Den Ebbezeitpunkt können Sie unter www.niwa.co.nz/services/online-services/tide-forecaster (Location: Whanganui Inlet Entrance) abrufen oder in der Rezeption am Eingang zum Wharariki Holiday Park erfragen. ☺ Die Ebbe ist auch allgemein die beste Zeit zum Erkunden der Wunder des Strandes. Für die Höhlen lohnt sich die Mitnahme einer Stirnlampe.

Halten Sie gebührenden Abstand zu den Seebären (mind. 10 m) und versperren Sie nicht den Weg zum Wasser.

Bis km 1,5 und zwischen km 7,4 und km 10 nutzen auch Mountainbiker den Track.

Mitunter sind im Frühjahr Teile des Weges wegen der Lammsaison gesperrt.

Direkt am Startpunkt können Sie sich vor der Wanderung noch stärken.

Archway Café, Okt-Mai tägl. ab ca. 9:00

Vom Parkplatz aus steigen Sie dann über die Zaunstufen und orientieren sich geradeaus entlang des breiten Farmwegs (Wegweiser „Wharariki Beach via Dune and Nikau Lakes, Green Hills Track").

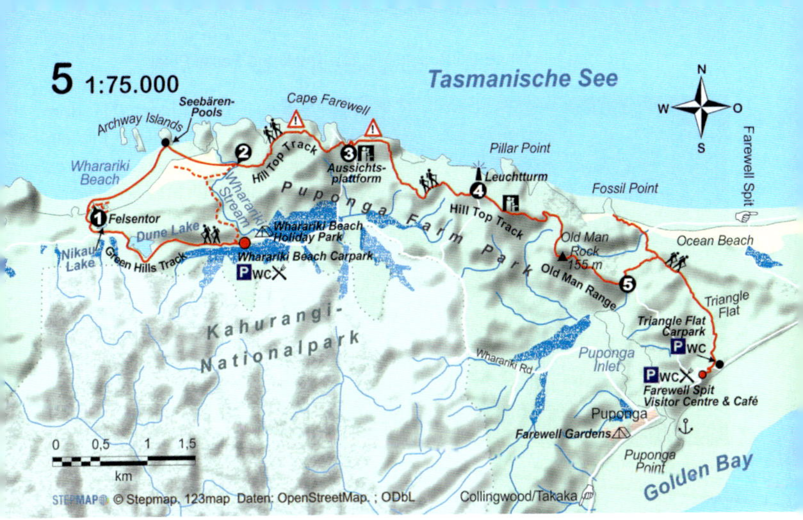

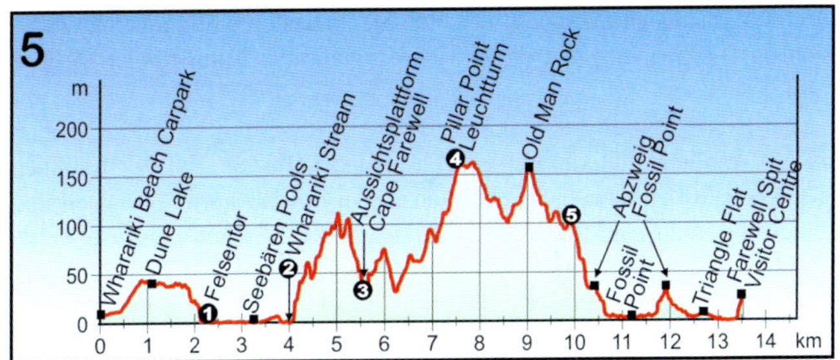

↳ Rechts bergan über die Wiese geht es gezeitenunabhängig direkt zum Wharariki Beach (➲ 950 m).

In Richtung Westen steigt der einfache, teilweise matschige Weg des Green Hills Track leicht an und rasch gelangen Sie durch offenes, hügeliges Weideland zum Dune Lake. Diesen umrunden Sie an seiner Südseite und erreichen am Westufer nach 1,5 km einen eher unscheinbaren Abzweig (Wegweiser „Wharariki Beach, 15 min, 800 m"). Gehen Sie rechts den Wiesenhügel bergauf, statt dem Farmtrack weiter zu folgen. Wenige Schritte nach dem Abzweig steigen Sie über einen Zaun mit Stufen und wandern jetzt nach links für die nächsten 300 m immer am Zaun entlang. Sie passieren zu Ihrer rechten Seite den kleinen Nikau Lake und sehen knapp 100 m später rechts unten am Waldrand einen rot markierten Stab.

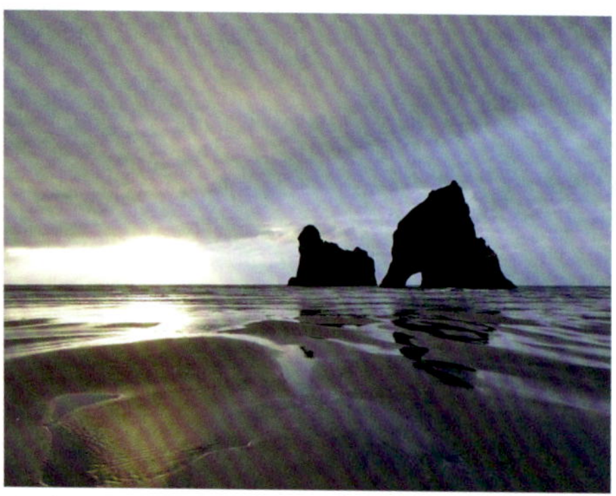

Archway Islands

Überwinden Sie dort die Zaunstufen, für ein kurzes Stück geht es durch dichtes Buschwerk. Nach insgesamt 2,1 km ist das Meer erreicht und eine kleine Nebenbucht des Wharariki Beach liegt vor Ihnen. Steigen Sie wenige Meter über glattes, bei Nässe rutschiges Gestein hinunter zum Strand. Rechter Hand imponiert eine natürliche Steinbrücke und dahinter können Sie in der Entfernung bereits die markanten löchrigen Felsformationen der Archway Islands entdecken. ☺ Achten Sie im weiteren Strandverlauf darauf, wie sich das Erscheinungsbild dieser viel fotografierten Naturwunder stetig ändern wird.

↳ Wanderer mit viel Entdeckergeist und richtigem Timing (!) können auch noch den 500 m langen westlichsten Zipfel des Wharariki Beach erforschen – laufen Sie dazu einfach am Strandzugang links zwischen den zwei Felsen hindurch.

Halten Sie sich für den eigentlichen Weiterweg rechts in Richtung Felsentor ❶. Je nach Wasserpegel können Sie die gesamte Felsformation an der linken Meeresseite umgehen oder Sie kraxeln über griffiges Gestein ohne größere Schwierigkeiten direkt unter der „Brücke“ hindurch.

Der Wharariki Beach zeigt sich nun in seiner ganzen Ausdehnung – jedes Wetter und jede Tageszeit hat hier einen ganz eigenen Reiz. Nach einem guten halben Kilometer Strandwanderung befinden Sie sich direkt auf Höhe der ersten beiden monumentalen Felsen der Archway Islands. Nur etwa 300 m weiter an der nächsten Felsformation können Sie häufig junge Seebären beim Spielen und Raufen beobachten.

Halten Sie sich von hier aus in Richtung des östlichen Endes des Strandes und passieren die Düne auf deren linker Seite. In der Entfernung können Sie schon die hohen Hügel des Puponga Hill Top Track erkennen. Sie treffen auf die Ausläufer des Wharariki Stream und laufen für weitere 200 m zwischen dem Wasserlauf und der hohen Düne entlang.

Furten Sie den Bach an dessen östlicher Schleife an der Spitze der Düne ❷. Der Pegel ist je nach Ebbe oder Flut und Wetterverhältnissen unterschiedlich hoch, die Querung ist jedoch in den meisten Fällen problemlos machbar.

Auf der anderen Seite finden Sie ein Schild im Gestrüpp und sehen am Hügel mehrere Stäbe als Markierung für den Weiterweg. Auf dem hügeligen grünen Hill Top Track werden Sie nur wenige Wanderer antreffen und einzig die zahlreichen Schafe begleiten Sie ab und zu auf Ihrer Tour. Nach einer kurzen Passage durchs Dickicht geht es die nächste Zeit 100 Höhenmeter bergauf. Zurückblickend haben Sie wunderschöne Aussichten auf den weißen Wharariki Beach. Sie steigen über einen Zaun mit Stufen und bleiben in der Folge in dessen Nähe.

Nach 300 m geht es am kleinen Warnschild „Cliffs“ nach rechts von der Begrenzung weg. Der Weg wird hier kurzzeitig etwas anspruchsvoller und führt durch eine Senke an den Klippenausläufern einer Bucht vorbei. Anschließend führt Sie ein angenehmer Wiesenweg hinauf zu herrlichen Aussichten auf die Tasmanische See und die Steilküste im Osten. ✋ Kinder sollten ab hier immer unter Beaufsichtigung von Erwachsenen sein, denn nur wenige Meter vom Weg entfernt auf der linken Seite befinden sich verdeckt abschüssige Klippen. Sollte der Wind in der notorisch sturmgebeutelten Küstenregion zu stark und böig wehen oder die Sichtverhältnisse sind stark eingeschränkt, dann erwägen Sie besser eine Umkehr.

Blick auf Farewell Spit von Fossil Point

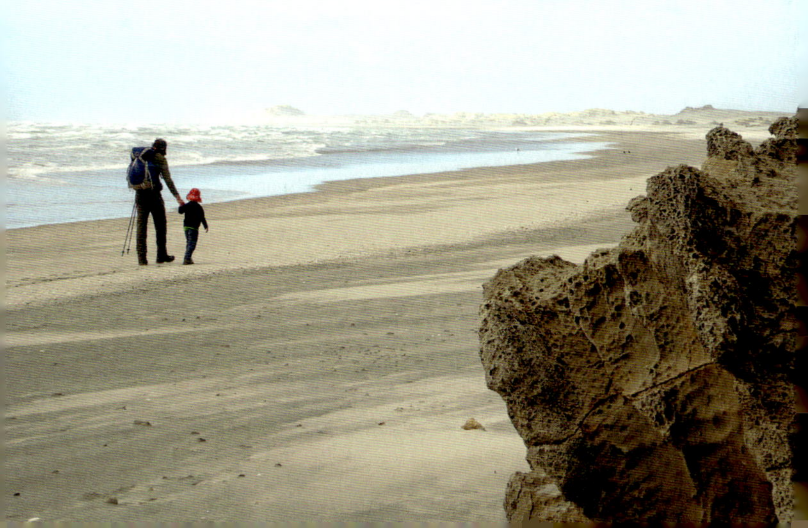

Nach insgesamt 5,1 km ist der erste Anstieg gemeistert und der Anblick der tief eingeschnittenen Bucht vor Ihnen ist beeindruckend. Unten am Strand können Sie Seebären erspähen oder zumindest hören. Sie durchqueren eine imposant geformte, steile Wiesensenke mit der Bucht zur Linken, um schließlich weiter steil bis hinunter zur Aussichtsplattform mit Blick auf das Felstor von Cape Farewell ❸, dem nördlichsten Punkt der Südinsel, abzusteigen.

Hinter der Plattform geht es weiter Richtung Osten. Der Weg bergan macht einen kurzen Schlenker nach rechts und streift erneut über einen einfachen Wiesenweg die Steilküste auf der linken Seite. Hier sind die Klippen noch steiler als bisher, bitte halten Sie bei Wind genügend Abstand zur Abbruchkante. Am höchsten Punkt des erklommenen Hügels bei km 6 dreht der Weg ins Landesinnere gen Süden. In der Rückschau werden Sie später erkennen, dass Sie gerade über einen Küstenfelsen mit riesigem Felsbogen am Fuß laufen. Im typischen Muster folgen Sie dem Weg in die Talsohle und steigen danach erneut an. Nach der Überquerung eines Zauns passieren Sie eine Reihe windgebeutelter Kānuka-Bäume, ein tolles Fotomotiv. Danach klettern Sie auf die rechte Seite des Zauns und folgen nun dem beginnenden, unauffälligen Farmweg. Nach einem kurzen Waldstück halten Sie sich links und laufen durch das Gatter.

Der Aufstieg zum höchsten Punkt des Tages beim Pillar-Point-Leuchtturm hat begonnen. Bereits 250 m später erreichen Sie erneut ein Tor, hier halten Sie sich rechts und wandern den schmalen Weg hinab durch ein dichtes Waldstück. Die Vegetation wird nun deutlich karger, nur noch Gräser und niedrige Büsche säumen den Wegesrand. Orientieren Sie sich über festen Boden und glatt geschliffene Felsen Richtung Wegweiser, welchen Sie bereits oben am Hang erkennen können. Nach 300 m treffen Sie an diesem Schild auf den steinigen Pillar Point Lighthouse Track und folgen diesem nach links in einer 180-Grad-Drehung bis zum Leuchtturm ❹.

Der Leuchtturm bringt zunächst keine neuen Ausblicke und hat selbst auch ein eher schlichtes Erscheinungsbild. Halten Sie sich nach links Richtung Südosten und nach 300 m werden Sie mit einem Aussichtspunkt der Extraklasse überrascht: Neben den bekannten weiten Blicken auf das Meer baut sich vor Ihnen die lang gezogene Sandzunge des Farewell Spit auf. Rechts davon thront der Old-Man-Felsen oberhalb des malerisch wirkenden Inlets von Puponga, welches seinen besonderen Reiz in der Zeit zwischen Ebbe und Flut hat. Im Hintergrund sehen Sie die Golden Bay und können bis zum Abel-Tasman-Nationalpark mit Separation Point an der Spitze schauen (☞ Wanderung 4).

Der Weg fällt nun ab und dreht später – dann wieder ansteigend – nach Süden. Kurze Zeit kann es etwas matschig werden. Nach etwas mehr als 1 km haben Sie den Old Man Rock erreicht und damit den letzten nennenswerten Anstieg des Tages geschafft.

Der teilweise stark erodierte Weiterweg über die Felsen der Old Man Range fasziniert mit weiteren tollen Blicken auf Farewell Spit und dem Puponga Harbour. Nach einem Tor mit Stufen führt der Weg seit längerer Zeit wieder einmal über sanfte Wiesen und bald treffen Sie auf eine Weggabelung, gekennzeichnet mit alten Holzwegweisern ❺.

↳ Nach rechts geht es weiter entlang des Hill Top Track direkt bis zum Ziel (➲ 1,5 km).

Sie wenden sich nach links hinab in Blickrichtung Meer („Carpark via Triangle Flat 30 mins"). Der Pfad über die Wiesenhügel ist nicht immer eindeutig, nutzen Sie den Zaun im Norden nach 100 m als Auffanglinie und laufen Sie dann für 400 m in der Nähe der Begrenzung bis zur nächsten Gabelung.

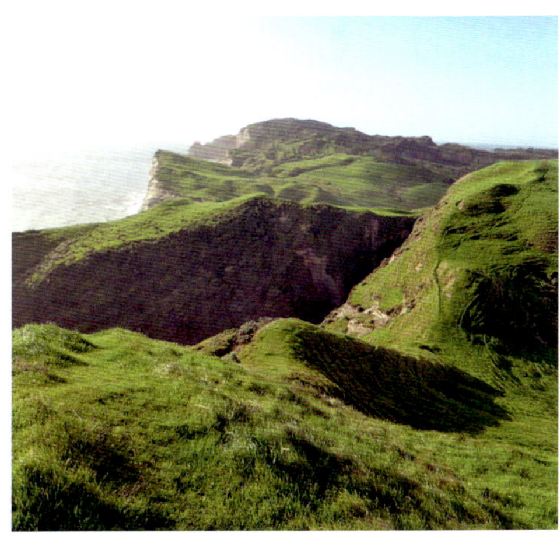

Die Wanderung entlang der Steilküste ist atemberaubend, hier kurz vor Cape Farewell

Nach links wartet ein kurzer, aber lohnenswerter Abstecher durch Küstenbusch zum ewig weiten Ocean Beach an der Nordseite der Nehrung von Farewell Spit. Links entlang des Strandes gelangen Sie nach ca. 500 m zum Fossil Point mit versteinerten Muscheln in den Klippen. Bitte brechen Sie keine Steinfragmente heraus und belassen Sie alle Fossilien vor Ort.

Der Weg nach rechts führt schließlich über die Weideebene Triangle Flat noch 1,4 km zum gleichnamigen Parkplatz. Folgen Sie der Schotterstraße für 50 m und laufen Sie durch das kleine Tor auf der linken Seite (Schild „Carpark Visitor Centre") hinauf bis zum Ziel, dem Farewell Spit Visitor Centre & Café.

Farewell Spit Visitor Centre & Café (Ziel), ☏ 03/524 84 54, Okt-April tägl. 9:00-17:00, Mai-Sep nach Bedarf

6 Nelson-Lakes-Nationalpark: Mt Robert Circuit

Tour für Freunde von Rundumperspektiven

Der Rundweg um die Nordflanke des Mt-Robert-Massivs mit Zugang zu alpinem Terrain oberhalb der Baumgrenze beeindruckt mit seinen prächtigen Aussichten auf Lake Rotoiti, auf die imposante St Arnaud Range und die ferne Umgebung. Abgesehen von den Anforderungen an die Fitness bietet der Track ideale Bedingungen für Wandereinsteiger – gute Wetterbedingungen vorausgesetzt. Eine Übernachtung in der Bushline Hut mit ihren weiten Blicken, die ein Gefühl von Freiheit verleihen, ist eine lohnenswerte Überlegung.

- Start/Ziel: oberer Mt Robert Carpark, GPS S 41°49.286' E 172°48.513'; alternativ: unterer Mt Robert Carpark, GPS S 41°49.318' E 172°48.680' (km 0,3)
- 8,7 km
- 3 Std. 45 Min.
- 635 m/635 m
- 825-1.430 m
- Wegweiser an allen wichtigen Stellen, orange Dreiecke als Markierung, einzig das letzte Stück des Abstechers erfordert eine gewisse Orientierung.
- Die Wegbeschaffenheit ist meist einfach. Km 2,6 bis km 6,3 verlaufen oberhalb der Baumgrenze (kein Schatten), dieser Abschnitt ist Wind und Wetter stark ausgesetzt.
- Wegkreuzung (km 5,8), Relax Shelter (km 5,9), Aussichtsbank (km 6,3)
- WC oberer Mt Robert Carpark (Start/Ziel), Bushline Hut (km 4,3)
- Bushline Hut (km 4,3)
- Zelten mit Hüttenbenutzung an der Bushline Hut (km 4,3)
- Kerr Bay DOC Campsite (in St Arnaud), West Bay DOC Campsite (Mitte Dez-April), beide von Mitte Dez-Apr nur mit Vorabbuchung, sowie Teetotal DOC Campsite
- Die Tour ist für Kinder geeignet, die notwendige Fitness vorausgesetzt. Es gibt keine gefährlichen Stellen. Die Übernachtung in der Hütte kann die Tour zum unvergesslichen Erlebnis werden lassen.
- P Mt Robert Carpark. In der Vergangenheit waren hier Fahrzeugeinbrüche zu vermelden. Lassen Sie keine Wertgegenstände offen im Fahrzeug liegen. Bei einer Übernachtungstour lagern Sie Ihre Wertsachen am besten gegen eine kleine Gebühr im DOC Visitor Centre in St Arnaud oder nutzen den Shuttle. Anfahrt: Von St Arnaud folgen Sie dem SH 63 für knappe 2 km in Richtung Murchison und biegen dann links in die Mt Robert Rd ab. Nach der Brücke über den Buller River geht es bis zum Parkplatz für 3,3 km bergan über eine schmale Schotterstraße mit engen Kurven (für größere Wohnmobile ungeeignet).

 Nelson Lakes Shuttles, ☏ 03/540 20 42, www.nelsonlakesshuttles.co.nz, bietet folgende Verbindungen nach St Arnaud oder direkt zum Mt Robert Carpark an: von Nelson und Nelson Airport (Charter, mind. 5 Pers., zusätzlich Dez-Feb Di und Fr nach festem Fahrplan ohne Mindestanzahl, $ 45/$ 50 p. P.), von Kawatiri Junction (Kreuzung SH 6/SH 63, auf Anfrage, mind. 3 Pers., $ 25 p. P., hier stoppt der Intercity-Bus auf seiner Fahrt zwischen Nelson und Greymouth, außerdem besteht Anbindung mit dem Heaphy Bus von/nach Kōhaihai (☞ Wanderung 8)). Ferner wird die Strecke zwischen St Arnaud und dem Mt Robert Carpark bedient (Dez-Feb Di und Fr, $ 20 p. P.).

Rotoiti/Nelson Lakes DOC Visitor Centre, View Rd, St Arnaud, ☏ 03/521 18 06, nelsonlakesvc@doc.govt.nz

Selbstverständlich können Sie den Weg auch andersherum laufen, allerdings ist der Aufstieg über den Pinchgut Track deutlich steiler und anstrengender.

Die beste Wanderzeit für diese Tour ist November bis April.

Unter winterlichen Bedingungen weist das Gelände ein niedriges Lawinenrisiko auf (ATES: Simple, ☞ Reise-Infos/Weitere (Natur-)Gefahren).

Vom oberen Mt Robert Carpark laufen Sie zunächst 300 m entlang der unbefestigten Straße (Mt Robert Rd) zurück bis zum alternativen unteren Parkplatz. Dort biegen Sie nach rechts auf den begradigten Paddy's Track ab. Von den bewaldeten Hängen mit niedrigen Tea Trees und Südbuchen haben Sie gelegentlich schöne Ausblicke auf den See und die Umgebung mit St Arnaud im Hintergrund. Sie befinden sich übrigens gerade genau auf der Verwerfung zwischen der Pazifischen und der Indo-Australischen Platte. Die sogenannte Alpine Fault ist für die Hebung der gesamten Südlichen Alpen vom Fiordland bis zum nördlichen Ende hier in St Arnaud verantwortlich.

Bei km 0,7 und km 1,5 queren Sie problemlos zwei Geröllhänge – nur nach starkem Regen können die entstehenden Bachläufe den Weiterweg unpassierbar und gefährlich machen. Knapp 300 m nach dem zweiten Geröllhang zweigt nach links ein Weg zum Lakeside Track ab. Sie gehen aber weiter geradeaus Richtung Bushline Hut.

Blick auf Travers Tal oberhalb der Bushline Hut

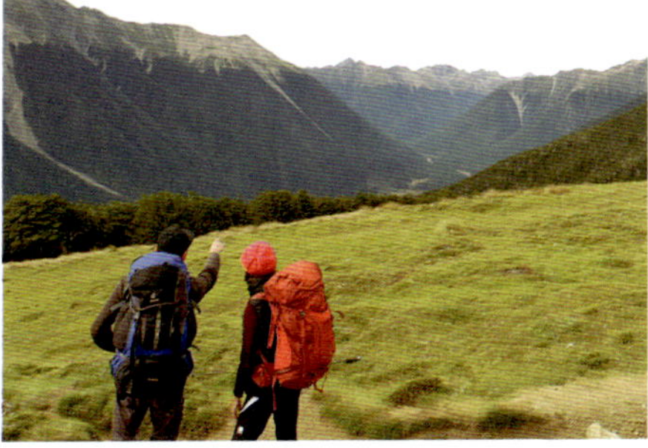

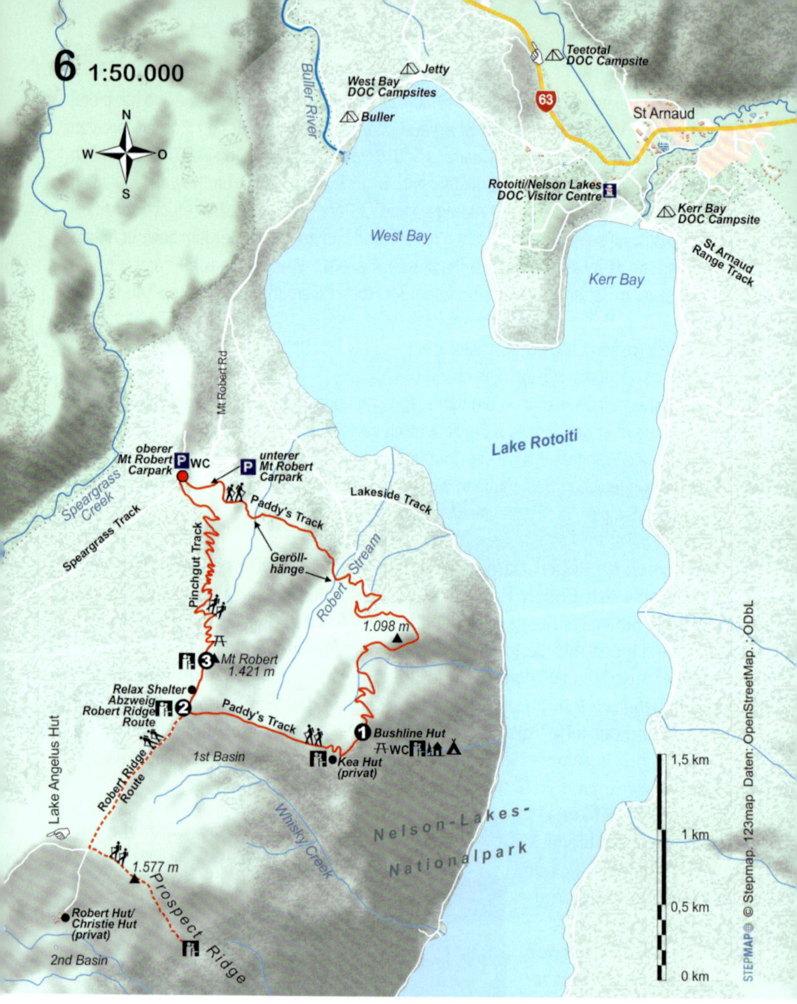

Atmen Sie noch einmal durch, denn ab hier geht es bis zum höchsten Punkt der Wanderung zwar nur moderat, aber stetig bergauf. In Schlängellinien laufen Sie die letzten Waldmeter, bevor schließlich nach insgesamt 2,6 km die Baumgrenze erreicht ist. Erstmals können Sie die Aussicht auf den gesamten Nordteil des Lake Rotoiti genießen und sehen die beiden markanten Buchten von West Bay und Kerr Bay und die Halbinsel dazwischen. Entlang von Tussockgrashängen dreht der Weg langsam Richtung Süden und gibt Blicke auf den lang gezogenen, schmalen südlichen Teil des Lake Rotoiti frei. Hinter dessen Ostufer erhebt sich die Bergkette der St Arnaud Range mit ihren bewaldeten Hängetälern.

Insgesamt macht der Weg eine 180-Grad-Drehung um eine Bergkuppe (Pt 1098) herum nach Westen, um das Tal eines kleinen Baches zu umgehen, das sich über Jahrtausende eingeschnitten hat. Wenn Sie den winzigen Bach queren, können Sie Ihren Wasservorrat auffüllen. Nach weiteren Schlenkern entlang des eindeutig erkennbaren Tracks durch die typische Tussockumgebung – Stäbe mit orangen Dreiecken helfen bei der Orientierung – ist nach 4,3 km mit der Bushline Hut eine der am schönsten gelegenen Hütten Neuseelands erreicht ❶.

Im Nordwesten können Sie in der Entfernung die Bergzüge des Kahurangi-Nationalparks mit seinem höchsten Berg Mt Owen (ganz links) sehen. Hinter dem Lake Rotoiti und St Arnaud sind die westlichen Ausläufer der Richmond Range erkennbar und im Osten ragt der Berggrat der St Arnaud Range in den Himmel. Besonders zu Sonnenunter- und aufgang ist dies ein magischer Ort. Für eine Übernachtung dürfen Sie keine Angst vor Mäusen haben, mit denen Sie die Hütte mitunter teilen. In den Sommermonaten kann es hier auch mit Mitmenschen recht voll werden, vor allem, wenn die Fernwanderer auf dem Te Araroa, dem Weg durch ganz Neuseeland, hier einen zusätzlichen Übernachtungsstopp einlegen.

Bushline Hut, 14 Schlafplätze, $ 15 p. P., Serviced Hut Ticket

Zelten mit Hüttenbenutzung an der Bushline Hut, keine vorgegebenen Stellflächen, $ 5 p. P., Standard Hut Ticket

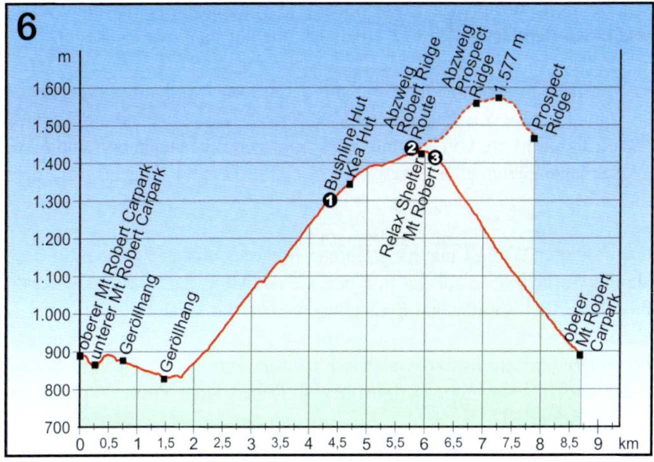

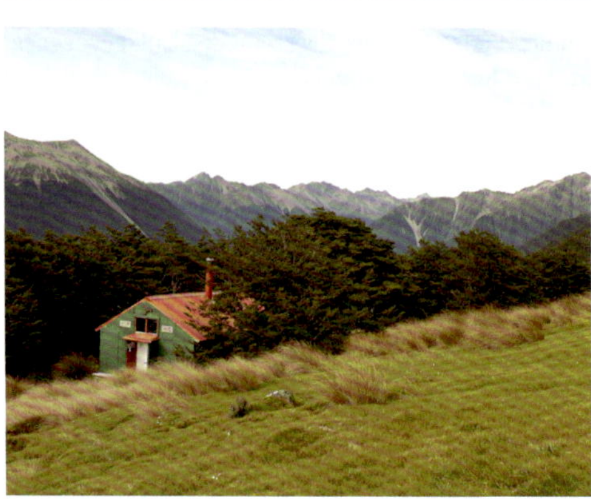
Kea Hut

Links hinter der Hütte geht es weiter über Wurzeln durch ein kleines Wäldchen aus knorrigen Südbuchen und danach passieren Sie die historische, in kräftigem Rot und Grün gehaltene Kea Hut aus dem Jahr 1934 (☝ keine Übernachtung möglich!). Der ausgetretene Pfad führt Sie in der Folge über einen Wiesenhang hinauf zu einem breiten Bergkamm. Im Süden können Sie anfangs in das dicht bewachsene Kerbtal des Travers River schauen, doch wenig später ähnelt die alpine Umgebung eher einer Mondlandschaft. Die kargen, erodierenden nördlichen Flanken des Mt-Robert-Massivs sind eine Folge von Brandrodungen im vergangenen Jahrhundert.

Nach insgesamt 5,8 km erreichen Sie eine Wegkreuzung ❷. Direkt vor Ihnen lädt eine Anhöhe mit Steinbrocken zu einer Rast mit herrlichen Blicken über den gesamten Westen ein. Sind die Wetterverhältnisse widrig, dann bietet nur wenige Schritte nach rechts das Relax Shelter als Pausenalternative mit Wassertank Schutz vor den Elementen (☝ Übernachtung nur im Notfall zulässig).

↳ Nach links gelangen Sie entlang der anspruchsvollen Robert Ridge Route bis zur Lake Angelus Hut (→, ⮌ 9,3 km, ⌛ 4 Std., ↑ ↓ 550 m/330 m, ⇧ 1.430-1.800 m). Von November bis April sind Buchungen notwendig, weitere Infos erhalten Sie unter 💻 www.doc.govt.nz [Suchbegriff: Angelus Hut tracks and routes].

☝ Dieser Weg ist nur für erfahrene Bergwanderer geeignet. Bitte beachten Sie die Warnhinweise auf der Internetseite des DOC und in der downloadbaren Broschüre. Bei winterlichen Bedingungen weist das Gelände entlang der Route ein niedriges bis mittleres Lawinenrisiko auf (ATES: Simple bis Challenging, ☞ Reise-Infos/Weitere (Natur-)Gefahren). Ein sehr informatives Sicherheitsvideo zur Route finden Sie auf Youtube [Suchbegriff: Robert Ridge Route: Alpine Tramping (Hiking) Series].

↳ Für einen kürzeren Abstecher zu einem schönen Aussichtspunkt (⇆, ➲ 4,2 km, ⌛ 1 Std. 45 Min., ↑ ↓ 265 m/265m, ⇧ 1.430-1.577 m) steigen routinierte Wanderer, die noch genug Puste haben, für 1,1 km entlang der mit Stäben gekennzeichneten Robert Ridge Route zwischen dem Hängetal „1st Basin“ zur Linken sowie dem Hang auf der rechten Seite hinauf bis zu einem Sattel. Vor Ihnen liegen im „2nd Basin“ die privaten Hütten Robert Hut und Christie Hut, die Robert Ridge Route schwenkt nach rechts. Sie wenden sich jedoch im rechten Winkel nach links, folgen ohne Markierung dem Bergrücken und steigen vom Pt 1577 die Prospect Ridge bis zu einem Vorsprung hinab. Hier haben Sie einen tollen Blick in das Travers-Tal und auf die Mündung des Flusses in den Lake Rotoiti. Bei genauem Hinsehen können Sie die Lakehead Hut erspähen.

Zurück an der Wegkreuzung bei km 5,8 wandern Sie auf dem hier beginnenden Pinchgut Track nach Norden. Vorbei am Relax Shelter gelangen Sie nach etwa 300 m rechter Hand nach wenigen Schritten zur mit Steinhaufen markierten Gipfelkuppe des Mt Robert ❸ (⇧ 1.421 m, kein Wegweiser) mit toller Aussicht über den See und die umliegende Bergwelt.

Aber auch die wiederkehrenden überwältigenden Blicke während des nun folgenden Abstiegs bis zum Mt Robert Carpark können sich sehen lassen. Der Weg nähert sich seinem Ziel in Serpentinen, die sich ewig zu winden scheinen, mal durch alten Südbuchenwald, mal durch offenes Grasgelände. Die Wanderer, die Ihnen schnaufend entgegenkommen, werden Ihr Mitgefühl haben.

Lake Rotoiti vom Pinchgut Track bei Sonnenaufgang

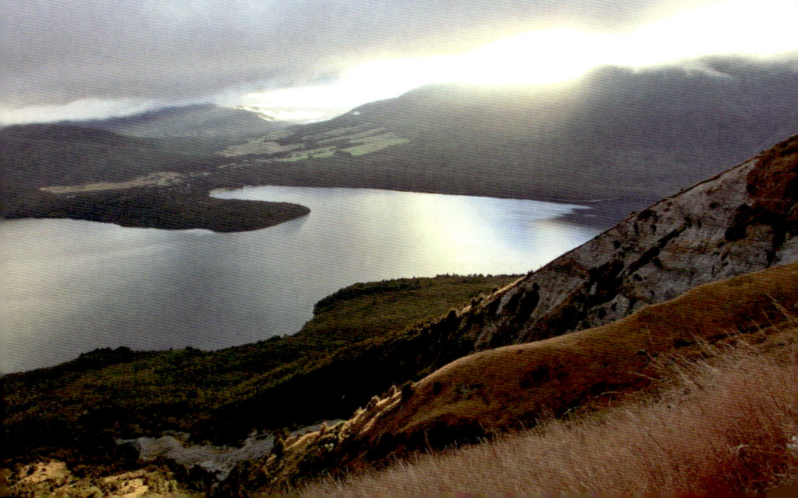

7 Nord-Canterbury: Manuka Bay Track

Tour für Individualisten

Viele Besucher der Ostküste lassen auf halber Strecke zwischen Christchurch und Kaikoura die Gegend um die Mündung des Hurunui River ins Meer und Gore Bay unbeachtet links liegen. Dabei lohnt ein Schlenker entlang des Gore Bay Tourist Drive zur abwechslungsreichen Wanderung auf dem Manuka Bay Track mit üppiger Küstenvegetation und herrlichen Blicken auf die Küste. Ein Zwischenstopp bei den Cathedral Cliffs macht den Abstecher perfekt.

Start/Ziel: Parkplatz am Ende der Hurunui Mouth Rd, GPS S 42°54.404' E 173°17.283'

7,7 km

3 Std.

355 m/355 m

0-100 m

Weg meist eindeutig zu erkennen, Beschilderung nur an beiden Enden, die ersten 400 m ohne Markierung, danach unterschiedliche rote, gelbe und orange Markierungen (Dreiecke, Vierecke, Stäbe, Pfeile)

insgesamt einfacher, natürlicher, überwiegend schmaler Weg mit festem Untergrund, teilweise etwas zugewachsen, Windbruch möglich, die erste Hälfte mit vereinzelten leicht abschüssigen Stellen und wenigen, kleineren Hindernissen, mehrere Zaunstiege, viel Schatten

Rastbank auf einer Anhöhe (km 1,9/km 5,8)

WC keine Toiletten

Hurunui Mouth Camping Ground (700 m vor dem Start/Ziel direkt am Ufer des Hurunui River), kein *freedom camping* in der Manuka Bay oder an der Hurunui Lagoon!

Die abwechslungsreiche Wegführung entlang teilweise zugewachsener Pfade und eine „Höhle" halten Kinder bei Laune.

Es gibt keine Busverbindung zum Start/Ziel.

P Parkplatz am Start/Ziel. Anfahrt: in Domett (105 km von Christchurch kurz vor Cheviot) vom SH 1 nach rechts auf den Tourist Drive Gore Bay (braunes Schild) abbiegen. An der Straßengabelung nach knapp 5 km fahren Sie **entweder** nach rechts weiter bis zum Ende der Hurunui Mouth Rd (nach 2,7 km geradeaus auf Schotterstraße, insgesamt 4,1 km) **oder** links für 4,4 km Richtung Gore Bay, biegen dann rechts in die Manuka Bay Rd ab und folgen der Schotterstraße für 1,5 km (Tor nach 500 m) hinab zum Parkplatz an der Manuka Bay, dem Nordende der Wanderung. Reisende aus Kaikoura gelangen von Cheviot (70 km) über Gore Bay entlang des Tourist Drive in entgegengesetzter Richtung zur Wanderung.

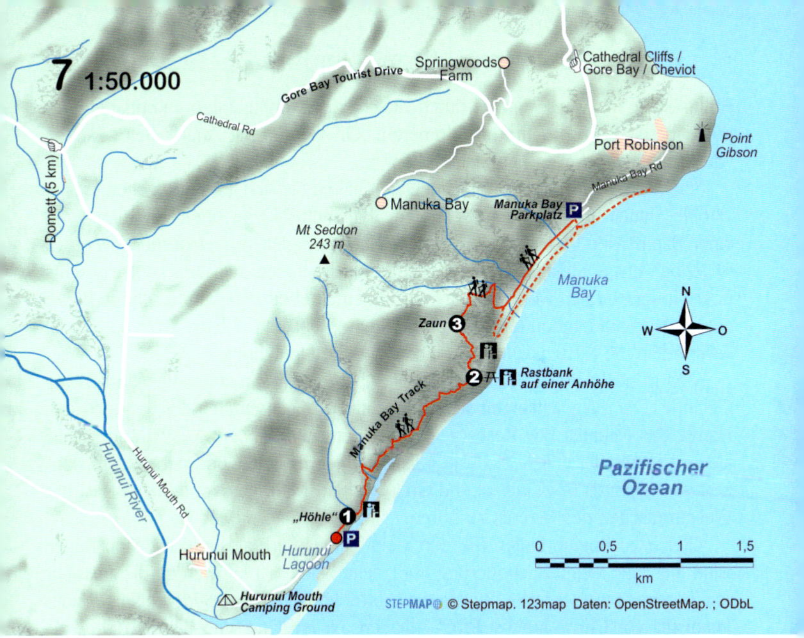

7 1:50.000

Gore Bay Tourist Drive
Springwoods Farm
Cathedral Cliffs / Gore Bay / Cheviot
Cathedral Rd
Port Robinson
Point Gibson
Domett (5 km)
Manuka Bay Rd
Manuka Bay
Manuka Bay Parkplatz
Mt Seddon 243 m
Manuka Bay
Zaun
Rastbank auf einer Anhöhe
Manuka Bay Track
Pazifischer Ozean
Hurunui River
Hurunui Mouth Rd
„Höhle"
Hurunui Mouth
Hurunui Lagoon
Hurunui Mouth Camping Ground
0 0,5 1 1,5 km
STEPMAP © Stepmap. 123map Daten: OpenStreetMap. ; ODbL

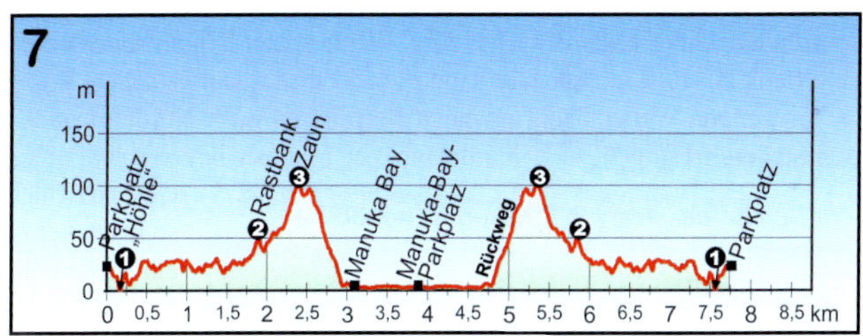

ⓕ Cheviot NZ, www.cheviotnz.com

Sie durchqueren mehrfach privates Gelände. Bleiben Sie bitte auf dem Weg. In der Zeit vom 15. August bis zum 15. Oktober ist der Track möglicherweise gesperrt.

Vom Parkplatz starten Sie links hinter dem großen Schild (die Angabe von 4,8 km stimmt nicht) und steigen mithilfe der Stufen über den Zaun. Zunächst geht es durch Grashänge und ein paar Ngaio-Büsche hinunter zur Hurunui Lagoon. Die „Lagune" ist das vorgelagerte Sammelbecken des 1 km südlich gelegenen Hurunui River. Danach fließt das Flusswasser in den Pazifik ab. Das flache Küstengewässer im Mündungsbereich verändert seine Form stetig und die

Abflussstelle ins Meer wandert durch verschiedene Einflussfaktoren entlang eines Küstenbereichs von mehreren Kilometern. Oft werden Sie Angler beim Fangen von Lachs und Forellen beobachten können.

Nach 150 m auf Meereshöhe angelangt halten Sie sich links und gehen in eine „Höhle" hinein ❶. Das eingeschnittene Bachbett ist von oben vollständig mit einer Baumkrone bedeckt. Meist ist der Bach komplett ausgetrocknet, eventuell ist jedoch etwas Steinehüpfen notwendig. Nach einigen Schritten geht es rechts über ein paar Stufen wieder hinaus. Von oben ergeben sich wunderschöne Blicke auf die Hurunui Lagoon und das offene Meer. Mehrere Cabbage Trees (*tī kōuka*) verwandeln die Küstenszenerie in eine exotische Umgebung.

400 m nach dem Start verlassen Sie nach einem Zaunüberstieg das private Gelände. Der Weg schlängelt sich für die nächste Zeit entlang der bewachsenen Hänge des Manuka Bay Reserve mit üppigem, mittelhohem Küstenwald. Flinke kleine Fantails (Graufächerschwanz) sind häufige Begleiter und neben dem Konzert von Bellbirds (*makomako*) und Grey Warbler (Maorigerygone, *riroriro*) ist das Wellenrauschen des Meeres zu hören.

Gleich zu Beginn laufen Sie durch ein kleines Kerbtal, bei oder nach Regen kann hier eine kleine Bachquerung nötig sein. Nach 1,3 km werden die Aussichten insgesamt wieder freier. Bei klarem Wetter können Sie im Süden bis zur Banks Peninsula vor Christchurchs Toren schauen. Neuseeländischer Flachs (*harakeke*) und andere niedrige, dicht stehende Büsche bestimmen jetzt das Bild und versperren manchmal regelrecht den Weg. Wenig später lädt auf einer freien Anhöhe eine Bank zur Rast ein ❷, hier kann es jedoch sehr windig sein.

Im weiteren Verlauf geht es einen Bergrücken nach Norden hinauf, denn an den steileren Hängen nach Nordosten zur Manuka Bay verhindern verwitterte Gesteinsschichten der sogenannten Badlands ein Weitergehen.

Am Beginn des Track bei Hurunui Lagoon

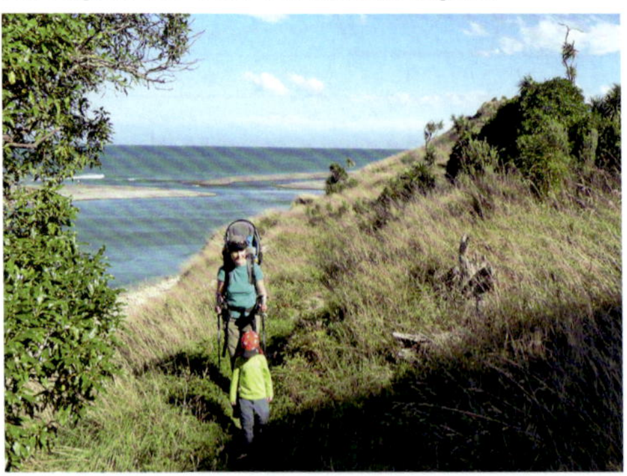

Die kahlen Strukturwände türmen sich in der sonst dichten Küstenvegetation auf. Nach einem kleinen Waldstück passieren Sie stattliche Kiefern auf der linken Seite, welche zum Schutz vor fortschreitender Erosion gepflanzt wurden. Hier haben Sie

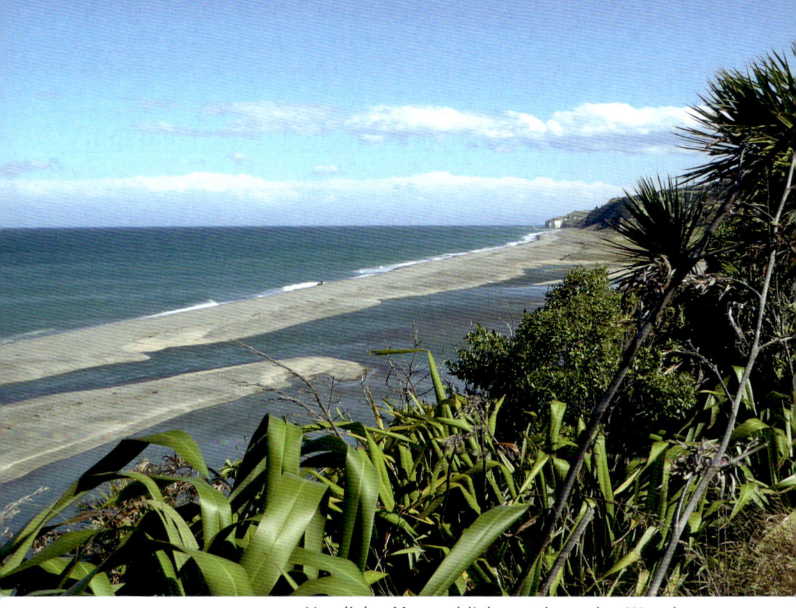

Herrliche Meeresblicke entlang der Wanderung

erstmals schöne Blicke auf die bezaubernde Manuka Bay mit ihrem schwarzen Kiesstrand.

Steigen Sie 500 m nach der Bank rechts über Zaunstufen ❸. Von hier aus geht es durch anfangs lichten, anschließend dichteren Wald auf angenehm zu laufendem Untergrund hinab Richtung Meeresufer. In Uferhöhe angelangt erreichen Sie ein Tor. Dahinter verläuft der Track eigentlich nach links über einen zugewachsenen Fahrweg hinter der Grasdüne geradeaus zum Manuka-Bay-Parkplatz (700 m). Sie können stattdessen aber auch den Weg nach rechts nehmen, um zum Strand zu gelangen, die Strecke verlängert sich dadurch um insgesamt 500 m.

↳ Weiter nördlich vom Parkplatz entlang des Strandes sind häufig Seebären (*fur seals*) anzutreffen. Beachten Sie, dass das schmale, felsige Ufer von Point Gibson nach ca. 500 m nur bei Ebbe betreten werden sollte (💻 www.surf-forecast.com/breaks/Gore-Bay/tides/latest). Halten Sie möglichst 10 m Abstand und versperren Sie den Tieren nicht den Weg zum Meer.

Für den Rückweg folgen Sie dem bekannten Wegverlauf.

Weitere Tracks

Abel-Tasman-Nationalpark: Onetahuti bis Tōtaranui

Entlang der 14 km langen Teilstrecke des Abel Tasman Coast Track kommen Strandliebhaber voll auf ihre Kosten, die Dichte an goldfarbenen Buchten ist hier besonders hoch. Besuchen Sie bei einem Abstecher auch Awaroa Beach, welcher durch eine Crowdfunding-Aktion 2016 öffentlich zugänglich wurde – der Autor hat seinen Beitrag dazu geleistet. Achtung: Das Awaroa Inlet ist nur bei Ebbe überquerbar.

💻 www.doc.govt.nz/abeltasmantrack

Kahurangi-Nationalpark: Mt Arthur

Die 9 km lange Runde durch zauberhaften Südbuchenwald ist eine gute Option für Wandereinsteiger und Familien und mit Flora Hut und Mt Arthur Hut (oft voll) entlang des Weges auch als Übernachtungstour geeignet. Von Letzterer aus können fitte, trittsichere Gipfelaspiranten in ausgesetzter Karstumgebung Mt Arthur erklimmen und geniale Aussichten genießen. Die steile, enge Anfahrt zum Flora Carpark ist für Wohnmobile und Mietfahrzeuge nicht zu empfehlen.

💻 www.doc.govt.nz [Suchbegriff: Flora Hut and Mount Arthur Hut sowie Mount Arthur summit] und nelsontrails.co.nz/mt-arthur

Nelson-Lakes-Nationalpark: St Arnaud Range Track

Der anstrengende 1.000-m-Anstieg von St Arnaud hinauf zum Kamm der St Arnaud Range hoch oberhalb des Lake Rotoiti wird mit spektakulären Rundumsichten in die weite Ferne und auf kleine Bergseen belohnt. Die Wanderstrecke ist weniger bekannt als die Tracks am gegenüberliegenden Mt Robert (☞ Wanderung 6). Der Waldweg bis zu den Parachute Rocks in Höhe der Baumgrenze begeistert mit einer Vielzahl einheimischer Vögel.

💻 www.doc.govt.nz [Suchbegriff: St Arnaud Range Track] und nelsontrails.co.nz/st-arnaud-range

Lewis Pass Scenic Reserve: Lewis Tops Track

Am nördlichsten der drei Straßenpässe über die Südlichen Alpen beginnt wenige Schritte vom St-James-Walkway-Parkplatz entfernt der Anstieg zum einfach zugänglichen Bergmassiv. Nach 400 m Anstieg ist die Baumgrenze erreicht, mit jedem weiteren Meter werden die Blicke in die Umgebung atemberaubender. Die mit orangen Stäben markierte Strecke endet bei Pt 1568, der eindeutige Bergkamm mit Aussichten auf zahlreiche Bergseen (*tarns*) ist flach und einfach zu folgen.

💻 www.doc.govt.nz [Suchbegriff: Lewis Tops Track]

☺ Nur 17 km westlich befindet sich mit dem Lake Daniell Track ein für Familien geeigneter Wanderweg. Eine neue Hütte am See soll Anfang 2020 fertig sein.

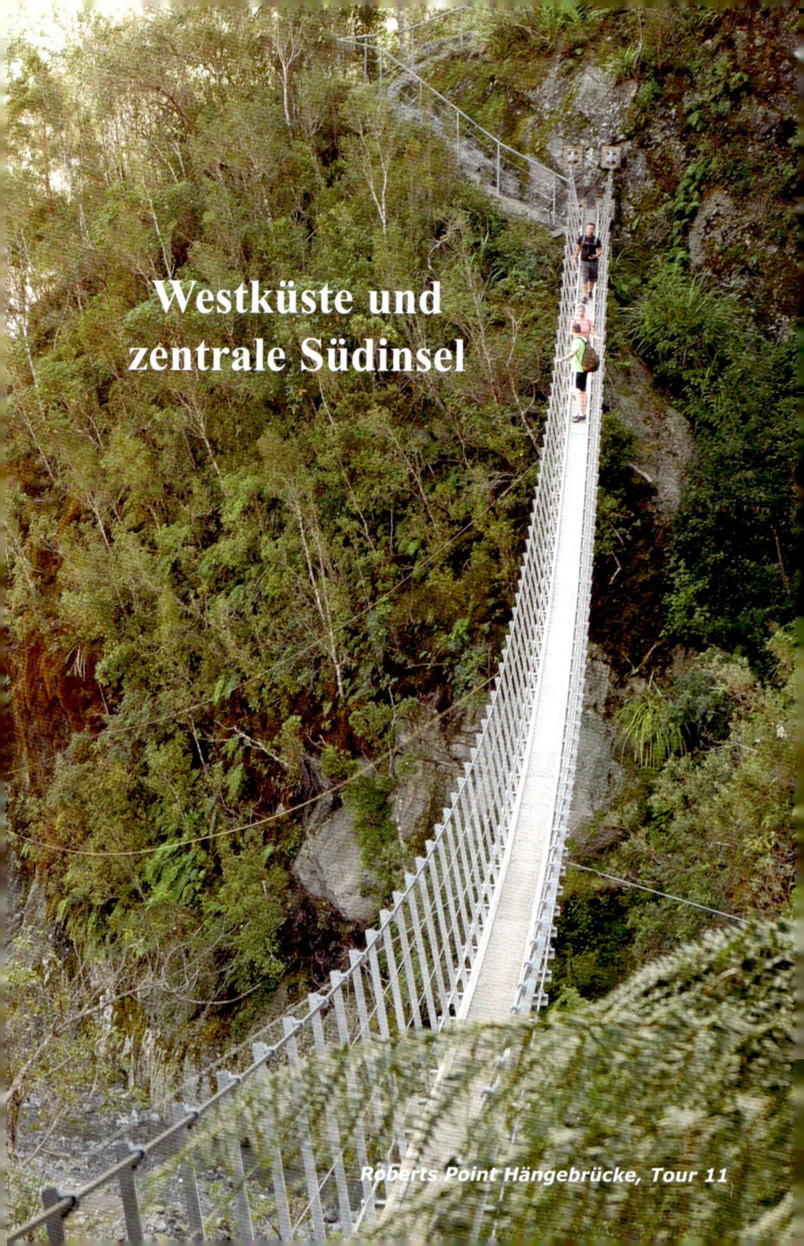

Westküste und zentrale Südinsel

Roberts Point Hängebrücke, Tour 11

⑧ Kahurangi-Nationalpark: Heaphy Track (Kōhaihai bis Katipo Shelter)

WC

Tour für Bewunderer wilder Küstenstreifen

Selten bietet sich entlang der Westküste die Chance, die Kraft des Meeres und die ohrenbetäubende, schäumende Brandung so hautnah auf einer ausgedehnten Wanderung zu erleben wie hier beim Küstenabschnitt des Great Walk Heaphy Track. Die Mischung aus wilder Küstenlandschaft und beeindruckenden Regenwaldhängen mit vielen Nīkau-Palmen zaubert eine einzigartige Atmosphäre. Im Vergleich zu anderen Great Walks geht es hier im abgelegenen Kahurangi-Nationalpark ruhiger zu. Einziger Wermutstropfen ist die lange Anfahrt, welche sich aber bei genauem Hinsehen als äußerst abwechslungsreich entpuppt.

⇆ Start/Ziel: Kōhaihai Shelter direkt beim Kōhaihai DOC Campsite, GPS S 41°06.545' E 172°06.185'

17,4 km

5 Std.

↑↓ 375 m/375 m

⇧ 0-105 m

Track eindeutig erkennbar, Wegweiser oder Markierung an allen wichtigen Stellen

gemütlicher schmaler bis mittelbreiter Wanderweg mit einfachem Untergrund, kaum Hindernisse wie Steine oder Wurzeln, Teilabschnitte wetterexponiert, größtenteils jedoch Wegverlauf im Schatten

Kōhaihai DOC Campsite (Start/Ziel), km 0,9/km 16,5, Scotts Hill Lookout (km 1,7/km 15,7), km 2,6/km 14,8, Katipo Shelter (km 8,7). Außerdem laden diverse Strände zur Pause ein.

WC an allen drei Campsites

Das Schwimmen im Meer ist wegen starker Strömungen lebensgefährlich! Baden ist nur im Kōhaihai River möglich (nicht in unmittelbarer Nähe zur Mündung des Flusses ins Meer!).

Scotts Beach Campsite, Katipo Creek Shelter Campsite (km 8,7)

Kōhaihai DOC Campsite (Start/Ziel), viele Sandflies

Die Distanz kann der Fitness der Kinder angepasst werden. Beaufsichtigen Sie Ihre Kinder beim Aufenthalt am Strand und halten Sie genügend Abstand zum Ufer – es sind starke, unvorhersehbare Wellen möglich!

P In der Umgebung des Kōhaihai Shelter sind ausreichend Parkplätze vorhanden, sollten Sie nicht auf dem Campsite übernachten wollen. Anfahrt: von Westport knapp 100 km bis nach Karamea fahren (die ersten 45 km auf dem SH 67). 1 km nach der

Brücke über den Karamea River biegen Sie links in die Waverley St und an deren Ende rechts in die Wharf Rd ab. 750 m später fahren Sie erneut nach rechts Richtung Heaphy Track (2. Abzweig nach der Brücke) und folgen der Straße geradeaus für 16 km, die letzten 4 km sind unbefestigt. Fahrtzeit mind. 2 Std.

The Heaphy Bus, 03/540 20 42, www.theheaphybus.co.nz, verbindet den Startpunkt mit Karamea ($ 20 p. P.), Westport ($ 60 p. P.), St. Arnaud (Wanderung 6) und Nelson (beide $ 120 p. P.), Charter mit mind. 5 Pers., zusätzlich Nov-April So und Dez-März auch Do nach festem Fahrplan (ohne Mindestanzahl) – geplante Verbindungen siehe trekexpress.co.nz/trips.html. Golden Bay Coachlines, 03/525 83 52, www.goldenbaycoachlines.co.nz, fährt Nov-März tägl. (als Anschluss an die Intercity-Busse aus Nelson nach Greymouth) von Westport zum Track ($ 55 p. P.). Bei Nutzung der Shuttlebusse ist eine Übernachtung vor Ort erforderlich, da eine An- und Abreise am selben Tag nicht möglich ist.

Paparoa National Park DOC Visitor Centre, Punakaiki, 03/731 18 95, paparoavc@doc.govt.nz, oder Westport i-SITE, 123 Palmerston St, 03/789 66 58, info@westportinfo.co.nz

Von Mai bis November ist der Track auch für Mountainbikes zugelassen.

Die Westküste ist in diesem Abschnitt auch ein Paradies für Sandflies. Denken Sie an ausreichend Schutz vor den kleinen Plagegeistern.

Starten Sie die Wanderung direkt neben dem Kōhaihai Shelter. Zunächst geht es ganz kurz gen Süden, schon nach wenigen Schritten schwenkt der Weg jedoch durch üppiges Gebüsch Richtung Kōhaihai River im Norden. Diesen erreichen Sie nach 100 m (am Abzweig zum Zig-Zag Track weiter geradeaus) und nach weiteren 200 m parallel zum Südufer gelangen Sie zur beeindruckenden hölzernen Hängebrücke über den Kōhaihai River. Die dunkle Verfärbung des Flusses durch Tannine und die dicht bewachsenen grünen Hänge der Umgebung erzeugen ein subtropisches Flair.

Big Rock Beach

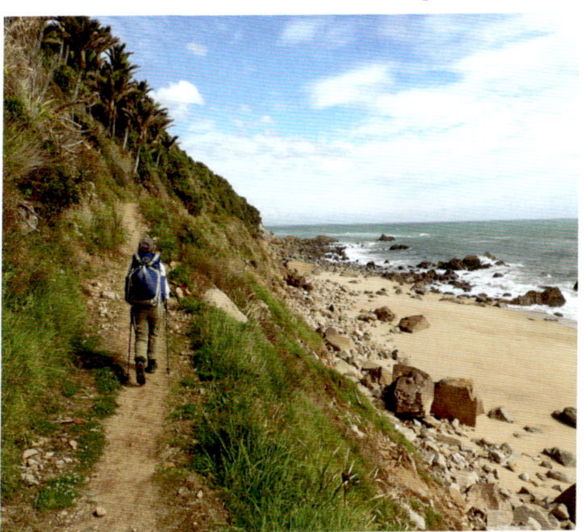

Auf der anderen Seite der Brücke geht es hinein in ein Regenwaldgeflecht unter der Krone stattlicher Nīkau-Palmen, Rātā-Bäumen mit ihren im Sommer kräftig leuchtenden roten Blüten und üppigen Baumfarnen. Die geheimnisvolle Stimmung der wunderschönen Pflanzenwelt wird Sie die gesamte Wanderung über immer wieder aufs Neue begeistern.

Direkt nach der Brücke können Sie nach rechts dem kleinen, durchweg flachen Rundweg Nikau Walk folgen und die imposanten Haine der südlichsten aller Palmenarten bestaunen. Nach 500 m stoßen Sie von rechts kommend wieder auf den Hauptweg.

Wenn Sie sich für den direkten Weg entscheiden, dann treffen Sie bereits 300 m nach der Brücke auf den nördlichen Nikau-Walk-Abzweig. Halten Sie sich hier links und steigen Sie von nun an zum Sattel des vorgelagerten Bergsporns des Kōhaihai Bluff auf. Dort nach etwa 1 km angekommen sollten Sie den 50-m-Abstecher nach links zum Scotts Hill Lookout nicht verpassen ❶. Von hier aus können im Norden der Scotts Beach, meist eingehüllt in die Gischt der hohen Wellen und die vom prächtigen Grün beladenen Flanken des Berghinterlands bewundert werden.

Auf dem Weg hinunter zum Scotts Beach, vorbei an kleinen Bachläufen und schmalen Wasserfällen, wird das Meeresrauschen wieder lauter. Kurz nach einer Holzbrücke über einen größeren Bach mit imposantem Bett aus großen Steinbrocken erreichen Sie bei km 3,2 den Zugang zum Strand von Scotts Beach: Kaum vorstellbar, wie der meterhohe, markante Felsen in vergangenen Zeiten seinen heutigen, einsamen Platz am Strand gefunden hat.

Nach nur 100 m entlang des Hauptweges queren Sie die Lichtung des Scotts Beach Campsite.

Scotts Beach Campsite, km 3,3, 9 Zeltplätze, $ 14 p. P., Great-Walks-Buchung erforderlich (☞ Wanderinfrastruktur), meist noch wenige Tage vorab Plätze verfügbar, kein direkter Blick aufs Meer, „long drop"-Toilette (Plumpsklo) und mitunter Trinkwasser aus Kanistern!

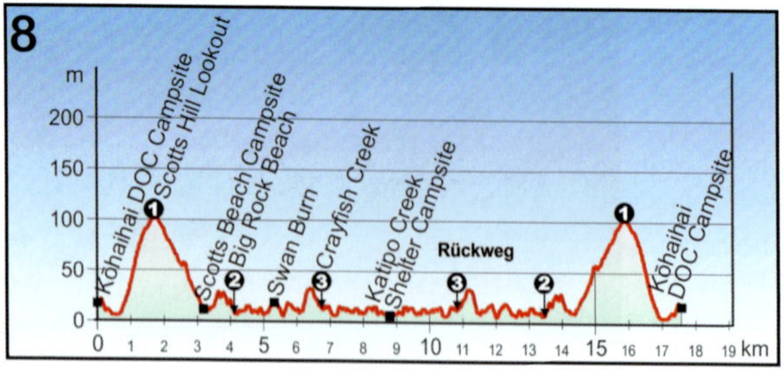

Am nördlichen Ende der Wiese geht es wieder in den Busch oberhalb der Küste. Achten Sie die nächste Zeit auf möglicherweise herabfallende Steinbrocken.

Mitunter versperren die Folgen der häufigen Westküstenstürme das Weiterkommen durch die dichte Vegetation und Sie müssen am Ende des Scotts Beach Campsite auf einen alternativen Track nach links entlang des Strandes ausweichen. Dieses Stück ist nur bei ruhiger See ca. 2 Std. vor und nach der Ebbe passierbar. Die Niedrigwasserzeiten können Sie vorab unter www.niwa.co.nz/services/online-services/tide-forecaster (Location: Karamea River Entrance) abrufen. Bei km 4,1 treffen Sie wieder auf den Hauptweg.

Nach 700 m durchqueren Sie einen kleinen Bachlauf und unmittelbar danach eröffnet sich vor Ihnen die Szenerie eines grandiosen, steinigen Küstenabschnitts ❷ (km 4,1). Einige Meter oberhalb des treffend als Big Rock Beach bezeichneten Strandes können Sie in beruhigender Sicherheit vor den grollenden Wellen die Naturgewalten hautnah erleben und werden beim Blick auf das Meer ein Gefühl von Freiheit verspüren.

500 m später wechselt das Bild abermals. Nun ist der Big Rock Beach eher ein sanfter Sandstrand und Sie werden im weiteren Wegverlauf von unzähligen riesigen Nīkau-Palmen umgeben, was Sie vielleicht an die Südsee denken lässt.

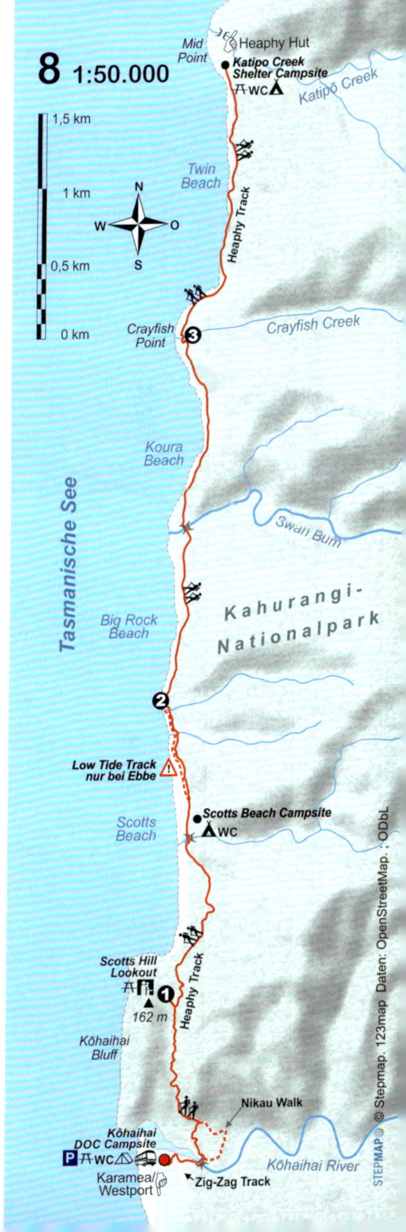

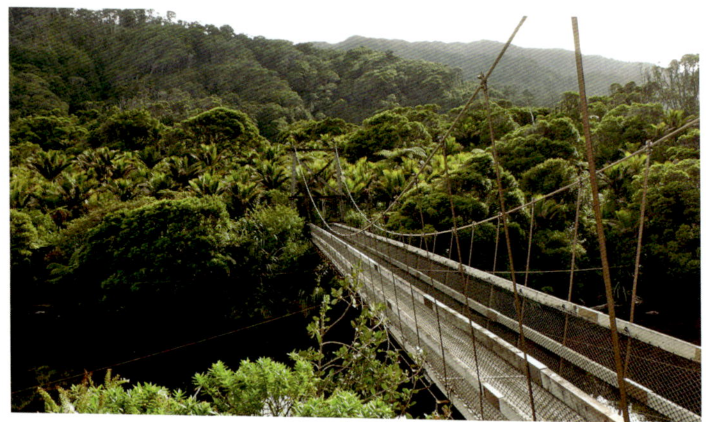

Kōhaihai Brücke

Nach insgesamt 5,3 km queren Sie die große, aber stabile Hängebrücke über den von großen Steinen gesprenkelten Swan Burn. Im weiteren Verlauf geht es durch Regenwald am schönen Sandstrand Koura Beach vorbei und bei km 6,7 steht die größte Bachquerung der Wanderung über den Crayfish Creek an ❸. Während oder nach starkem Regen kann der Bach schnell kräftig ansteigen. Warten Sie in diesem Fall, bis der Wasserstand wieder auf ein passierbares Level gefallen ist, oder kehren Sie um.

Nun ist es nicht mehr weit bis zum Katipo Shelter an der Landspitze des Mid Point. Die nächsten zwei Wanderkilometer parallel zum Doppelstrand Twin Beach sind vom zauberhaften Anblick der zahlreichen Palmenhaine und den Brandungsgeräuschen der wilden Tasmanischen See gekennzeichnet. Nur wenige Meter nach dem Katipo-Unterstand gelangen Sie zur imposanten Katipo Creek Bridge über den gleichnamigen Bach.

Katipo Creek Shelter Campsite, 5 Zeltplätze, $ 14 p. P., Great-Walks-Buchung erforderlich, meist noch wenige Tage vorab Plätze verfügbar

Als Übernachtungstour gestaltet kann die Tour bis zur idyllisch gelegenen Heaphy Hut (32 Schlafplätze, $ 34, Great-Walks-Buchung erforderlich) fortgesetzt werden. Die zusätzlichen 7,3 km (Hinweg) verlaufen weiterhin flach auf einfachem Untergrund immer in Küstennähe bis zur Mündung des Heaphy River.

Für die Rückkehr zum Ausgangspunkt gehen Sie auf demselben Weg wieder zurück.

9 Hokitika: Mt Brown Hut Circuit WC

Tour für ambitionierte Kraxelmeister

Die Rundtour hinauf zur Mt Brown Hut gleicht eher einem kleinen Abenteuer denn einer Wanderung im herkömmlichen Sinne. Bei der steilen Kraxelei über wurzeldurchsetzte, naturbelassene Pfade durch Westküstendickicht können Sie erahnen, was Neuseeländer unter „backcountry tramping" eigentlich verstehen. Die Hütte erlangte durch ein Buchcover („Shelter from the Storm – The story of New Zealand's backcountry huts") überregionale Bekanntheit, nachdem sie vorher 50 Jahre lang als Lower Arahura Hut 8 km weiter östlich ein Dasein in Abgeschiedenheit gefristet hatte. Vom neuen Standort der Hütte ist die Aussicht auf Lake Kaniere, auf die umliegenden Berge und Flussebenen und bis zum Meer atemberaubend.

- Start/Ziel: Styx Track Carpark, GPS S 42°52.948' E 171°09.609'
- 14 km
- 8 Std. 30 Min.
- 1.070 m/1.070 m
- 95-1.130 m
- Wegweiser sind kaum vorhanden, insbesondere der Abzweig vom Styx Track nach 2,5 km ist nicht klar gekennzeichnet (Steinhaufen). Die Markierungen des Tracks sind größtenteils gut zu erkennen, aber es gibt unterschiedliche Variationen: kleine, längliche weiße oder rote Metallplättchen, rote Bändchen, orange Dreiecke oder Stäbe. Der Wegverlauf ist in der Regel erkennbar, da Freiwillige ab und zu die Vegetation entlang des Weges trimmen, im Herbst kann Laub die Orientierung erschweren. Im dichten Wald ist mitunter Aufmerksamkeit erforderlich, um nicht vom eigentlichen Weg abzukommen. Einmal ausgetreten bilden sich Pfade, die ins Nichts führen.
- Im Wald sehr anspruchsvolle Wegabschnitte, schmaler und zugewachsener Pfad durch Dickicht über viele Wurzeln, teilweise sehr steil – die Zuhilfenahme der Hände ist häufig sinnvoll bzw. notwendig. Laub kann den oft feuchten Weg rutschig machen. Beim Abstieg ist der Weg in Teilabschnitten sehr schlammig und durch die größere Zahl von Wanderern stärker erodiert als beim Aufstieg. Festes Schuhwerk ist unbedingt erforderlich.
- Es gibt keine offiziellen Rastplätze, allerdings lädt die Mt Brown Hut (km 6,7) wegen der genialen Aussicht in die Umgebung zum Verweilen ein.
- WC Mt Brown Hut (km 6,7)
- Hans Bay DOC Campsite (ca. 9,5 km nördlich vom Start/Ziel entlang der schmalen, unbefestigten Dorothy Falls Rd), Buchung erforderlich

Mt Brown Hut (km 6,7)
Zelten ist in der Nähe der Hütte möglich.
Für Kinder oder die Nutzung von Kindertragen ist die Wanderung nicht geeignet.
Styx Track Carpark am Start/Ziel. Anfahrt: von Hokitika zunächst der Beschilderung zur Hokitika Gorge folgen, in Kokatahi jedoch nach links in die Upper Kokatahi Rd abbiegen. Nach 13 km wird der Styx River zum zweiten Mal über eine Brücke gequert, die beginnende Dorothy Falls Rd ist unbefestigt. Nach 400 m liegt der Parkplatz auf der rechten Seite. Der alternative Mt Brown Carpark (km 11,1) befindet sich 2,8 km nördlich entlang der Dorothy Falls Rd (holprige Zufahrt zur Parkfläche).
Hokitika Scenic Tours, 021/02 32 53 63, hokitikascenictours.nz, fährt auf Anfrage von Hokitika zum Track (beide Parkplätze) und zurück ($ 70 für 1-4 Pers.).
Kein Handyempfang am Ziel: Vereinbaren Sie den Rücktransport vorab.
Hokitika i-SITE, 36 Weld St, 03/755 61 66, enquiries@hokitikainfo.co.nz
Die beste Wanderzeit für diese Tour ist September bis Mai (im Frühjahr blockiert oft ein hoher Flusspegel den Styx-Zugang).
Die Gegend ist bekannt für häufige Überschwemmungen, welche zur Unpassierbarkeit der Anfahrtsstraßen und der ersten 2,5 km des Weges entlang des Styx-Tals führen können.

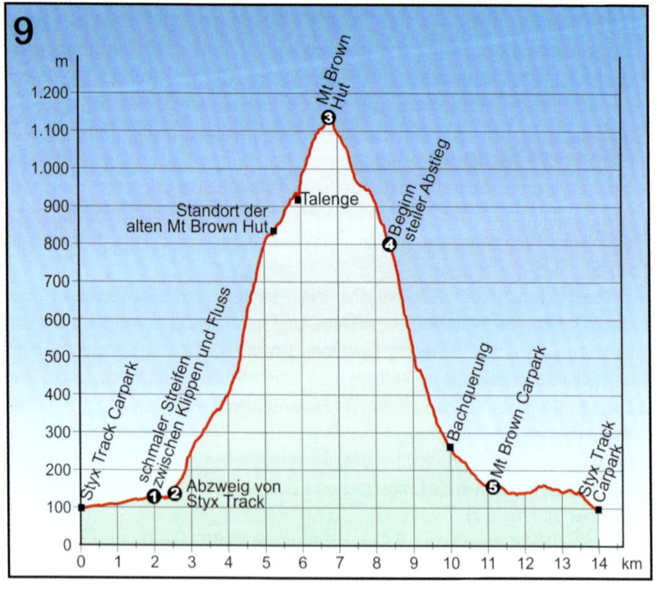

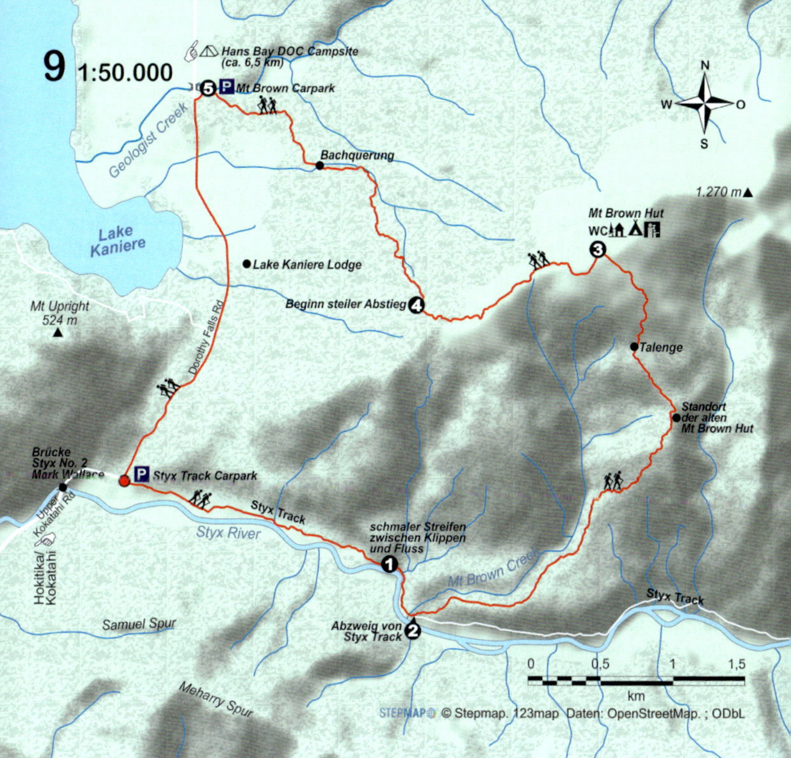

Die beschriebene Wanderrichtung gegen den Uhrzeigersinn wird empfohlen, da der Wanderweg bereits nach 2 km direkt das Flussbett des Styx River berührt. Bei zu hohem Wasserstand können Sie hier noch problemlos umkehren. In die andere Richtung gewandert wären Sie u. U. kurz vor dem Ende der Wanderung zu einer riskanten Flussquerung, anstrengender Umkehr oder einem Notbiwak gezwungen.

Trekkingstöcke sind auf dieser Wanderung wegen der steilen Passagen eher unpraktisch.

Direkt beim Parkplatz gehen Sie durch ein Tor und folgen dem holprigen, manchmal schlammigen Fahrweg durch das breite Tal des Styx River nach Westen. Gleich nach 200 m queren Sie einen kleinen Bach. Der Track verläuft entlang einer Wiesenebene zwischen den klippenartigen, bewachsenen Hangausläufern des Mt Brown zur Linken und der Abbruchkante des Flussbetts auf der rechten Seite.

Massive Regenfälle Anfang 2019 haben erhebliche Schäden hinterlassen. Bis auf Weiteres kann der Farmweg u. U. nicht mehr in seiner gesamten Länge genutzt werden. Folgen Sie stattdessen einer geeigneten Route z. B. am Flussbett entlang.

Nach 2 km verengt sich das Tal und der Farmweg endet schließlich, denn vor Ihnen reicht der Fluss bis fast an die Klippen auf der linken Seite heran ❶. Bei normalem Wasserstand bietet ein schmaler Streifen aus Schutt, Steinen und Sedimenten zwischen der Steilwand und dem Styx River noch genug Platz, um vorsichtig das kurvenäußere Flussufer (in Fließrichtung rechte Seite) zu passieren (Stand 2019). Dann ist auch die Querung eines Bachlaufs nach 150 m durch Hüpfen über Steine keine größere Herausforderung. 100 m nach der Bachquerung geht es links vom Ufer weg in den Wald hinein (großes oranges Dreieck).

Ist der Flusspegel des Styx River zu hoch, sodass kein sicheres Vorankommen unterhalb der Klippen mehr möglich ist, dann kehren Sie um! Sehen Sie davon ab, den Fluss zu queren!

Nach 200 m einfachem Waldweg erreichen Sie einen weiteren Bach, der unter Einheimischen Mt Brown Creek genannt wird. Auf der anderen Bachseite sind es nur ein paar wenige Schritte bis zu einer Wiese. Achten Sie auf kleine Steinmännchen und rote Bändchen an Sträuchern: Hier bei km 2,5 zweigt der Weg hinauf zur Mt Brown Hut vom Hauptweg des Styx Track nach links ab und führt unmittelbar danach rechts wieder in den Wald hinein (Markierungen an einem Baumstamm) ❷. Fortan geht es bis zu Hütte stetig bergauf.

Zunächst verläuft der Track einen schmalen Bergrücken zwischen den beiden Tälern des Mt Brown Creek und des Styx River hinauf gen Osten. Mitunter gibt es kurze, sehr steile Passagen, Wurzeln geben jedoch Halt bei der Kraxelei. Vorübergehend ist es auch etwas abschüssig. Meist bleibt Ihnen die Aussicht durch den dichten Wald verwehrt, allerdings haben Sie 500 m nach dem Abzweig freie Blicke auf das unter Ihnen liegende Styx-Tal im Süden.

Im weiteren Verlauf dreht der Weg oberhalb des Mt Brown Creek im dichten Regenwald unbemerkt Richtung Nordosten. Die Steigung entlang des terrassenförmigen Bergausläufers ist moderat und trotz Wurzeln und feuchtem Laub kann man auf dem engen Pfad verhältnismäßig gut laufen.

Der Anspruch des Geländes an die Kondition ändert sich nach insgesamt 4,3 km (⇧ 460 m) spürbar. Steil bergan erklimmen Sie viele Höhenmeter, bis Sie schließlich bei etwa 800 m Höhe etwas durchschnaufen können.

Kurze Zeit später passieren Sie den Standort der alten Mt Brown Hut, welche 2006 entfernt wurde, und wenden sich anschließend Richtung Nordwesten. Sie laufen über weichen, bemoosten Untergrund, die nun subalpine Vegetation wird nach und nach lichter und gibt vermehrt Blicke in die umgebenden Berge und Täler frei.

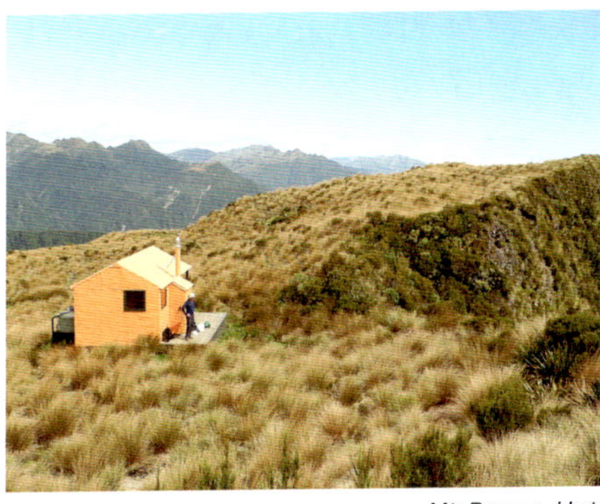

Mt Brown Hut

Bei km 5,9 (⇧ 935 m) geht es überraschend in eine Talenge hinunter und auf der gegenüberliegenden Seite kraxeln Sie wieder steil über Steine und Grasbüschel hinauf auf 990 m Höhe.

Der Weg wird nun wieder etwas flacher und beim letzten Anstieg zur Hütte bestimmen sanfte Tussockhänge, gesprenkelt mit einzelnen Büschen und einem kleinen sumpfigen Bassin, das Bild. Die scharfkantigen grünen Gratlinien der umliegenden Berge wie der markanten Meharry Spur im Süden des Styx-Tals wirken als Kontrast entgegen. Stangen mit orangen Pfeilen helfen bei der Orientierung. Nach insgesamt 6,7 km haben Sie die Mt Brown Hut erreicht ❸.

Direkt vor der Hütte bietet sich eine faszinierende Aussicht nach Westen: Von hier können Sie die weite Ebene der beiden Flüsse Kokatahi und Hokitika River, die Tasmanische See und im Vordergrund den Lake Kaniere bestaunen. Mit gutem Auge können Sie an der Mündung des Hokitika River ins Meer auch den Ort Hokitika erspähen.

Mt Brown Hut, 4 Schlafplätze, http://remotehuts.co.nz/huts/mt._brown_hut, @mtbrownhut, Übernachtung auf Spendenbasis, keine Vorabbuchung möglich, *first-come-first-serve*-Prinzip. Da die Hütte von Freiwilligen instand gehalten wird, ist eine Spende (*koha*) angebracht, Richtwert $ 10 p. P., entweder in bar in die Box in der Hokitika i-SITE oder online unter givealittle.co.nz/cause/permolatremotehuts. Der Holzofen ist nicht zum Kochen geeignet, bringen Sie Ihren eigenen Kocher mit Brennstoff und Zünder mit.

Zelten ist in der Nähe der Hütte möglich, am besten in den Senken Richtung Osten.

Nach einer längeren Pause oder gar Übernachtung geht es für den Rest der Wanderung bergab. Orientieren Sie sich bei der Hütte anfangs Richtung Süden und folgen Sie dann den vereinzelten Stäben durch das Tussockgras nach Westen. Genießen Sie noch einmal die Ausblicke nach vorn, denn schon bald erreichen Sie die subalpine Zone mit immer dichter werdender Vegetation. Rechnen Sie hier mit schlammigen Abschnitten!

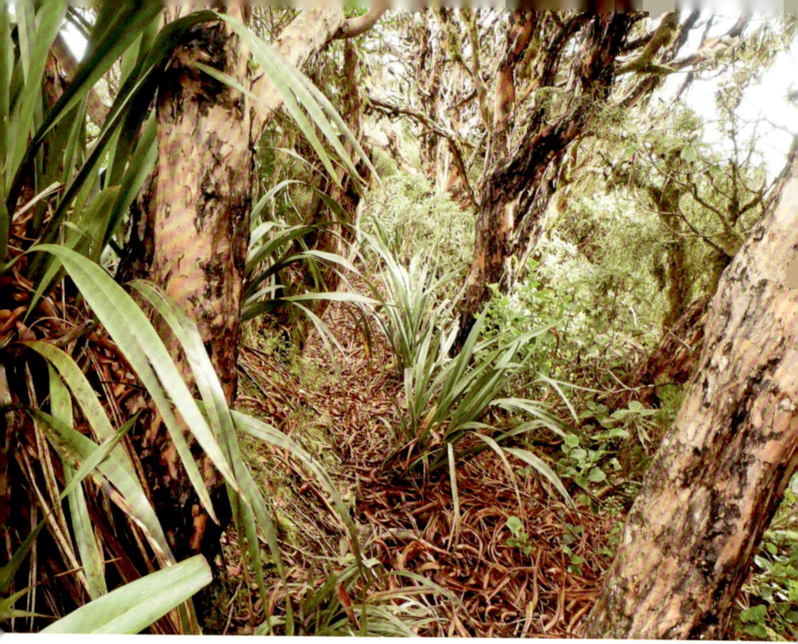

Dichte Vegetation beim Abstieg

Interessanterweise entspricht das Höhenprofil des Abstiegs in etwa spiegelbildlich dem des Aufstiegs. Ab einer Höhe von ca. 800 m bei km 8,4 wird es im Wald sehr steil ❹. Zum Glück gibt es wieder viele Wurzeln und Baumstämme zum Festhalten beim Herunterklettern. Achten Sie in diesem Abschnitt besonders darauf, nicht vom Weg abzukommen, was leichter ist, als Sie vielleicht denken mögen.

Nach einem anstrengenden Abstieg flacht der Weg abrupt ab (⇧ 465 m). Wenngleich das Aufatmen nur von kurzer Dauer ist und sich der Abstieg zunächst fortsetzt, so wird der Weg doch im Laufe der Zeit immer einfacher und das Gefälle flacher. Bald begleiten Sie die quirligen Fantails und das Rauschen eines Baches sorgt für eine entspannte Stimmung. Nach genau 10 km überqueren Sie einen größeren Bach, was unter normalen Umständen kein Hindernis darstellt.

Nach einem weiteren Kilometer erreichen Sie die Wiesen am Ufer des Geologist Creek und wenige Schritte später den Mt Brown Carpark ❺. Weiter geradeaus gelangen Sie zur Dorothy Falls Rd. Halten Sie sich hier links und folgen Sie der unbefestigten Straße für 2,8 km bis zum Styx Track Carpark.

10 Westland-Tai-Poutini-Nationalpark: Ōkārito Coastal Circuit

Tour für Küstenwanderer und Genießer von Bergpanoramen

Der Westland-Tai-Poutini-Nationalpark ist in seiner Vielfalt kaum zu überbieten: Von schneebedeckten Berggipfeln hin zu Küstenstreifen der brausenden Tasmanischen See, von Gletscherhängen zu Regenwaldebenen und Feuchtgebieten zeigt er viele Facetten. An einem schönen Tag können Sie auf der Küstenrundwanderung von Ōkārito die verschiedenen Landschaftsbilder genießen. Aber auch an schmuddeligen Tagen hat die Wanderung ihren Reiz: Sie können die Westküste so spüren, wie sie ist – notorisch verregnet, einsam und mystisch zugleich.

- Start/Ziel: Ōkārito, Parkplatz zum Three Mile Pack Track, Ōkārito Wetland Walk und Ōkārito Trig Walk, GPS S 43°13.433' E 170°09.752'
- 10,2 km (inkl. Abstecher zum Ōkārito Trig)
- 3 Std. 15 Min.
- 280 m/280 m
- 0-160 m
- Wegweiser an den wichtigsten Stellen
- Strandabschnitt (km 0,5 bis km 3,7): meist fester Sandboden, gut zu laufen, vereinzelt steinige Passagen, nachmittags kein Schatten; Rückweg über Three Mile Pack Track und Ōkārito Trig Walk: einfacher, breiter und befestigter Weg, teilweise etwas steiler und rutschig, schattig
- Three Mile Pack Track (km 4), Ōkārito Trig (km 8,2), Ōkārito Trig Walk (km 9,3)
- WC Parkplatz am Start/Ziel
- Baden in der Tasmanischen See ist nicht zu empfehlen.
- Ōkārito Community Campground (150 m vom Start/Ziel). Im Ōkārito Village ist kein *freedom camping* erlaubt.
- Über die Seebären wird sicher noch eine Weile erzählt werden, die Three-Mile-Hängebrücke ist ein weiterer Höhepunkt. Achten Sie auf das enge Zeitfenster bei der Strandpassage.
- P Parkplatz direkt am Start/Ziel, weiterer Parkplatz am Ende der Straße The Strand direkt beim Strandzugang (km 0,5). Anfahrt: von Franz Josef für 18 km nach Norden entlang des SH 6, von der Hauptstraße nach links abbiegen und der Forks-Ōkārito Rd für 11 km folgen.
- Glacier Shuttles & Charters, ☎ 08 00/99 97 39, © 027/205 59 22, (f) Glacier Shuttles, 2x tägl. Franz Josef – Ōkārito für $ 30 p. P. (⇔, mind. 2 Pers.). Intercity fährt Franz Josef von Süden und Norden tägl. an (und stoppt bei Bedarf am Abzweig Ōkārito am SH 6).

Westland Tai Poutini National Park DOC Visitor Centre, 69 Cron St, Franz Josef, 03/752 03 60, westlandnpvc@doc.govt.nz

Der größte Teil der 3,2 km langen Strandwanderung ist nur ca. 1 Std. vor und nach Ebbe möglich. Die aktuellen Niedrigwasserzeiten finden Sie am Parkplatzaushang oder online unter www.niwa.co.nz/services/online-services/tide-forecaster (Location: Okarito).

Als kürzere Alternative zur beschriebenen Wanderung bietet sich der direkte Weg zum Ōkārito Trig und zurück entlang des Ōkārito Wetland Walk und des Ōkārito Trig Walk an.
(⇆, ➲ 4,1 km, ⧗ 1 Std. 30 Min., ↑↓ 175 m/175, ⇧ 5-160 m)

Die über 3.000 ha große Ōkārito Lagoon nördlich von Ōkārito, das größte ursprüngliche Feuchtgebiet (*wetland*) Neuseelands, bietet Naturliebhabern, Vogelfreunden und Kajakfans ein traumhaftes Rückzugsgebiet (weitere Infos unter www.doc.govt.nz [Suchbegriff: Okarito Lagoon Kayak Trail]). Wer viel Geduld mitbringt, dem sei außerdem die nächtliche Kiwitour im Ōkārito Forest empfohlen (okaritokiwitours.co.nz).

Am Parkplatz neben der historischen Schule (Ōkārito Schoolhouse) beginnt die Wanderung. In Anbetracht der entspannten Stimmung heutzutage ist es kaum vorstellbar, dass zu Zeiten des Goldrausches Mitte des 19. Jahrhunderts in Ōkārito bis zu 1.500 Menschen ihr Glück versuchten. Nur noch wenige alte Gebäude wie Donovan's Store, der Wharf Shed und eben die Schule zeugen von der vergangenen Zeit. Schon vor den Europäern war die Gegend ein wichtiges Siedlungsgebiet der Māori.

Halten Sie sich mit Blick auf den Obelisken (gegenüber dem Schulgebäude) links und folgen Sie 500 m der Straße The Strand. Unmittelbar nach einem weiteren Parkplatz erreichen Sie das Meeresufer ❶.

Folgen Sie dem typisch wilden, dunkelfarbigen Westküstenstrand unterhalb bewachsener Klippen nach links gen Südwesten. Nach Regenfällen rieseln zahlreiche kleine Wasserfälle durch das üppig grüne Dickicht die Felshänge hinunter. Nach etwa 700 m entlang der oft tosenden Tasmanischen See wird der Strand deutlich schmaler. Ab hier säumen einige große Felsbrocken das Ufer ❷. Wenn die nächsten Meter nur mit Mühe passiert werden können, dann sollten Sie noch eine Weile auf die kommende Ebbe warten oder bei einsetzender Flut den Rückweg antreten. Ein weiteres Indiz für einen günstigen Wasserstand: Kletterpassagen mit Steinekraxeln am Klippenrand sind nicht notwendig, Sie kommen ohne Weiteres über einfachen Sandboden zügig voran – mitunter im Slalom um die verstreut liegenden Steine.

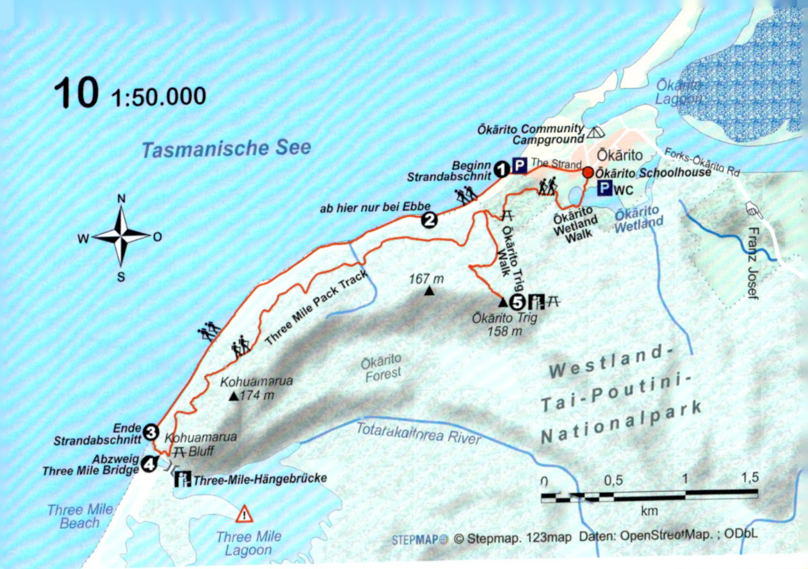

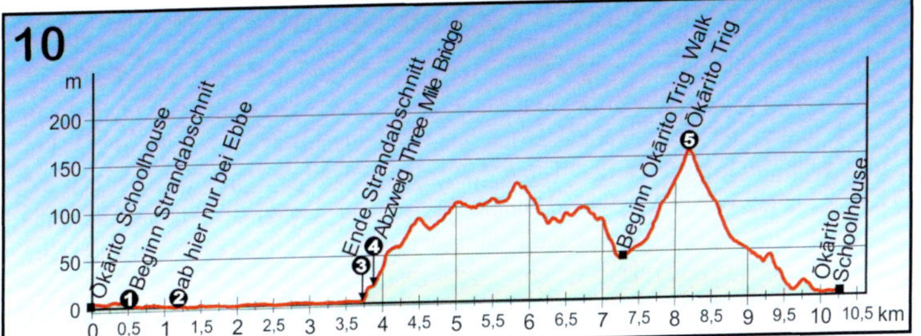

Häufig werden Sie bei Ihrer Wanderung entlang des Strands Bekanntschaft mit den Neuseeländischen Seebären machen. Entweder sind die interessanten Säugetiere im Wasser zu beobachten oder sie verstecken sich zum Ausruhen hinter den vielen großen Felsbrocken.

Nach etwas mehr als 3 km meist erlebnisreicher Küstenwanderung versperrt ein Gezeitenab- und zufluss der Three Mile Lagoon den Weg geradeaus. Achten Sie auf das Schild auf der linken Seite etwas oberhalb von Ihnen („Track to Three Mile Bridge"), dort geht es für den Weiterweg nach einer kurzen Felskraxelei hinauf ins Landesinnere ❸.

Etwa 100 m nach Verlassen des Strandes erreichen Sie eine Weggabelung. Nach links ist der weitere Wanderweg zurück nach Ōkārito entlang des Three Mile Pack Track ausgeschildert („Ōkārito via Pack Track") ❹.

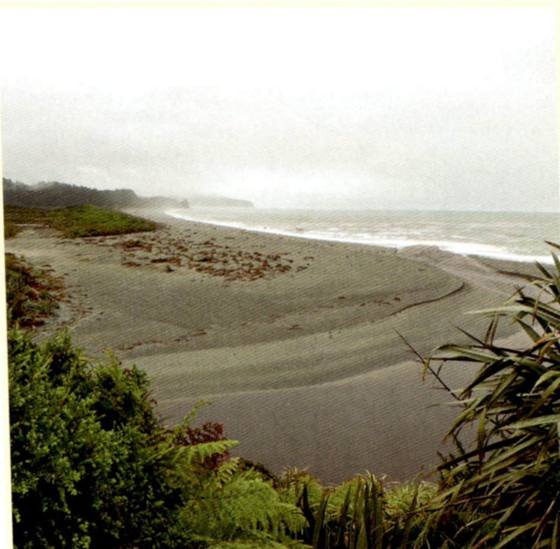

Three Mile Beach vom Three Mile Pack Track

Nach rechts gelangen Sie nach 100 m zur Hängebrücke der Three Mile Bridge. Von der Brücke aus können Sie tief in den Westland-Tai-Poutini-Nationalpark hineinschauen. Hinter der dichten Küstenvegetation im Vordergrund erheben sich die majestätischen, vergletscherten Bergzüge der Südlichen Alpen. Die Hängebrücke über den Flusslauf endet auf der anderen Uferseite im Nichts – ab hier gibt es keine ausgeschilderten Wege mehr. Sie können einerseits rechts am Strand des Three Mile Beach als Fortsetzung der bisherigen Küstenwanderung weiter nach Süden streunen. Vielleicht finden Sie hier alte Relikte aus der Goldrauschzeit, zu Hochzeiten waren hier viele Menschen in der Three Mile Town (komplett mit Geschäften und Hotels) angesiedelt. Alternativ können Sie nach links einen Ausflug am Ufer entlang zum Inneren der Gezeitenmündung der Three Mile Lagoon machen. Häufig sind hier die in Neuseeland seltenen graziösen Silberreiher (*white heron, kōtuku*) aus der Entfernung zu erspähen, deren einziger Nistplatz in Neuseeland sich nördlich von Ōkārito am Waitangiroto River befindet. Laufen Sie nicht weiter als bis zum Ende der Landspitze, danach besteht Einsinkgefahr – was bei Eintreten der Flut lebensgefährlich werden kann.

Der Three Mile Pack Track, ein Pferdetrack aus vergangenen Zeiten, windet sich nun auf bequemem breiten Weg bergan zurück nach Nordosten. Sie wandern über den sogenannten Kohuamarua Bluff durch vielfältigen Regenwald aus Rimu- und Rātā-Bäumen und Silver-Pine-Koniferen. Vögel wie Bellbirds, Grey Warbler, Fantails, Tūī und Tomtits (Maorischnäpper) können hier häufig beobachtet oder belauscht werden. Unter Ihnen ist außerdem die Brandung zu hören und hin und wieder gibt es beeindruckende Blicke auf das Meer. Nach knapp 2 km und einigem Auf und Ab ist die zwischenzeitlich höchste Stelle (⇧ 120 m) erreicht, danach geht es mit kurzen Zwischenanstiegen wieder bergab.

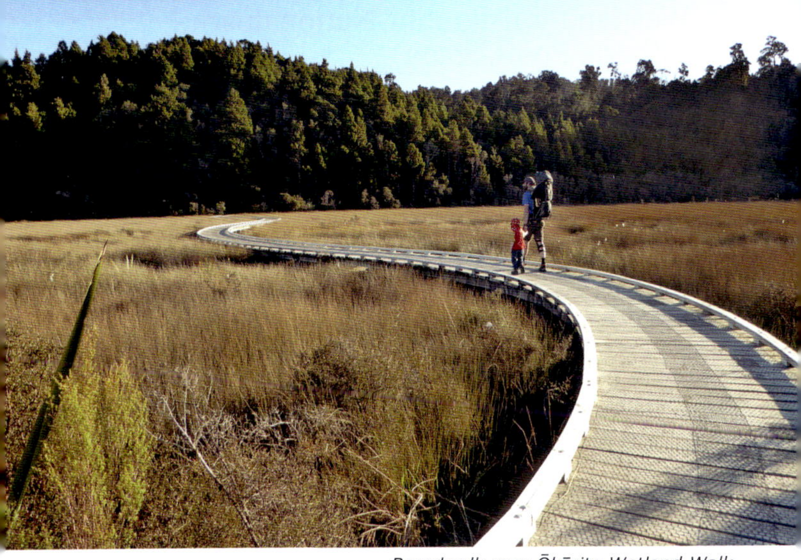

Boardwalk vom Ōkārito Wetland Walk

Nach weiteren 1,5 km wartet am Abzweig nach rechts ein bei schönem Wetter äußerst lohnenswerter Abstecher. Hinauf zum Ōkārito Trig ❺ sind noch einmal 115 Höhenmeter Anstieg zu bewältigen. Besonders in der zweiten Tageshälfte bis zur Abenddämmerung warten spektakuläre Weitsichten auf Sie. Umgeben vom grünen Waldteppich ragen in der Entfernung prächtige Gipfel und Bergkämme in den Himmel. Im Süden thronen die beiden höchsten Berge Neuseelands, Aoraki/Mt Cook und Mt Tasman, und daneben sind die oberen Gletscherfelder von Franz Josef zu erkennen. Links und rechts vom Aussichtspunkt dominieren die Ōkārito Lagoon und die Three Mile Lagoon das Bild und das Meer blitzt in den Sonnenstrahlen. ☺ Wenn Sie hier am Abend den Geräuschen der Natur lauschen, können Sie mit etwas Glück die Rufe des seltenen, nur hier vorkommenden Rowi-Kiwi (Okarito-Streifenkiwi) aus den Wäldern des Ōkārito Forest hören. Der Bestand hat sich in den letzten 25 Jahren von 160 auf ca. 650 Tiere stabilisiert.

Zurück am Abzweig halten Sie sich nun weiter rechts und wandern entlang des Ōkārito Trig Walk für einen guten Kilometer hinunter bis zum Parkplatz. Auf dem Weg dahin passieren Sie eine letzte Rastbank mit tollem Blick aufs Meer und kurz vor dem Ziel überqueren Sie über einen sich schlängelnden Holzsteg das Ōkārito Wetland.

⓫ Westland-Tai-Poutini-Nationalpark: Roberts Point Track

WC

Tour für trittsichere Abenteurer ohne Höhenangst

Obwohl sich der Franz-Josef-Gletscher in den letzten Jahren stark auf dem Rückzug befindet und am Ende der Wanderung kein direkter Zugang zum Gletscher möglich ist, bringt der Blick vom Aussichtspunkt Roberts Point jeden zum Staunen, der die anspruchsvolle Tour auf sich genommen hat. Auch auf dem abwechslungsreichen Weg dorthin geizt der über hundert Jahre alte Track nicht mit Höhepunkten: Vier spektakuläre Hängebrücken sind zu überqueren und eine historische Treppe am Felsen entlang lassen die Wanderung sehr kurzweilig werden.

⇆ Start/Ziel: Glacier Carpark, Franz Josef Glacier Valley, GPS S 43°25.349' E 170°10.162'

10,6 km

5 Std.

↑↓ 575 m/575 m

⇧ 200-610 m

Wegweiser an allen wichtigen Stellen, Weg eindeutig erkennbar (mit Ausnahme des Wegabschnitts zwischen km 3,7 und km 4,5 über Schiefergestein – hier helfen orange Dreiecke bei der Orientierung)

die ersten 1,5 km einfacher, breiter, begradigter Weg, danach überwiegend anspruchsvolle Wegbeschaffenheit mit vielen größeren Steinen, Wurzeln, steilen Abschnitten sowie Passagen über glattes Schiefergestein, einigen Bachquerungen sowie vier Hängebrücken und einer Treppengalerie, überwiegend schattig

Felsvorsprung (km 3,5/km 7,1), Roberts-Point-Aussichtsplattform (km 5,3)

WC Parkplatz am Start/Ziel

Nur die ersten 1,4 km bis zur Douglas Bridge sind kindertauglich, danach ist auch die Nutzung von Kindertragen wegen des Sturzrisikos nicht zu empfehlen.

P Glacier Carpark am Start/Ziel. Anfahrt: von Franz Josef in Richtung des südlichen Ortsausgangs bis zur Brücke über den Waiho River (< 1 km), nach links abbiegen und der Straße 3,8 km bis zum Parkplatz folgen. Der Startpunkt ist auch auf Fuß-/Fahrradwegen parallel zur Straße erreichbar (nach der Brücke dem Te Ara a Waiau walkway/cycleway folgen). Alternativer Parkplatz: Alex Knob/Wombat Carpark ca. 1,4 km vor dem Glacier Carpark (begrenzte Kapazität). Zugang von dort zur Wanderung: über den Douglas Walk 700 m nach Süden bis zur Douglas Bridge (km 1,4). Für die nahe Zukunft werden Änderungen wie eine maximale Parkdauer oder verpflichtendes P&R in Erwägung gezogen.

Glacier Shuttles & Charters (☞ Wanderung 10) fährt mehrfach tägl. von den Unterkünften in Franz Josef zum Glacier Carpark und zurück (⇔ $ 12,50 p. P.), Vorabbuchung notwendig. Intercity fährt Franz Josef von Süden und Norden täglich an.

☞ Wanderung 10, www.glaciercountry.co.nz/dailyupdate.pdf

Die beste Wanderzeit für die Tour ist Oktober bis April.

Es ist ratsam, die Wanderung nur an regen- und frostfreien Tagen zu unternehmen, denn die Steine im oberen Teil des Tracks sind im nassen Zustand extrem rutschig. Rutschfestes, stabiles Schuhwerk sowie regenfeste Ausrüstung für Wetterumschwünge sind unbedingt zu empfehlen.

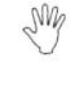
Weniger geübte Wanderer werden für das anspruchsvolle Gelände merklich länger als angegeben benötigen. Bei schlechten Wetterbedingungen kann die Wanderung allgemein deutlich mehr Zeit in Anspruch nehmen. Planen Sie Ihren Start mit genügend Puffer bis zum Sonnenuntergang.

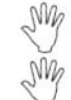
Einige Brücken sind nur für Personen mit einer gewissen Höhentoleranz geeignet.

Bleiben Sie stets auf dem markierten Track bzw. der Aussichtsplattform, andernfalls besteht Absturzgefahr.

Vom Parkplatz aus gesehen befindet sich der Zugang zur Wanderung in der Nähe der Toiletten (Schild „Peters Pool, Douglas Walk, Roberts Point Track"). Der zunächst barrierefreie, breite Weg des Douglas Walk mit üppiger Vegetation zu beiden Seiten führt Richtung Norden und nach 500 m erreichen Sie den hübschen, grün umsäumten Peters Pool. Der sogenannte Toteissee (*kettle lake*) ist ein Überbleibsel eines einst riesigen abgebrochenen Eisbrockens vor etwa 200 Jahren. Bei ruhiger Wetterlage spiegeln sich die imposanten Gletschertalflanken und die vergletscherten Bergspitzen der Fritz Range im See. Leider zeigt Peters Pool auch die Auswirkungen des Klimawandels, denn noch vor gut 10 Jahren reflektierte die Wasseroberfläche den imposanten Franz-Josef-Gletscher in seiner vollen Pracht – heute ist die Eisschicht von diesem Standpunkt aus nur noch zu erahnen.

Nach weiteren 300 m durch niedrige Büsche und Bäume überqueren Sie eine alte Gletschermoräne. Der zauberhafte Regenwald wird nun dichter und begeistert durch seine dschungelähnliche Vielfalt.

Auf der anderen Seite der Moräne erreichen Sie 1,4 km nach dem Start einen Abzweig und wenden sich hier scharf nach rechts hinunter zur ersten Hängebrücke der Wanderung. Sie verlassen mit dem Queren der Douglas Bridge (max. 5 Pers.) über den milchigen Waiho River (auch Waiau River genannt) den Douglas Walk, auf der anderen Seite beginnt offiziell der Roberts Point Track. Die ursprüngliche Brücke wurde übrigens bereits zu Beginn des 20. Jahrhunderts errichtet und war damals 144 m lang.

Auf der anderen Uferseite wird der Weg schmaler und schwenkt nach rechts in den Regenwald hinein. Immergrüne Southern-Rātā- und Kamahi-Bäume sind von Moosen, Flechten und Farnen eingehüllt. Der natürliche Untergrund ist anfangs noch einfach zu begehen und nach wenigen Metern sind bereits die ersten beiden kleinen Bachquerungen zu meistern. Immer wieder müssen entlang des Tracks Bäche gequert werden, meist sind sie problemlos überwindbar, indem Sie über Steine hüpfen. Während oder nach starkem Regen können die Bachläufe jedoch zur Herausforderung oder gar zum unüberwindbaren Hindernis werden. Kehren Sie im Zweifel um.

Der Weg wird für den Rest der Wanderung zunehmend holpriger und ist von vielen Steinen und Wurzeln durchsetzt. Häufig sind große Steinbrocken mit glatter oder bemooster Oberfläche zu überwinden, welche bei Nässe sehr rutschig sein können. Nach 900 m gemäßigten Anstiegs entlang des Waiho-Ostufers überqueren Sie auf der Arch Creek Bridge (max. 1 Pers.) einen tiefen Taleinschnitt und weitere 300 m später wird es an der 2015 neu gebauten Roberts-Point-Hängebrücke (max. 5 Pers.) aufregend. Die Brücke mit freien Blicken auf das breite Waiho-Flussbett ist die schmalste und mit 111 m auch die längste Hängebrücke des Tracks. In der Mitte kann sie mitunter beängstigend schwingen ❶.

Der Anstieg wird danach deutlich steiler. Kurzzeitig müssen die Hände zur Hilfe genommen werden, nachdem Sie ein Geröllbett eines Baches gequert haben. Nach insgesamt 3,5 km erreichen Sie an einem Felsvorsprung eine Rastbank mit hervorragender Aussicht auf das breite Flusstal des Waiho River. An den gegenüberliegenden Hängen rauschen mehrere Wasserfälle hinunter und mit scharfem Auge können Sie die vielen Menschen auf dem Talweg zum Franz-Josef-Gletscher erkennen. Nur wenige Schritte nach der Bank passieren Sie Hende's Hut (Übernachtung nicht erlaubt), ein Relikt aus Zeiten, in denen erstmals der touristi-

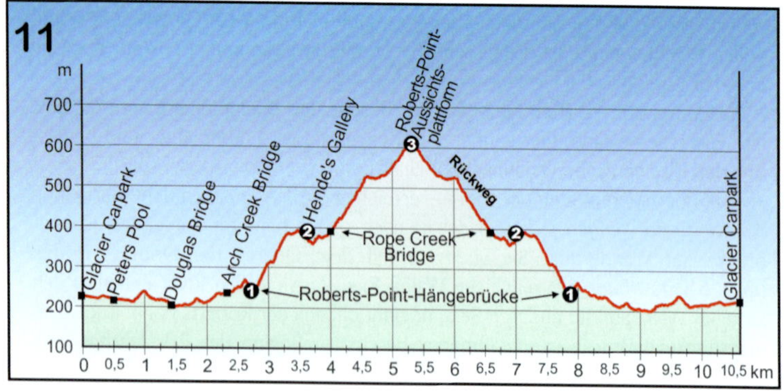

sche Zugang zum Franz-Josef-Gletscher möglich gemacht wurde. Der Schmied Peter Hende war 1906 für die Erschließung des gesamten Tracks verantwortlich und errichtete die Wellblechbehausung als Schmiedebasis für ein beeindruckendes Bauwerk direkt hinter der Hütte: Hende's Gallery – eine an einer steilen Felswand über dem Tal frei schwebende, mit Eisenstangen fixierte Treppe ❷. Hende und sein Team vollbrachten anscheinend erstklassige Arbeit, denn einzig die Holzplatten wurden in den 90er-Jahren ersetzt. Die Eisenkonstruktion hält noch heute das einmalige Bauwerk beisammen.

Ganz so dramatisch erscheint der Abstieg über die Treppen letztlich doch nicht, denn die Bäume rundherum und die Begrenzung geben ein sicheres Gefühl. Vor hundert Jahren konnte man am unteren Ende der Galerie auf den Gletscher steigen. Heute sind es von hier aus noch weitere 1,6 km bis zum Aussichtspunkt mit Blick auf die ächzende Eisschicht des Franz-Josef-Gletschers.

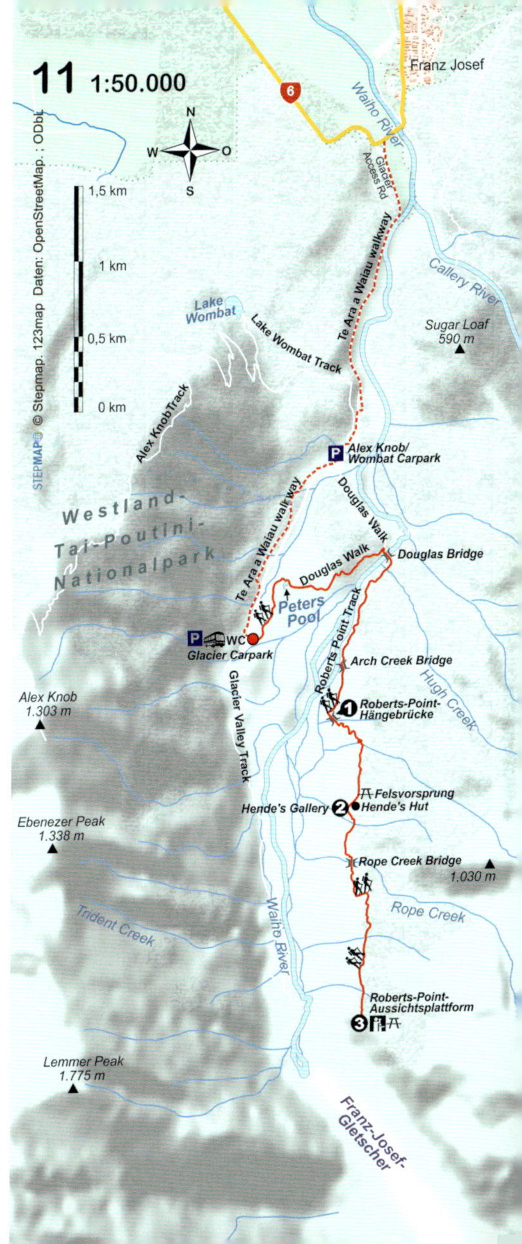

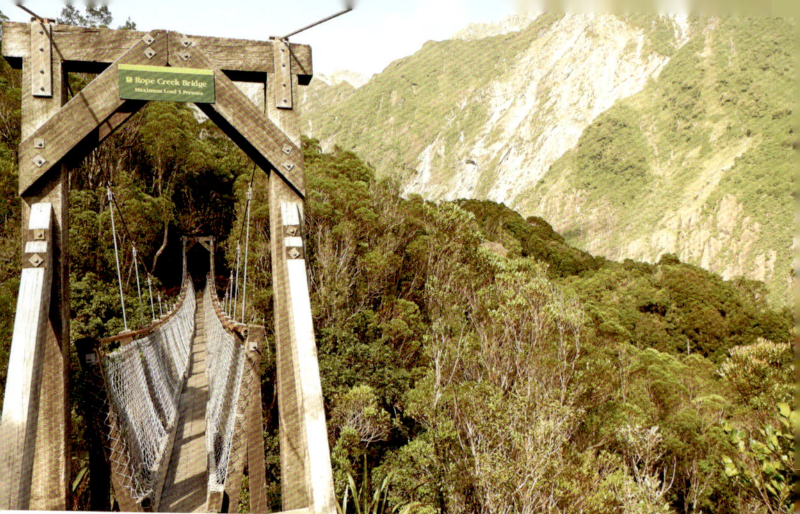

Rope Creek Bridge

Nach einer erneuten Querung eines steinigen Bachbetts bei km 3,7 geht es wieder bergauf. Bald beginnt für den nächsten knappen Kilometer der schwierigste Abschnitt der Wanderung. Der Track verläuft größtenteils über tückisches, vom Gletscher glatt geschliffenes Schiefergestein. Vereinzelt zeigen orange Dreiecke die weitere Richtung an. ✋ Der Weg kann hier extrem rutschig sein und erfordert höchste Konzentration. Nur nach Trockenperioden über mehrere Tage hinweg ist hier ein zügiges Vorankommen möglich.

Zwischendurch imponiert bei km 4 die Rope Creek Bridge (max. 5 Pers.). Die atemberaubend tiefe Schlucht mit den tosenden Wasserkaskaden des wilden Rope Creek unter Ihnen wird Ihr Herz höherschlagen lassen.

Nach anstrengenden 160 Höhenmetern Anstieg über das Schiefergestein flacht der Weg bei km 4,5 vorübergehend ab. Abschließend geht es letztmalig bergan über steiniges Terrain, wie Sie es schon kennen, immer wieder sind kleine Bäche zu queren. Wahrscheinlich schon recht erschöpft erreichen Sie völlig unerwartet die Roberts-Point-Aussichtsplattform ❸.

Die Umgebung ist atemberaubend. Der immer noch imposante Franz-Josef-Gletscher liegt eingebettet in einem Talkessel unterhalb steiler Felswände, die vom Eis in der Vergangenheit deutlich sichtbar ausgeschürft wurden. Auf der Westseite krachen Wasserfälle über Kaskaden mehrere Hundert Meter hinab ins beeindruckende Waiho Valley, ein bewachsenes Trogtal nach Norden, das von Gletschern geformt wurde.

Nachdem Sie sich sattgesehen haben, geht es auf dem bekannten Weg zurück zum Ausgangspunkt.

⑫ Hakatere Conservation Park: Lake Clearwater Circuit

Tour für Ruhesuchende im „Herr der Ringe"-Land

Weite, sanfte Hügellandschaften, breite Flussebenen und die imposante Hintergrundkulisse der Südlichen Alpen haben schon Peter Jackson, den Regisseur der bekannten Trilogie „Herr der Ringe", beeindruckt. Am Lake Clearwater, einem der vielen Seen der sogenannten Ashburton Lakes, sind keine motorisierten Boote zugelassen – genau der richtige Ort, um die Seele baumeln zu lassen. Wer auf eine sportliche Herausforderung nicht verzichten möchte, kann den Mt Guy erklimmen und grandiose Aussichten genießen.

Start/Ziel: Parkplatz Südufer, Lake Clearwater Village, GPS S 43°36.529' E 171°02.907'

10,6 km

3 Std.

75 m/75 m

665-700 m

Wegweiser an allen wichtigen Stellen, Weg entlang des Südufers eindeutig, am Nordufer Markierung mit orangen Stäben

einfacher Weg, vor allem am Südufer bequem zu laufen, kaum Schatten

Picknicktische beim Parkplatz (Start/Ziel), außerdem schöne kleine, schattige Pausenplätze am Südufer (zwischen km 0,4 und km 2,4)

WC Lake Clearwater Campground (km 0,2)

"Day Use Area" Lake Clearwater (km 0,4)

Lake Clearwater Campground (km 0,2), alternativ *freedom camping* am Lake Camp (nur *self-contained*)

Für Kinder ist insbesondere der Süduferabschnitt gut zum Wandern geeignet, da hier auch Pausen im Schatten möglich sind.

Der Startpunkt ist nicht mit dem Bus erreichbar.

P Parkplatz am Südufer. Anfahrt: Von der Inland Scenic Route 72 (scenicroute72.nz) bei Mt Somers zwischen Geraldine (49 km) und Rakaia Gorge (32,5 km) in die Ashburton Gorge Rd abbiegen (braune Schilder „Mt Potts" und „Hakatere Conservation Park"). Nach 24,5 km geradeaus der unbefestigten Hakatere Potts Rd (schlechter Zustand, z. B. Bodenwellen) für die nächsten knapp 10 km bis zum Lake Clearwater Village (nach Lake Camp auf der linken Seite) folgen. Dort rechts in die Mt Possession St biegen und hinunter bis zum Seeufer fahren. Der Parkplatz befindet sich rechter Hand.

ℹ Christchurch Visitor Centre, 28 Worcester Boulevard, ☏ 03/379 40 82, ✉ christchurchvc@doc.govt.nz

☺ Die beste Wanderzeit für diese Tour ist September bis Mai.

☺ Herr-der-Ringe-Fans können den Besuch der Umgebung mit einem Abstecher zum Mt Sunday ergänzen (14,5 km weiter auf der Hakatere Potts Rd): Hier wurden die Szenen gedreht, die in Edoras, der Hauptstadt von Rohan, spielen.

✋ Der Wanderweg um den See herum ist auch für Mountainbikes zugelassen.

Die Wegbeschreibung ist schnell zusammengefasst: Im Uhrzeigersinn geht es immer um den Lake Clearwater herum. Laufen Sie dazu vom Parkplatz nach Westen durch den Campground hindurch. An dessen Ende nach 400 m besteht an einem Uferabschnitt eine gute Möglichkeit zum Baden ❶, die Wasserqualität wird an dieser Stelle im Sommer geprüft (💻 www.lawa.org.nz).

Hier beginnt der offizielle Track des Lake Clearwater Circuit. Für die kommenden 2 km verläuft der schmale Pfad in unmittelbarer Nähe zum Südufer. Ab und zu bieten Bruch-Weiden ein schattiges Pausenplätzchen am Wasser. Achten Sie bitte in den Sommermonaten darauf, dass Sie bei Ihrer Rast keine nistenden Haubentaucher (*Australasian crested grebe*) stören.

Die typisch offene High-Country-Landschaft mit den von Gletschern geschliffenen Tussockbergzügen der Harper Range im Süden und der Dogs Range sowie Mt Guy von Norden bis Nordosten rahmt den See zu beiden Seiten ein. Im Nordwesten sind der „Doppelberg" von Mt Potts und dahinter die Cloudy Peak Range zu sehen. Noch tiefer im Landesinneren erheben sich die schroffen, vergletscherten Gebirgszüge der Südlichen Alpen mit Mt D´Archiac (⇧ 2.875 m) als Hauptakteur.

Wiesenweg am Nordufer

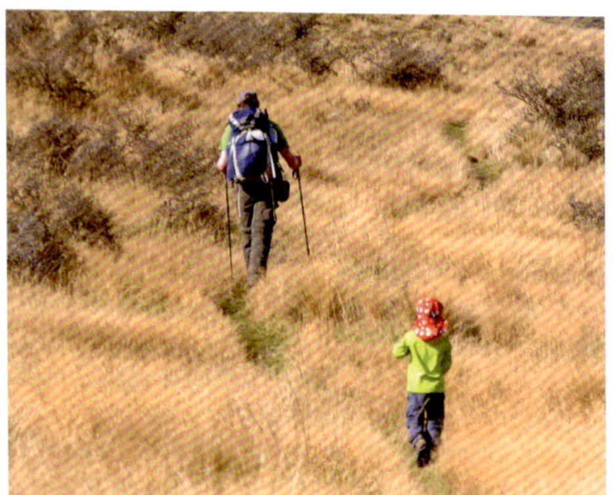

Zügig gelangen Sie zum Westende des Sees und queren in großem Bogen ein Feuchtgebiet mithilfe eines langen Holzstegs und einer kleinen Brücke ❷. Der Weg schwenkt nach Osten und führt nun in Richtung des Massivs von Mt Guy. Nach insgesamt 4,2 km ist bei einem Zaun mit Stufen eine Schlüsselstelle erreicht ❸: Sollten Sie die häufig mehrspurigen Fahrrinnen durch die ab

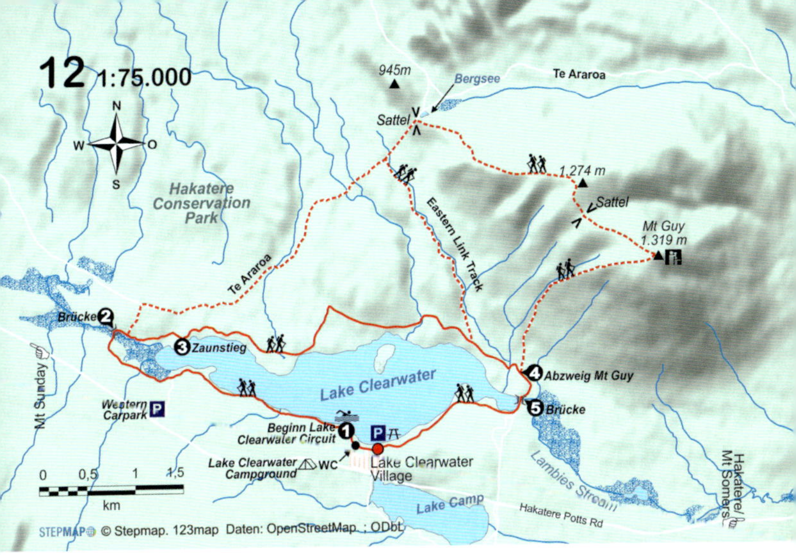

hier zugelassenen Allradfahrzeuge auf dem nun folgenden Wegabschnitt stören, dann wandern Sie auf dem bekannten Weg zurück. Andernfalls folgen Sie dem mit orangen Stäben markierten Track oberhalb von Lake Clearwater. Auf den nächsten Kilometern erwarten Sie die einzigen, geringfügigen Anstiege des Tages. Der Weg entfernt sich weiter vom Nordufer und bietet gute Aussichten auf den See. Nach 3 km ist eine Bachquerung zu meistern, die in der Regel ohne nasse Füße möglich ist.

Bei km 8,5 ❹ ist ein Abstecher hinauf zum Mt Guy gekennzeichnet (⇆, ➲ 4,3 km, ⌛ 3 Std., ↑↓ 645 m/645 m, ⇧ 675-1.320 m). Der teilweise steinige Aufstieg ohne Schatten wird zunehmend steiler und flacht erst die letzten 150 Anstiegsmeter wieder ab. Orange Stäbe markieren die Route nach oben.

Vom Gipfelplateau haben Sie ausgezeichnete Blicke auf die Umgebung des Hakatere Conservation Park wie z. B. Mt Potts oder die Tafelberge der Dogs Range im Norden, den verzweigten Flusslauf des Rangitata River, die weiten Ashburton-Lakes-Ebenen mit den Seen Clearwater, Camp und Emma und natürlich die lange Gebirgskette der Südlichen Alpen.

Wenn Sie für den Abstieg ein weniger steiles Gefälle bevorzugen und mit Orientierung in weglosem Gelände vertraut sind, dann können Sie statt dem bekannten Rückweg dem eindeutigen, breiten westlichen Bergrücken folgen (↻, zusätzlich ➲ 4,3 km, ⌛ 1 Std., ↑↓ 50 m/50 m). Mitunter treffen Sie auf Pfadspuren.

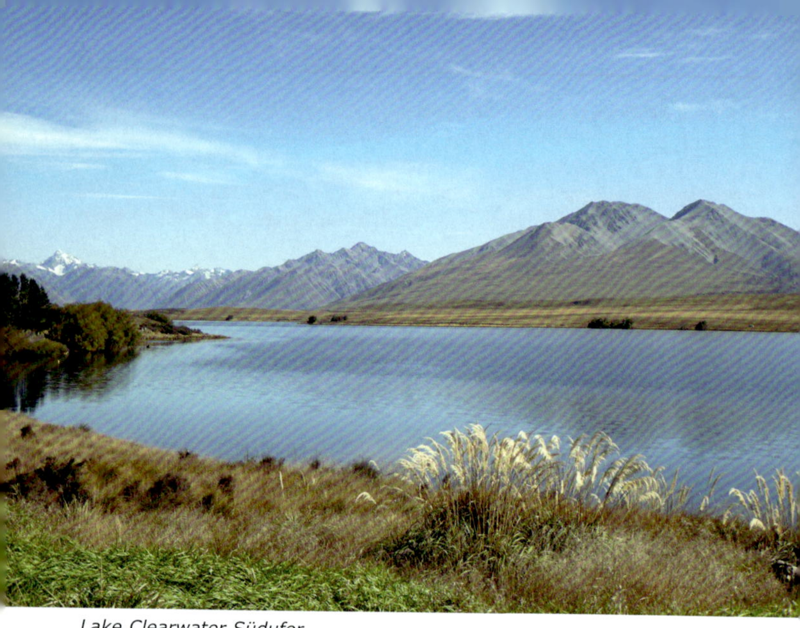

Lake Clearwater Südufer

Nach 800 m Richtung Nordwest zu West (NWzW, 300°) durchschreiten Sie einen Sattel und wandern in einem kurzen Schlenker 400 m/50 Höhenmeter hinauf nach Nordnordwest (NNW, 340°), bevor Sie vom Pt 1274 bergab für etwa 1,8 km Westnordwest (WNW, 290°) anpeilen (✋ Beachten Sie die Hinweise zur magnetischen Deklination, ☞ Reise-Infos/Karten und GPS). Am westlichen Ende des Mt-Guy-Massivs treffen Sie bei einem Sattel links von einem kleinen Bergsee auf einer Höhe von 880 m auf den Fernwanderweg Te Araroa. Folgen Sie diesem nach links für 500 m bergab, bevor Sie erneut links in den flach abfallenden Eastern Link Track biegen. Nach 2,2 km erreichen Sie den Rundweg um den Lake Clearwater bei km 7,8. Von hier aus sind es nach links nur noch 700 m bis zum Ausgangspunkt des Abstechers.

Nun ist es nicht mehr weit bis zum Startpunkt. 300 m nach dem Mt-Guy-Abzweig queren Sie über eine Holzbrücke den östlichen Seeabfluss (Lake Outlet) ❺. Von hier aus sind es noch 1,8 km entlang eines schottrigen Fahrwegs zurück zum Parkplatz.

13 Lake Tekapo: Mt John Circuit

Tour für Fans türkisblauer Seen

Lake Tekapo ist der malerische Blickfang der eindrucksvollen Wanderung um den hügeligen Höhenzug von Mt John. In strahlendem, surreal wirkendem Türkisblau entfaltet der See seine magische Wirkung. Riesige Gletscher der Vergangenheit haben die weite Landschaft der Umgebung geformt, heute sind die Eisströme der in der Entfernung sichtbaren Südalpen verantwortlich für die geheimnisvolle Färbung von Lake Tekapo.

Start/Ziel: Parkplatz bei Tekapo Springs (Freizeitbad und Eisfläche), GPS S 43°59.704' E 170°27.730'

8,2 km

3 Std.

350 m/350 m

705-1.010 m

Weg größtenteils eindeutig, an allen wichtigen Stellen etwas verwitterte Wegweiser oder Markierungen

einfacher Weg mit festem Untergrund, ab und zu wenige Steine, vereinzelt Zaunstiege oder Tore, ab km 1,5 kein Schatten

Astro Café (200 m ab km 2,2), Mt John Earth & Sky Observatory

km 0,9, Südende/South Summit Mt John (km 2), Nordende Mt John (km 2,4), km 4,4

WC 100 m vor dem Start, Astro Café (200 m ab km 2,2)

Lake Tekapo Motels & Holiday Park (Lakeside Drive, 500 m vor dem Start), 03/680 68 25

Es gibt keine gefährlichen Stellen, oberhalb des Sees kann es allerdings sehr windig werden.

P Parkplatz bei Tekapo Springs (Start/Ziel). Anfahrt: im Ort vom SH 8 in den Lakeside Drive Richtung See abbiegen und der Straße parallel zum Seeufer für 1,5 km vorbei am großen Lake Tekapo Holiday Park bis zum Parkplatz folgen. Als alternativer Startpunkt eignet sich der Parkplatz beim Mt-John-Observatorium. Hierzu biegen Sie ca. 2 km westlich der Ortschaft (Richtung Twizel) in die Godley Peaks Rd ab, fahren 4 km nach Norden, biegen danach rechts in die private Mt John Access Rd mit Wärterhäuschen und Schlagbaum und fahren weitere 3,3 km bis zum Parkplatz hinauf, 9:00-16:30 (17:30 im Sommer), $ 8 Nutzungsgebühr.

Intercity verbindet tägl. Lake Tekapo mit den größeren Ortschaften zwischen Christchurch und Queenstown, für Anschlüsse vom/zum Mt Cook Village Wanderung 14.

Kiwi Treasures & Information Centre, 10 Rapuwai Lane, 03/680 66 86, kiwitreasurestekapo@gmail.com

Die beste Wanderzeit für diese Tour ist September bis Mai.
Der Sturmrekord Neuseelands mit 250 km/h wurde auf dem Mt John gemessen. Nicht nur der Blick auf den See kann umwerfend sein!

Vom Parkplatz aus halten Sie sich links vom Tekapo-Springs-Komplex. Mehrere Schilder („Mt John Walkway", „Astro Café") kennzeichnen den Abzweig von der Zufahrtsstraße rechts hinauf in einen dichter werdenden Lärchenwald. Der stetige Aufstieg zum Mt John ist zwar etwas erschöpfend, die Steigung jedoch eher moderat. Bitte bleiben Sie auf dem Weg, da dieser über das private Gelände der Balmoral Station verläuft.

Nach 220 Höhenmetern ist die Baumgrenze erreicht ❶. Von nun an prägt die karge Umgebung der samtig wirkenden, sanften Grashänge des Mt John das Bild und hinter Ihnen öffnet sich die weite Ebene des Mackenzie Basin. Nach ein paar Stufen stoßen Sie bei km 1,8 auf den Observatory Circuit (Summit Circuit Track).

Geradeaus kann Mt John auf der westlichen Flanke umrundet werden. Entlang des kurzen Abstechers haben Sie fantastische Blicke auf Lake Alexandrina und die dahinterliegende Bergwelt der Südlichen Alpen. Außerdem erreichen Sie in dieser Richtung nach 300 m den Mt-John-Parkplatz. Bitte achten Sie darauf, dass der Weg zwischen 17:00 und 9:00 nicht begangen werden darf.

Für den Weiterweg folgen Sie dem Track nach rechts. Jetzt sind es nur noch wenige Höhenmeter und nach 150 m haben Sie den südlichen Gipfel (South Summit) von Mt John erreicht ❷. Nun ist auch der Lake Tekapo in seiner vollen Pracht zu bestaunen. Der von Gletschern geformte See aus der letzten Eiszeit vor 15.000 Jahren wird Sie je nach Tageszeit und Sonnenschein mit einer überirdisch wirkenden türkisblauen Farbe begeistern. Ein idealer Platz für eine ausgedehnte Pause.

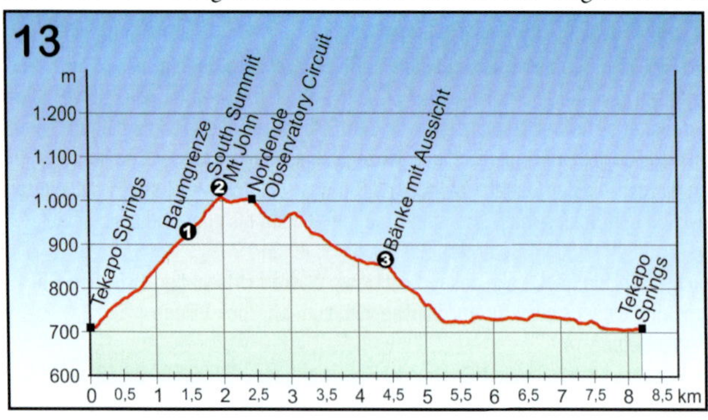

Scheiden tut hier letztlich nicht weh, denn Lake Tekapo wird Sie noch die gesamte restliche Wanderung begleiten. Am östlichen Hang von Mt John geht es weiter. Im Frühjahr bis Sommer säumen zahlreiche Lupinen den Weg und bieten mit dem See im Hintergrund ein kontrastreiches Fotomotiv.

✕ Astro Café (↳ 200 m nach links ab km 2,2), Mt John Earth & Sky Observatory, serviert Kleinigkeiten, 9:00-18:00 (10:00-17:00 im Winter)

Etwa 450 m nach dem Südgipfel erreichen Sie am Nordende des Gipfelrundwegs eine weitere Bank mit fantastischer Aussicht – der nächste Höhepunkt der Wanderung. Lake Tekapo, Lake Alexandrina, die rundlichen Grashügel vor Ihnen und die karge Bergszenerie dahinter bilden ein beeindruckend vielfältiges Landschaftsbild. Eine Panoramatafel zeigt die Namen der umliegenden Berge.

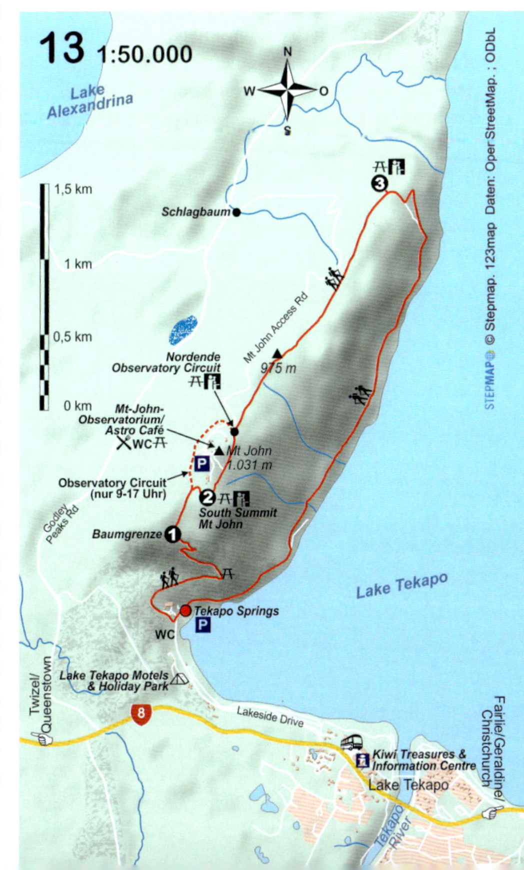

Statt weiter auf dem oberen Rundweg zu bleiben, biegen Sie an der Bank rechts ab (Schild „Lake Tekapo via lakeshore track") und folgen dem Pfad hinab durch das Grasterrain. Vereinzelt wird es in der Folge etwas steinig, der Weg ist aber weiterhin bequem zu laufen. Alte Holzstäbe, von denen meist jegliche gelbe Farbe verschwunden ist, lotsen Sie entlang des ausgetretenen, manchmal mehrspurigen Weges durch das Gelände.

Anfangs geht es vorübergehend durch eine Senke, aber schon bald können Sie die Sicht auf Lake Tekapo wieder genießen. In der Mitte ist die kleine Insel Motuariki Island zu sehen.

Kurz nach dem Zwischenanstieg überwinden Sie einen Zaun mithilfe von Holzstufen, laufen für 800 m parallel zu diesem und streifen anschließend den kleinen Hügel vor Ihnen auf seiner linken Seite. Schließlich gelangen Sie 2 km nach dem Abzweig an zwei weitere Bänke ❸. Stoppen Sie hier noch einmal für den letzten Blick auf den See von oben, denn von hier führt der Weg in zwei Spitzkehren steil hinunter über einige Steine zum Ufer, an welches Sie knapp 1 km später gelangen.

Stets einige Meter oberhalb des Westufers des Sees geht es für die letzten 2,9 km zurück zum Ausgangspunkt. Lassen Sie sich Zeit für die flache Strecke vorbei an Hagebuttensträuchern und lassen Sie die entspannende Stimmung des Sees auf sich wirken. 900 m vor dem Ziel stoßen Sie auf einen Fahrweg, dem Sie leicht rechts Richtung Südwesten bis zum Parkplatz folgen.

Lake Tekapo vom Mt John

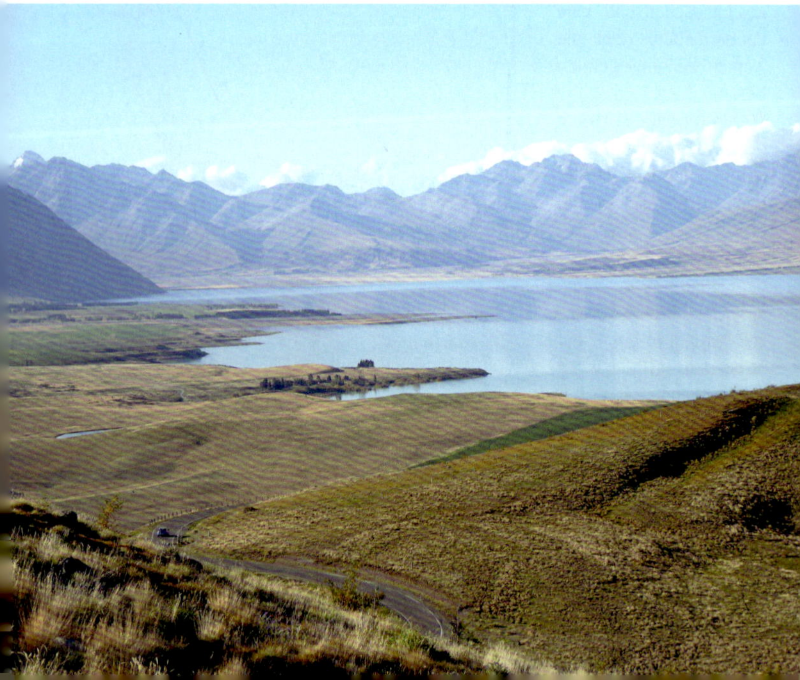

14 Aoraki-/Mt-Cook-Nationalpark: Hooker Valley Track

Tour für Freunde alpiner Täler ohne Menschenscheu

Die spannende Wanderung durch das gletschergeformte Hooker Valley beeindruckt durch eine alpine Berglandschaft, wie man sie aus Bilderbüchern kennt. Die Südlichen Alpen präsentieren sich hier mit zackigen Gipfeln, Hängegletschern, Gletscherseen und vor allem Neuseelands höchstem Berg Aoraki/Mt Cook (⇧ 3.724 m) von ihrer besten Seite.

Start/Ziel: White Horse Hill Carpark, GPS S 43°43.163' E 170°05.623'

10,1 km

3 Std

170 m/170 m

760-880 m

Weg stets eindeutig, an allen wichtigen Stellen Wegweiser

sehr einfacher Weg, fast durchgängig geschottert und begradigt, vereinzelt Stufen, insgesamt drei größere, stabile Hängebrücken, kein Schatten

Mueller Lake Lookout (km 0,9/km 9,2), vor Hooker Bluff Bridge (km 2,7/km 7,4), Hooker Lake (km 5,1)

WC am Start/Ziel, Stocking Stream (km 3,5/km 6,6)

White Horse Hill DOC Campground (Start/Ziel)

Die drei Hängebrücken und die Gletscher werden keine Langeweile aufkommen lassen.

P White Horse Hill Carpark. Anfahrt: vom SH 8 in die Mt Cook Rd (SH 80) nach Norden abbiegen (9 km nördlich von Twizel bzw. 49 km südwestlich von Lake Tekapo). Dieser für 55 km folgen und kurz vor dem Mt Cook Village nach rechts in die Hooker Valley Rd abbiegen und ihr für 2,1 km bis zum Ende der Straße folgen. Der Parkplatz für Tageswanderer befindet sich nach der Brücke rechts (auf der linken Seite gibt es ausreichend Ausweichparkplätze).

GreatSights (Tourbus-Tochter von Intercity), ☏ 09/583 57 90, www.greatsights.co.nz, verbindet tägl. die größeren Ortschaften zwischen Christchurch und Queenstown mit Mt Cook Village. Deutlich günstiger ist die Anreise mit den üblichen Intercity-Bussen nach Lake Tekapo oder Twizel und die Weiterfahrt mit The Cook Connection, ☏ 08 00/26 65 26, www.cookconnect.co.nz, Sep-Juni 1-2 x tägl., $ 42 ab Lake Tekapo, $ 30 ab Twizel, Kombiticket Lake Tekapo – Mt Cook Village – Twizel (oder umgekehrt) für $ 67. Vom nördlichen Ende des Mt Cook Village (Hermitage Hotel) zum Trackstart (1,6 km) folgen Sie zunächst dem Kea Point Track für 800 m und halten sich nach dem Flussbett des Kitchener Creek rechts Richtung Hooker Valley.

ℹ Aoraki / Mt Cook National Park DOC Visitor Centre, 1 Larch Grove, ☏ 03/435 11 86, ✉ mtcookvc@doc.govt.nz

☺ Die beste Wanderzeit für diese Tour ist September bis Mai.

✋ Der Track ist äußerst populär. Rechnen Sie mit vielen Mitwanderern. In der Hochsaison sind hier täglich über 1.000 Besucher unterwegs.

✋ In widrigen winterlichen Bedingungen weist das Gelände ein niedriges Lawinenrisiko auf (ATES: Simple, ☞ Reise-Infos/Weitere (Natur-)Gefahren).

Direkt beim Parkplatz am großen Schild „Hooker Valley Track" halten Sie sich rechts Richtung Nordosten und queren nach wenigen Schritten einen kleinen Bachlauf über eine Fußbrücke. Der große White Horse Hill Campground verschwindet schon bald aus dem Blickfeld und zur Linken bieten sich nacheinander die ersten beiden Möglichkeiten für kurze Abstecher: Der erste führt zu Freda's Rock, der die erste Frau ehrt, die den Aoraki/Mt Cook bestieg (im Jahr 1910), der zweite wenig später zum Alpine Memorial, das an jene über 200 Menschen erinnert, die im Nationalpark im Laufe der letzten hundert Jahre ihre Leidenschaft für die Berge mit dem Leben bezahlten.

Knapp 1 km nach dem Start gelangen Sie zum Mueller Lake Lookout ❶. Der Blick auf den cremefarbenen Gletschersee mit perfekt geformten Moränen zu beiden Seiten lässt erahnen, dass das Eis des Mueller-Gletschers, der heute versteckt im südlichen Tal hinter Kea Point liegt, noch Anfang des 20. Jahrhunderts bis ungefähr zum Standort des Aussichtspunktes heranreichte. Hinter dem See erheben sich im Westen die von Gletschern behangenen Berge der unaussprechlichen Aroarokaehe Range mit Mt Sefton und The Footstool als erhabendsten Zacken.

Nach dem Lookout geht es ein paar Holzstufen hinunter und Sie laufen über die erste große Hängebrücke (max. 20 Pers.) des Weges. Unter Ihnen fließt der Lower Hooker River unter lautem Getöse aus dem Mueller Lake ab.

Stufen führen Sie quer über die Moräne und zwischen alten Gletscherablagerungen und den Bergflanken von Mt Wakefield (Kirikirikatata/Mt Cook Range) wandern Sie langsam ins obere Hooker Tal.

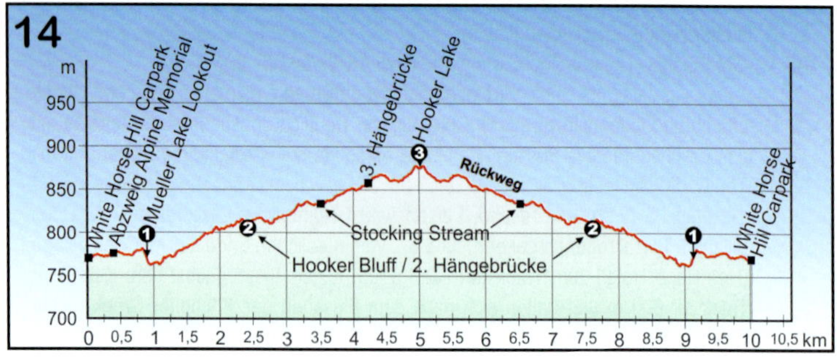

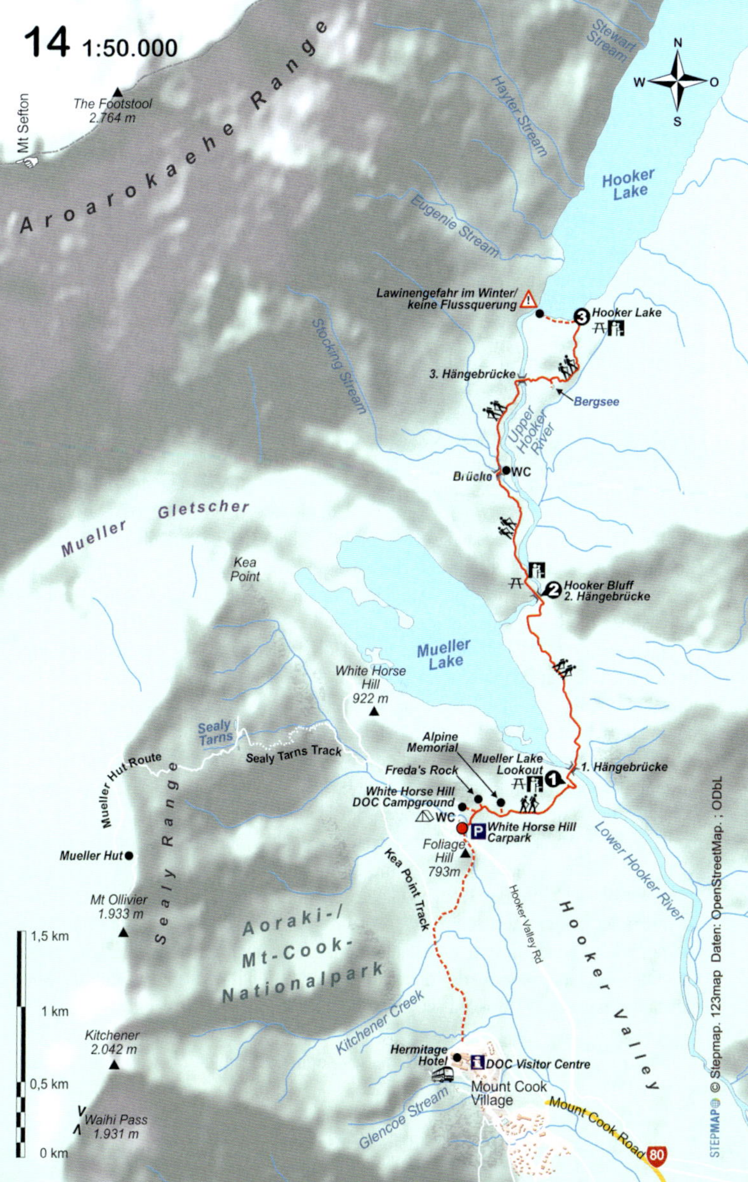

14 1:50.000
N
W
O
S
Aroarokaehe Range
Mt Sefton
The Footstool
2.764 m
Stewart Stream
Hayter Stream
Hooker Lake
Eugenie Stream
Lawinengefahr im Winter/
keine Flussquerung
Hooker Lake
Stocking Stream
3. Hängebrücke
Bergsee
Upper Hooker River
Brücke
WC
Mueller Gletscher
Kea Point
Hooker Bluff
2. Hängebrücke
Mueller Lake
White Horse Hill
922 m
Sealy Tarns
Sealy Tarns Track
Mueller Hut Route
Alpine Memorial
Mueller Lake Lookout
1. Hängebrücke
Freda's Rock
White Horse Hill DOC Campground
WC
White Horse Hill Carpark
Foliage Hill
793m
Mueller Hut
Sealy Range
Kea Point Track
Hooker Valley Rd
Lower Hooker River
Hooker Valley
Mt Ollivier
1.933 m
Aoraki-/
Mt-Cook-
Nationalpark
1,5 km
1 km
0,5 km
0 km
Kitchener
2.042 m
Kitchener Creek
Hermitage Hotel
DOC Visitor Centre
Mount Cook Village
Glencoe Stream
Mount Cook Road
80
Waihi Pass
1.931 m
STEPMAP
© Stepmap. 123map Daten: OpenStreetMap. ; ODbL

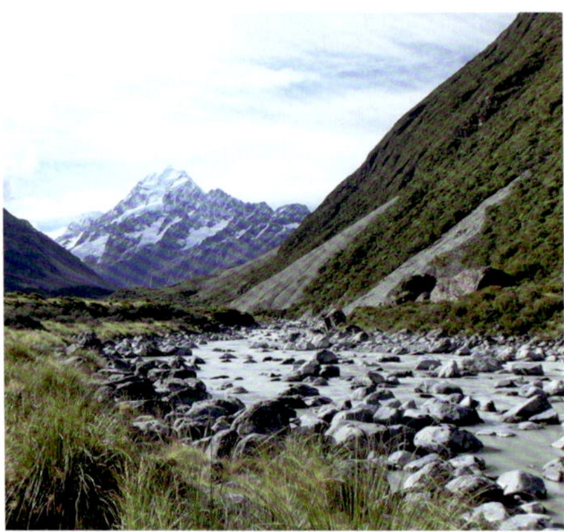

Mt Cook und Upper Hooker River

Nach insgesamt 2,5 km erreichen Sie beim sogenannten Hooker Bluff – einem großen Felshang zur rechten Seite – die nächste Hängebrücke (max. 20 Pers.) ❷. Der vor Kraft strotzende Upper Hooker River befördert die Wassermassen vom Hooker Lake in den Mueller Lake. Kurz nach der Brücke öffnet sich der Blick ins obere Hooker Valley und von nun an sticht im Norden Aoraki/Mt Cook in seiner unumstrittenen Erhabenheit hervor.

Der Weiterweg durch flache Gras- und Buschlandschaft verläuft nun immer in Ufernähe auf der westlichen Seite des Hooker River. Bei km 3,5 überqueren Sie über eine kleine Holzbrücke den Stocking Stream. Auf der anderen Seite nennt ein Gipfelweiser die Namen der Berge der Umgebung.

Nach weiteren 700 m, teilweise über Holzbohlen, geht es abschließend über die dritte große Hängebrücke (max. 20 Pers.) über den tosenden Hooker River. Auf der rechten Uferseite angelangt umgehen Sie nun im großen Bogen die alte Endmoräne des Hooker Lake. Vorbei an einem kurzen Abstecher zu einem kleinen Bergsee erreichen Sie schließlich auf dem Moränenkamm bei einem Aussichtspunkt mit einigen Bänken und Tischen das Ziel ❸. Hier können Sie eine hervorragende Sicht auf den Gletschersee genießen. Bei klarem, ruhigem Wetter spiegelt sich manchmal der Aoraki/Mt Cook im ansonsten milchig grauen bis kakaobraunen See. Nicht selten schwimmen in den wärmeren Monaten des Jahres große Eisbrocken von der Abbruchkante des Hooker-Gletschers im Wasser. Leider hat sich auch dieser in den letzten Jahrzehnten deutlich zurückgezogen, sodass vom Standpunkt aus nur noch ein kleiner Rest der Gletscherzunge erkennbar ist. Es ist gerade einmal ungefähr 40 Jahre her, dass der Gletscher eine Ausdehnung bis zum heutigen Südufer aufwies und der Hooker Lake seine Geburtsstunde erlebte.

↳ Wer möchte, kann für 300 m das südliche Seeufer bis zum Abfluss des Hooker River auf der Westseite erkunden.

Zum Ausgangspunkt gehen Sie auf demselben Weg wieder zurück.

15 Aoraki-/Mt-Cook-Nationalpark: Mt Wakefield

Tour für Bergkenner abseits der bekannten Wege

Der Hooker Valley Track (☞ Wanderung 14) und die Mueller Hut Route (☞ Weitere Tracks) sind die populären Vertreter im Aoraki-/Mt-Cook-Nationalpark. Etwas andere, nicht minder spannende Perspektiven bietet die unmarkierte Route hinauf auf den Bergrücken von Mt Wakefield mit außergewöhnlichen Aussichten zu beiden Seiten auf das Tasman Valley, den Mueller Glacier und die vereiste Steilwand von Mt Sefton. Zu Ihren Füßen vereinen sich Hooker River und Tasman River und münden über die weite, verflochtene Flussebene in den Lake Pukaki.

Start/Ziel: Hooker Corner, GPS S 43°44.374' E 170°07.705'

3,4 km

3 Std. 30 Min.

660 m/660 m

690-1.350 m

Es gibt keine Wegweiser oder offizielle Markierungen, dem ausgetretenen Pfad können Sie aber meist gut folgen. Vereinzelt finden sich rote Bändchen und ab der Baumgrenze Steinmännchen. Ein gewisser Orientierungssinn ist nötig.

Weg anfangs steil mit hohen Absätzen durch dichtes, mannshohes Gestrüpp, bei Nässe rutschig, ab der Baumgrenze exponiertes, aber einfacheres und weniger steiles Gelände mit überwiegend festem Untergrund, kurzzeitig abschüssig bei km 1,2 bzw. km 2,2

Es gibt keine offiziellen Rastplätze, das Aussichtsplateau (km 1,7) ist jedoch ein ausgezeichneter Pausenplatz.

WC keine Toiletten

White Horse Hill DOC Campground (☞ Wanderung 14). Alte Wanderkarten zeigen als Verbindung zur Hooker Corner einen Wanderweg entlang der linken Uferseite des Hooker River – dieser Track ist jedoch seit geraumer Zeit gesperrt.

für Kinder ungeeignet

P Parken können Sie direkt nach der Brücke in der linken Einfahrt. Eine alternative Parkmöglichkeit besteht 100 m nach der Brücke auf der rechten Seite. Anfahrt: zunächst wie bei ☞ Wanderung 14, jedoch noch 700 m vor dem Abzweig zur Hooker Valley Rd nach rechts in die Tasman Valley Rd abbiegen und ihr 1,5 km bis zur Fachwerkbrücke über den Hooker River folgen. Auf der anderen Seite der Brücke liegt Hooker Corner.

Busverbindungen zum Mount Cook Village ☞ Wanderung 14. Vom Mt Cook Village zum Startpunkt bei Hooker Corner laufen Sie zunächst bis kurz vor den Abzweig der

Hooker Valley Rd. Nach der Brücke beginnt links ein Verbindungsweg, der parallel zur Mt Cook Rd (SH 80) und später zur Tasman Valley Rd bis zur Fachwerkbrücke über den Hooker River verläuft (➔, ⮌ 2,8 km).

☞ Wanderung 14

Die beste Wanderzeit für diese Tour ist November bis März.

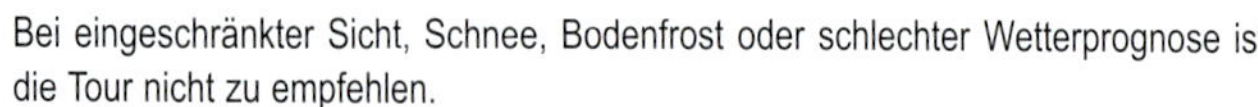

Bei eingeschränkter Sicht, Schnee, Bodenfrost oder schlechter Wetterprognose ist die Tour nicht zu empfehlen.

Unter winterlichen Bedingungen weist das Gelände ein mittleres Lawinenrisiko auf (ATES: Challenging, ☞ Reise-Infos/Weitere (Natur-)Gefahren).

Für den Zugang hinauf zum Bergrücken von Mt Wakefield biegen Sie unmittelbar nach der Fachwerkbrücke über den Hooker River scharf links in den Fahrweg hinein. Halten Sie bereits 50 m später Ausschau nach einem Steinmännchen und ggf. einer roten Schleife ❶. Hier geht es rechts durch einen Hain fortan bergauf.

Vor Ihnen liegt nun das anspruchsvollste Teilstück der Wanderung. Der Pfad ist größtenteils gut erkennbar, aber es geht durch dichtes, mannshohes Gestrüpp steil hinauf. Ab und zu sind größere Absätze zu meistern. Vereinzelt zeigen rote Bändchen, dass Sie sich noch auf dem richtigen Pfad befinden. Rechnen Sie mit einem langsamen Vorankommen. Wenn vor Ihnen in der Saison noch nicht viele Wanderer den Aufstieg in Angriff genommen haben, kann das *bush bashing* wirklich beschwerlich sein.

Manchmal können Sie im Westen einen Blick auf das Mt Cook Village und die dahinterliegenden Berge der Sealy Range erhaschen. Beim Blick zurück wird die weite Ebene mit dem mäandernden Zufluss des Hooker River in den verflochtenen Flusslauf (*braided river*) des Tasman River und dem türkisblauen Lake Pukaki im Hintergrund sichtbar.

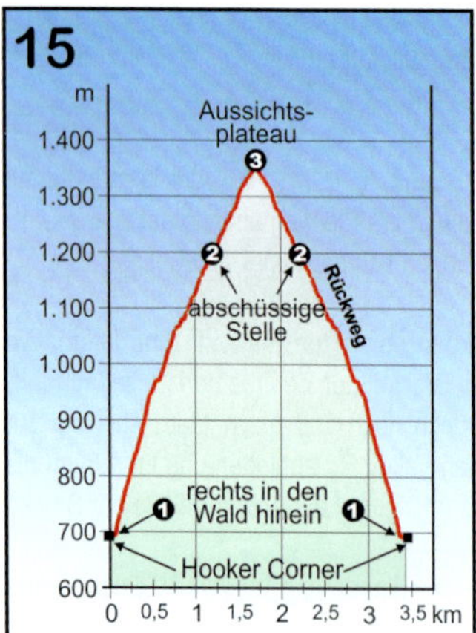

Nach etwa 250 m Höhenmetern wird der Track spürbar flacher und einfacher, die Büsche werden immer niedriger und im Nordosten öffnet sich die Aussicht ins Tal des Tasman Valley bis hin zum gleichnamigen Gletschersee.

Die Orientierung im zunehmend offenen Gelände ist relativ einfach: Der Weg ist weiterhin meist erkennbar und verläuft immer entlang oder in der Nähe des Bergrückens. Wandern Sie also im Zweifel immer in Richtung des höchsten Punkts der Umgebung, achten Sie aber auf eventuelle abschüssige Stellen – vor allem in Richtung der östlichen Bergflanken oberhalb des Tasman Valley!

Bei einer Höhe von 1.060 m wird der Wegzustand nochmals angenehmer. Gemütlich wandern Sie durch einen Wiesenhang und über idyllische Bergpfade. Bald rückt im Nordwesten die beeindruckende Gletscherwand unterhalb von Mt Sefton und The Footstool ins Blickfeld und wenig später können Sie auch die vielen kleinen Wohnmobile und Autos auf dem White Horse Hill Campground erkennen.

Die Vegetation wird spärlicher und das Bild ist vermehrt auch durch steinige und felsige Umgebung geprägt. Das Wandern ist jedoch unkompliziert und ohne technischen Anspruch. Gelegentlich weisen Steinmännchen den Weg.

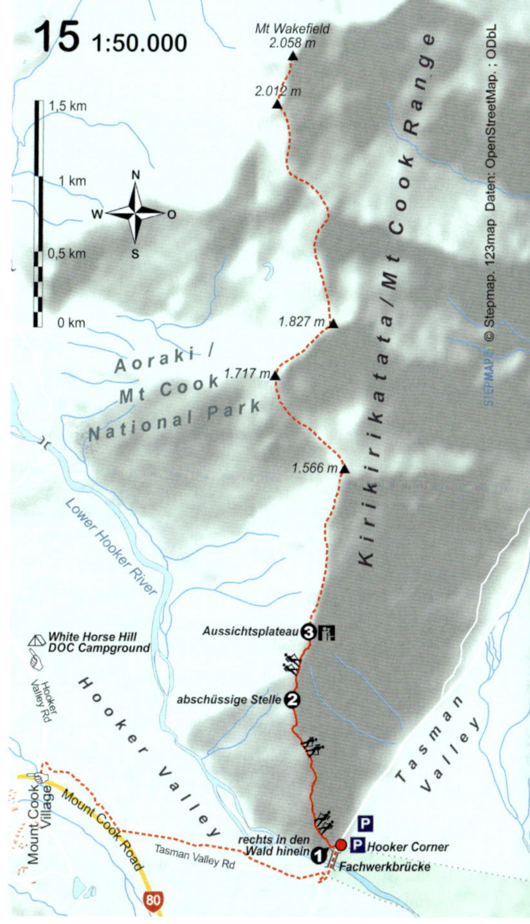

Bei einer Höhe von 1.190 m und einer Distanz von 1,2 km seit dem Start passieren Sie eine abschüssige Stelle ❷. Herausgebrochene Stücke auf der rechten, östlichen Seite haben eine schmale Stelle im Felsgestein geschaffen. Sie benötigen hier für den nur wenigen Meter breiten Grat Trittsicherheit und eine gewisse Toleranz Höhe gegenüber.

Gut 100 m nach der ausgesetzten Stelle erreichen Sie eine Felskuppe. Passieren Sie diese auf ihrer linken Seite und folgen Sie danach dem schmalen Wiesenband. Die sich anschließenden letzten 60 Anstiegsmeter verlaufen über festen Untergrund, der jedoch mit vielen losen Steinen bedeckt ist.

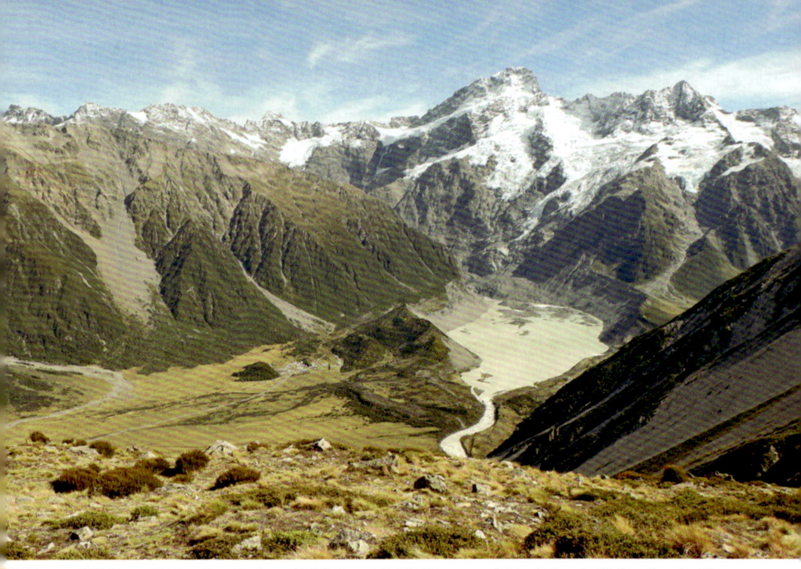

Blick auf Mueller Lake, dahinter Mt Sefton und Footstool, links Sealy Range

Schließlich gelangen Sie bei einer Höhe von 1.350 m bzw. nach 1,7 km Wanderstrecke zu einem kleinen Plateau, dem Ziel der Wanderung ❸. Von Nordosten über Süden bis nach Nordwesten haben Sie einen freien, beeindruckenden 270-Grad-Blick auf die umliegenden Berge, Täler, Flüsse, Gletscherhänge und -seen. Vor allem der Mueller Lake (☞ Wanderung 14) im Westen, der bisher noch verdeckt war, komplettiert mit seinen Moränen die ohnehin schon faszinierende Bergwelt. Genießen Sie das großartige Gefühl von Raum und Freiheit, bevor Sie auf demselben Weg die Wanderung zurück antreten.

↳ Bergwanderer mit alpiner Erfahrung können unter guten Wetterbedingungen und ohne Schnee dem Berggrat im Zickzack bis zum Gipfel des Mt Wakefield (⇧ 2.058 m) folgen (⇆, ➲ ca. 9 km, ↑ ↓ 730 m/730 m). Von dort aus haben Sie zusätzlich Aussicht auf die Berge der Kirikirikatata/Mt Cook Range und den Hooker-Gletscher im Norden. Aoraki/Mt Cook selbst lässt keine Zweifel aufkommen, wer die Nummer eins der Umgebung ist.

✋ Schwindelfreiheit ist Grundvoraussetzung für die anspruchsvolle Tour entlang der schmalen, exponierten, zerklüfteten Kammlinie mit viel losem Untergrund und einiger Kraxelei. Der Aufstieg vom Vorgipfel (⇧ 2.012 m) zum Hauptgipfel ist schwierig. Bitte informieren Sie sich vorab im DOC Visitor Centre über die aktuellen Gegebenheiten und klären Sie, ob Ihre Fähigkeiten für eine Besteigung ausreichen, falls Sie Bedenken haben.

Weitere Tracks

Paparoa-Nationalpark: Pororari River Track

Der bekannte Weg durch die Kalksteinschlucht des Pororari River mit üppigem Regenwald und Nīkau-Palmen (⇆, ➲ 7 km) kann ab Eröffnung des Great Walk Paparoa Track Ende 2019 mit einem Abstecher zum oberen Flusslauf nach Belieben ausgedehnt werden. Die Tour kann auf dem Rückweg als 3,5 km längere Runde über den Sattel zum Punakaiki River (Waikori Rd) gegangen werden.

💻 www.doc.govt.nz/paparoatrack und www.doc.govt.nz [Suchbegriff: Pororari River tracks]

Westland-Tai-Poutini-Nationalpark: Lake Gault Track

Lake Matheson mit den Spiegelungen von Aoraki/Mt Cook und Mt Tasman ist wahrscheinlich eines der häufigsten Fotomotive der Westküste. Wer etwas mehr Workout bevorzugt, kann seit 2019 auf dem historischen Track durch alten Podocarp-Koniferenwald zum 200 m höher gelegenen Lake Gault wandern (⇆, ➲ 8 km) und hier eine ähnliche Szenerie der Südlichen Alpen genießen. Der Rowi-Kiwi aus Ōkārito nennt das Gebiet um Lake Gault seit Neuestem sein zweites Zuhause. Hinweis: Der Track ist (noch) kein Spaziergang, feste Wanderschuhe sind ratsam.

💻 www.doc.govt.nz [Suchbegriff: Lake Gault Track]

Arthur's-Pass-Nationalpark: Avalanche Peak Route

Inmitten der Südlichen Alpen gelegen hält die Route genau das bereit, was man von ihr erwartet: Anspruchsvolles, alpines Terrain mit einem steilen 1.100-m-Anstieg und grandiosen Aussichten als Belohnung für die Schinderei. Die Tour eignet sich nicht für Wanderneulinge und auch nicht für den spontanen Tagestrip. Trittsicherheit und Schwindelfreiheit sind erforderlich. Planen Sie die Wanderung sorgfältig und informieren Sie sich, wie sonst auch, vorab über die aktuellen Bedingungen.

💻 www.doc.govt.nz [Suchbegriff: Avalanche Peak Route]

Aoraki-/Mt-Cook-Nationalpark: Mueller Hut Route

Als Klassiker im Herzen der Südalpen knackt auch die alpine, steile Kraxelei hinauf zur Mueller Hut die 1.000-m-Anstiegsmarke. Bei gutem Wetter erwarten Sie großartige Blicke auf das Hooker Valley, den Mueller Glacier, die Gletscherwand von Mt Sefton und natürlich Aoraki/Mt Cook. Nach der ersten Hälfte mit 2.000 Stufen bis zu den Sealy Tarns wird der Aufstieg kniffliger.

💻 www.doc.govt.nz [Suchbegriff: Mueller Hut Route] und www.youtube.com [Suchbegriff: Mueller Hut Route: Alpine Tramping (Hiking) Series]

Süden

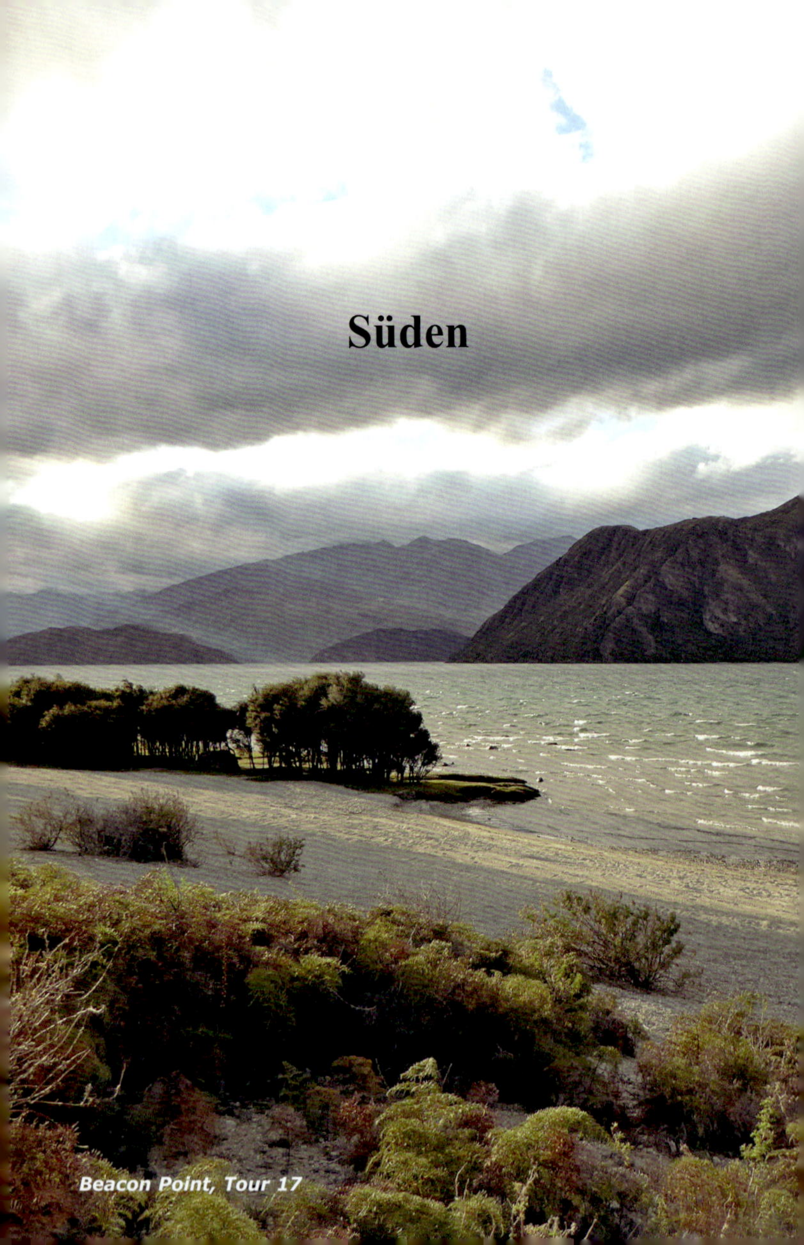

Beacon Point, Tour 17

16 Hāwea Conservation Park: Sawyer Burn Track

Tour für Bewunderer magischer Aussichten

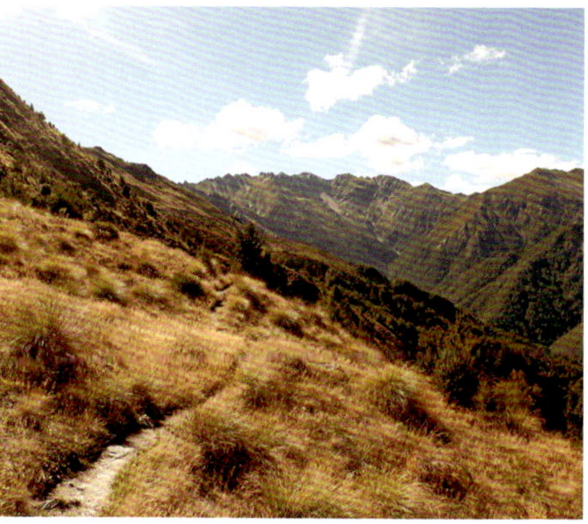

Sawyer Burn Hinterland

Der Sawyer Burn Track ist neben den Aufstiegen zum berühmten Roys Peak (☞ Wanderung 18) und zum Isthmus Peak – nur 6 km südwestlich auf der gegenüberliegenden Seite des Lake Hāwea gelegen – eine dritte Möglichkeit, weite Aussichten auf die Seen- und Berglandschaft rund um Wanaka zu genießen. Die unbekannte, leicht zugängliche Wanderung kann zugegeben in puncto Szenerie nicht zu 100 % mit den großen Geschwistern mithalten – eindrucksvoll und vor allem deutlich ruhiger ist sie aber allemal. Je nach Ihrer Kondition und Laune können Sie die Länge der Tour flexibel anpassen. Der Aufstieg durch Südbuchenwälder zu einer Reihe von Aussichtspunkten mit Blick auf den Lake Hāwea lässt sich um eine reizvolle Wanderung ins bergige Hinterland oberhalb des Sawyer-Burn-Tals ergänzen.

- Start/Ziel: Kidds Bush DOC Campsite, GPS S 44°26.411' E 169°15.633'
- 8,1 km
- 4 Std.
- 720 m/720 m
- 350-925 m
- eindeutige Wegführung mit ausreichender Markierung (orange Dreiecke und Stäbe)
- sehr einfacher, schmaler Waldweg, kaum Wurzeln und Steine, nur kurzzeitig etwas anspruchsvollerer felsiger Untergrund, oberhalb des Sawyer-Burn-Tals überwiegend einfacher Pfad entlang von Tussockhängen
- Es gibt keine offiziellen Rastplätze, jedoch eignet sich insbesondere der letzte Aussichtspunkt ❷ hervorragend für eine Pause (km 1,9/km 6,2).

WC Kidds Bush DOC Campsite (Start/Ziel)
Lake Hāwea (Start/Ziel)
Sawyer Burn Hut (km 4,1)
Kidds Bush DOC Campsite (Start/Ziel), Buchung erforderlich
Bei ausreichender Kondition ist der gesamte Sawyer Burn Track für Kinder geeignet.
P Parkplatz am Start/Ziel. Anfahrt: von Wanaka dem SH 6 Richtung Lake Hāwea und West Coast/Haast 34 km folgen und kurz vor dem Ende des Lake Hāwea/The Neck rechts in die Meads Rd abbiegen. Nach 6 km auf der unbefestigten Straße erreichen Sie den Kidds Bush Campsite.
i Mt Aspiring National Park DOC Visitor Centre, Ardmore St, Wanaka, 03/443 76 60, mtaspiringvc@doc.govt.nz
Die beste Wanderzeit für diese Tour ist November bis April.
Abgesehen vom ersten Kilometer verläuft die Wanderung durch das private Gelände der Hunter Valley Station. Bleiben Sie auf den offiziellen Wegen und kehren Sie nach der Sawyer Burn Hut wieder um.
Im Sawyer-Burn-Tal kann es im Sommer sehr heiß werden, nehmen Sie daher genügend Trinkwasser mit.
Unter winterlichen Bedingungen weist das Gelände ein niedriges (bis Baumgrenze) und mittleres Lawinenrisiko auf (ATES: Simple bis Challenging, ☞ Reise-Infos/Weitere (Natur-)Gefahren).

Am Nordwestende des Campingplatzes laufen Sie durch ein kleines Holztor und am Abzweig zum Nature Walk kurz danach halten Sie sich links. Der angenehme, mittelbreite Waldweg ohne größere Unebenheiten steigt von Anfang an

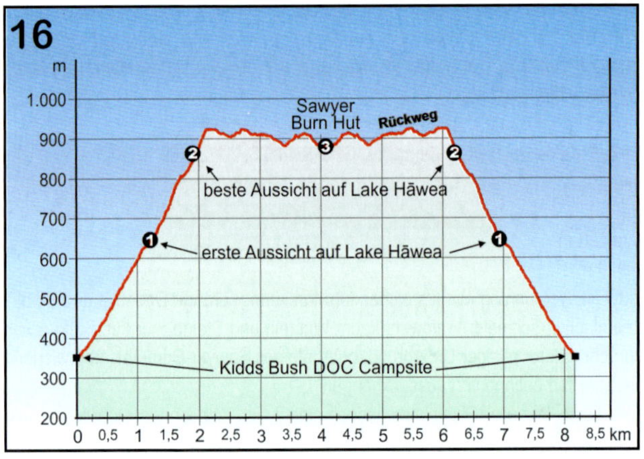

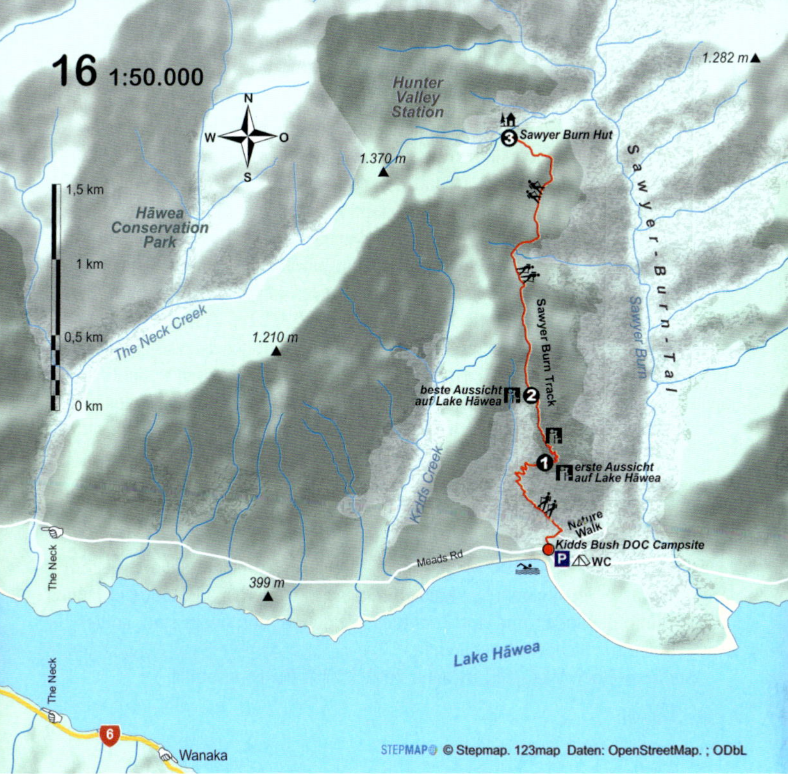

für die nächsten knapp 600 Höhenmeter stetig und rasch an (durchschnittlich ca. 15° Steigung). An sonnigen Tagen spenden die dominierenden Südbuchen wohltuenden Schatten und im Süden schimmert das tiefe Blau des Lake Hāwea durch die Bäume.

Nach 1,2 km (⇧ 640 m) können Sie nach einigen Kehren entlang eines baumfreien Abschnitts erste Ausblicke auf den länglichen, von der Eiszeit geformten und zu beiden Seiten von malerischen Bergrücken eingerahmten Lake Hāwea genießen ❶. Oberhalb des kleinen westlichen Seezipfels liegt Isthmus Peak.

Wieder im Wald laufen Sie im Zickzack für 100 Höhenmeter steil bis zum nächsten Aussichtspunkt (km 1,6, ⇧ 750 m) hinauf. Kurz wird der Untergrund etwas anspruchsvoller. Es geht über einen kleinen, nur leicht abschüssigen Felsgrat und nach weiteren 100 Höhenmetern ist die Baumgrenze erreicht. Von einem kleinen Vorsprung haben Sie einen freien Blick auf die Umgebung – ein herrlicher Platz für eine Rast ❷.

Wer genug gesehen hat, dreht hier wieder um. Möchten Sie allerdings noch durch eine Berglandschaft mit komplett anderer Stimmung wandern, folgen Sie den Pfadspuren über den kleinen Bergrücken für weitere 60 Höhenmeter hinauf. Dann ist der Anstieg gemeistert und der nun schmale, in leichtem Auf und Ab tendenziell flach verlaufende Pfad dreht kurz nach rechts ab. Orange Stäbe weisen den ohnehin eindeutig erkennbaren und einfachen Weg entlang ausgedehnter Grashänge oberhalb des tief eingeschnittenen, bewaldeten Sawyer-Burn-Tals.

Lake Hāwea liegt jetzt gedanklich schon Meilen hinter Ihnen und ein Gefühl der Abgeschiedenheit setzt ein. 1,4 km nach dem letzten Anstieg betreten Sie nach einer Senke erneut einen Wald mit vielen Südbuchen, wobei gleich zu Beginn ein altes, knorriges Exemplar die Aufmerksamkeit auf sich zieht. Wenig später erreichen Sie in einem Bachkerbtal die Sawyer Burn Hut ❸, die gleichzeitig den Umkehrpunkt der Wanderung markiert.

Sawyer Burn Hut, 2 Schlafplätze, kostenfrei. Eine Übernachtung in der primitiven Hütte von 1960 ohne Toilette ist nur für Hartgesottene zu empfehlen!

Geradeaus an der Hütte vorbei hinunter geht es zu einem kleinen Bach, wo Sie Ihre Wasservorräte auffüllen können. Da Sie sich auf dem Gelände der Hunter Valley Station befinden und dort eventuell Weidetiere unterwegs sind, sollten Sie das Wasser zur Sicherheit behandeln.

Auf demselben Weg geht es dann zurück zum Ausgangspunkt.

Lake Hāwea

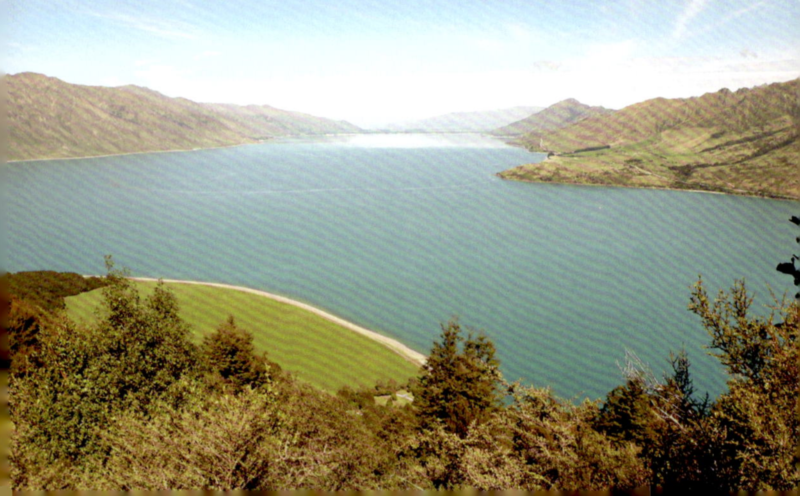

17 Wanaka: Rund um Wanaka (mit Mt Iron)

WC

Tour für Naturgenießer in suburbaner Umgebung

Wer auf der Suche nach einer abwechslungsreichen Tour ist, muss nicht unbedingt weit vor den Toren des Outdoor-Mekkas Wanaka suchen. Viele Streckenabschnitte des vorgestellten Rundwegs um die verstreute Ortschaft herum verlaufen durch sogenannte Scenic Reserves, die zwar in ihrer Ursprünglichkeit nicht mit Nationalparks mithalten können, aber dennoch immer wieder mit ihrer Schönheit und Ausstrahlung begeistern. Der „Spaziergang" führt Sie u. a. zum mächtigen Clutha River, auf den Felsrücken des Hausbergs Mt Iron und an der vielfältigen Uferlinie des Lake Wanaka entlang.

Start/Ziel: Parkplatz am Beginn des Clutha River, GPS S 44°39.855' E 169°09.175'

19,9 km

5 Std. 30 Min.

290 m/290 m

270-550 m

Sie finden unterwegs blau-braune Wegweiser des Queenstown Lakes District Council. Der Wegverlauf setzt sich aus Abschnitten verschiedener Wanderwege zusammen, daher gibt es keine zusammenhängende Beschilderung.

einfache, meist breite Wege mit festem oder geschottertem Untergrund, bei Mt Iron etwas steinig, teilweise steil und nach Nässe evtl. rutschig, vereinzelt Holzstufen, teilweise auf Gehwegen entlang von Straßen (km 5,1 bis km 6,5 und km 10,3 bis km 12,6), unregelmäßig schattige Abschnitte

Double Black Café (150 m ab km 5,7), Puzzling World (600 m ab km 7/km 10,3), Wanaka Zentrum, Ardmore St (km 11,6 bis km 12)

mehrere Bänke am Weg

WC mehrere Toiletten am Weg

Eely Point, südliches Ufer (km 13,7) oder bei Windstille Bremner Bay (km 14,5, flach und für Kinder geeignet), Penrith Beach (km 16,6)
Badedermatitis (*duck itch*) in warmen Monaten möglich
wanakalakeswimmers.wordpress.com/duck-itch-lake-wanaka

Lake Outlet Holiday Park (Start/Ziel), 03/443 74 78; Albert Town Campground (500 m ab km 4)

Die Wanderung kann durch Nutzung eines Taxis abgekürzt werden. Beim Aufstieg zum Mt Iron gibt es abschüssige Stellen. Achten Sie beim Wandern entlang des Clutha River auf die Fahrradfahrer. Der Weg verläuft zum Teil an Straßen und quert diese auch hin und wieder.

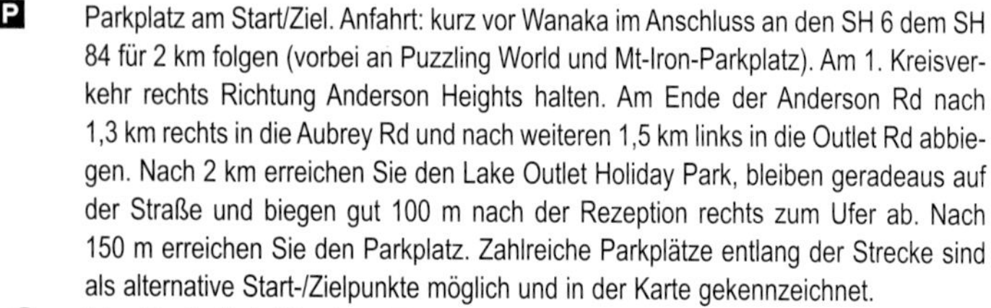
Parkplatz am Start/Ziel. Anfahrt: kurz vor Wanaka im Anschluss an den SH 6 dem SH 84 für 2 km folgen (vorbei an Puzzling World und Mt-Iron-Parkplatz). Am 1. Kreisverkehr rechts Richtung Anderson Heights halten. Am Ende der Anderson Rd nach 1,3 km rechts in die Aubrey Rd und nach weiteren 1,5 km links in die Outlet Rd abbiegen. Nach 2 km erreichen Sie den Lake Outlet Holiday Park, bleiben geradeaus auf der Straße und biegen gut 100 m nach der Rezeption rechts zum Ufer ab. Nach 150 m erreichen Sie den Parkplatz. Zahlreiche Parkplätze entlang der Strecke sind als alternative Start-/Zielpunkte möglich und in der Karte gekennzeichnet.

Intercity, 1x tägl. Wanaka – Westküste über Haast Pass sowie Wanaka – Queenstown; Ritchies, ☏ 03/441 44 71 oder 08 00/40 50 66, www.ritchies.co.nz/wanaka, mehrmals tägl. Wanaka – Queenstown, mit Anschluss an Intercity Cromwell – Dunedin sowie Cromwell – Christchurch (über Twizel und Lake Tekapo, ☞ Wanderungen 13-15)

Um Teilstrecken der beschriebenen Wanderung zu überspringen, bietet sich die Fahrt mit einem Taxi an: WanaTaxi, ☏ 08 00/92 62 82, www.wanataxi.co.nz, ca. $ 20/Fahrt, max. 6 Pers.; yello! cabs, ☏ 08 00/443 55 55, yello.co.nz, max. $ 25/Fahrt, max. 5 Pers.; Preis jeweils für Verbindungen entlang des Rundwanderwegs

Wanaka i-SITE, 103 Ardmore St, ☏ 03/443 12 33, hello@wanaka.co.nz

Der gesamte Weg (außer Mt Iron) ist auch für Fahrradfahrer zugelassen und beliebt, insbesondere die Teilstrecke am Clutha River.

Der Pegel von Lake Wanaka kann im Laufe der Zeit um bis zu 4 m schwanken, was Überschwemmungen der Wege zur Folge haben kann. Am ehesten betroffen sind die Abschnitte im Gebiet um den Clutha River und Dublin Bay.

Direkt auf Höhe des Parkplatzes beginnt der Flusslauf des 338 km langen Clutha River als Abfluss aus dem Lake Wanaka. Die Sedimente der milchigen Gletscherflüsse des westlich gelegenen Mt-Aspiring-Nationalparks setzen sich im See ab, sodass hier am „Lake Outlet" das einzigartige kristallklare, türkisfarbene Wasser des Flusses entsteht.

Halten Sie sich mit Blickrichtung zum Ufer rechts und folgen Sie flussabwärts dem beginnenden Lake Wanaka Outlet Track (Teil des längeren Upper Clutha River Track). Der einfache Wanderweg verläuft flach entlang der Terrassen etwas oberhalb des imposanten Mata-Au, wie Neuseelands zweitlängster und nach Volumen größter Fluss von den Māori genannt wird. Der ursprüngliche Name verweist auf die starke Strömung und ist ein Indiz dafür, dass Sie hier lieber auf das Schwimmen verzichten sollten. Der „mächtige Clutha" gehört zu den zehn schnellsten Flüssen weltweit!

Viele Pappeln und Tea Trees spenden im Sommer angenehmen Schatten und im Herbst erzeugen die goldenen Blätter eine unvergleichlich beruhigende Stimmung. Für Familien und Genusswanderer bieten einige kleine Uferbuchten wunderschöne Pausenplätze. Laufen Sie am Abzweig „Gunn Road – Lagoon Ave Intersection"

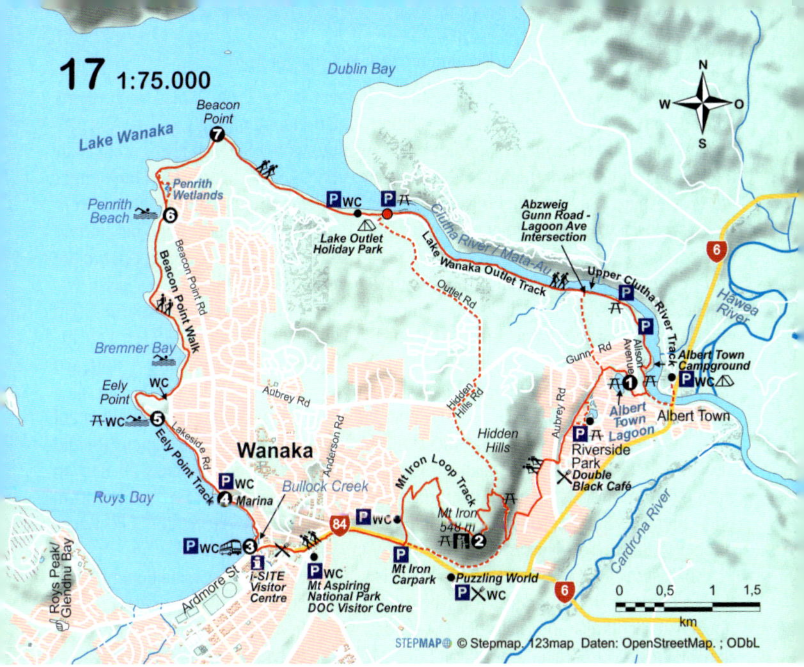

17 1:75.000

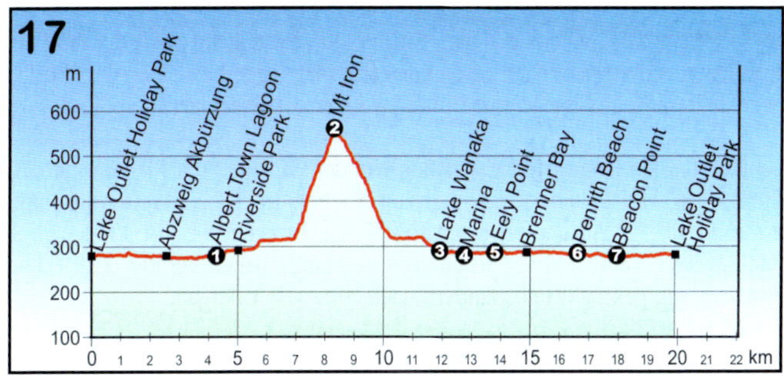

(km 2,5) weiter geradeaus, es sei denn, Sie möchten ein wenig abkürzen (1,3 km weniger). Nach einer Wiese wird der Outlet Track vom Upper Clutha River Track abgelöst. Folgen Sie diesem über den Parkplatz geradeaus.

Mata-Au dreht genauso wie der Track langsam in leichten Kehren gen Süden und die Flusslandschaft wird noch einmal besonders idyllisch. Ein kleines Windrad und eine Bank komplettieren den eher dörflichen Charakter der Umgebung. Seien Sie hier aufmerksam, denn genau 100 m danach, bei km 4, biegen Sie unmittelbar vor einem kleinen Steg und einer leichten Steigung im rechten Winkel nach rechts ab und laufen auf dem schmalen Weg hinter einem Haus entlang.

Anschließend überqueren Sie die Alison Avenue, wobei Sie sich leicht rechts halten, und gelangen damit auf das Gelände der Albert Town Lagoon ❶. Dank engagierter Mithilfe von Freiwilligen ist das versteckte Kleinod heute Heimat für mehrere Arten von Wasservögeln. Folgen Sie dem eindeutigen Weg um den Teich herum und ignorieren Sie nach 400 m den Abzweig nach rechts. Sie queren die Lagoon Avenue und nehmen auf der anderen Straßenseite den geschotterten Weg nach links.

Sie können dem Weg links von einer Böschung nun einfach für knapp 1 km geradeaus folgen oder aber nach 400 m den kleinen, hübsch angelegten Feuchtbiotopen in der Siedlung Riverside Park einen Besuch abstatten. Später – dort, wo die parallel verlaufende Quinnat St eine Linkskurve macht – wandern Sie an allen Weggabelungen rechts die Böschung hinauf und treffen nach ein paar Schleifen auf die Aubrey Rd. Überqueren Sie die Straße geradeaus in den Weg hinein (Schild „Ewing Place"), biegen Sie an der folgenden Wendeschleife nach links ab und an der nächsten Straßengabelung nach rechts in die Old Racecourse Rd. Nach 200 m und einer Gesamtdistanz von 6,5 km zeigen ein Pfeil sowie ein Schild „Old Racecourse Walkway to Mt Iron" den Abzweig von der Straße nach rechts an.

Spätestens jetzt rücken die östlichen Felswände des gletschergeschliffenen Rundhöckers (*roches moutonnées*) von Mt Iron ins Blickfeld. Nach einem Gatter geht es zunächst nach links unterhalb der Felsen entlang, schon bald treffen Sie jedoch auf den Mt Iron Loop Track. Zum Gipfel des Mt Iron biegen Sie nach rechts ab.

↳ Wem die 230 Höhenmeter Anstieg zu anstrengend sind, der läuft einfach geradeaus und erreicht nach 600 m den Parkplatz gegenüber Puzzling World bzw. nach 1,2 km den offiziellen Mt Iron Carpark (2,1 km weniger).

Der 1,3 km lange, stetige Aufstieg von der Ostseite zum Mt Iron mit ein paar Steinen und Holzstufen ist zwar mühsam, aber bei trockenem Wetter unkompliziert zu wandern. ✋ Ab und zu ist es abschüssig, behalten Sie Ihre Kinder im Auge. Am Abzweig zum „Aubrey Rd link track" (Schild) haben Sie die erste Hälfte der Anstrengung geschafft und wandern nach links weiter bergan.

↳ Über den Alternativweg gelangen Sie via Hidden Hills Rd auf die Aubrey Rd. Von dort sind es nur 100 m bis zum Abzweig der Lake Outlet Rd, dem Zubringer zum Startpunkt (☞ Anfahrtsbeschreibung, insgesamt ➲ 3,8 km).

Schließlich erreichen Sie bei km 8,3 den aussichtsreichen Mt Iron ❷. Ein schöner Platz zum Verweilen mit Bänken und Infotafeln, vorausgesetzt, der Wind bläst Ihnen nicht zu sehr um die Ohren. Die Ausblicke über die Ortschaft Wanaka hinaus sind vielfältig: Die südlichen Gewässer von Lake Wanaka mit dem lang gestrecktem Stevensons Arm im Norden und dem entfernten Lake Hāwea beeindrucken ebenso wie die umliegende Bergwelt, unter anderem der Kamm von Mt Alpha und Roys Peak (☞ Wanderung 18). Vom Süden bis Osten dominieren die Täler des Cardrona River und des Clutha River die Szenerie.

Der Abstieg ist insgesamt weniger steil als der Weg hinauf und die Distanz bis zum Fuß des Mt Iron am offiziellen Parkplatz beträgt 2 km. Es geht mehrfach mithilfe von Stufen über Zäune. Bleiben Sie bitte auf dem Weg, da Sie hier privates Gelände betreten. 1,4 km nach dem Gipfel halten Sie sich scharf links, statt dem geradeaus verlaufenden Pfad zu folgen, und nehmen bei den Toiletten auf der rechten Seite den rechten Weg hinunter zum Mt Iron Carpark.

Überqueren Sie die gut einsehbare Hauptstraße, den SH 84. Die nächsten 1,7 km hinunter zum Ufer des Lake Wanaka sind für Naturliebhaber ein eher unangenehmer Abschnitt, müssen Sie doch hier dem Fußweg auf der linken Seite der viel befahrenen Straße folgen. Geradeaus vorbei am Kreisverkehr nach 700 m passieren Sie kurz danach das Mt Aspiring National Park DOC Visitor Centre auf der linken Seite. Am nächsten Kreisverkehr halten Sie sich Richtung „Town Centre" (Ardmore St) und 100 m nach einem dritten Kreisverkehr – kurz vor dem i-SITE Visitor Centre – überqueren Sie die Straße über einen Fußgängerüberweg.

Jetzt ist es geschafft und Lake Wanaka wird für den Rest Ihrer Wanderung ein treuer Begleiter sein ❸. Der Weg verläuft stets in unmittelbarer Nähe zum Ufer und die Orientierung ist einfach, wenngleich die Beschilderung oft verwirrend ist. Halten Sie sich im Zweifel links.

Beginnend an der Bucht von Roys Bay queren Sie zunächst Richtung Norden einen Parkplatz, streifen einen Spielplatz und laufen nach einer kleinen Brücke über den Bullock Creek an der Lakeside Rd entlang. Verlassen Sie die Straße bei nächster Gelegenheit nach links und laufen Sie mitten durch das Gelände des Jachthafens (Marina) mit geparkten Booten zu beiden Seiten ❹. Achten Sie auf die Wegweiser „To Eely Point" und „To Beacon Point and Clutha Outlet". Nach dem Klubhaus beginnt der Eely Point Track.

Wohnhäuser und Straße sind jetzt hinter einem Hang verdeckt und zusammen mit der dichten Vegetation entsteht der Eindruck einer unverbauten Landschaft. Vorbei an exotischen Bäumen und Sträuchern, die im Herbst in brillanten Farben leuchten, erreichen Sie den von Koniferen dominerten Landzipfel von Eely Point ❺. ☺ Am Südufer befindet sich ein windgeschützter und schattiger Kiesstrand, der allerdings für Kinder zum Baden wegen der Tiefe des Wassers eher ungeeignet ist. (Achtung: Bootsrampe und Wasserskispur in der Nähe, daher nur für eine kleine Erfrischung und nicht für längeres Schwimmen geeignet.)

An der Nordwestspitze der Halbinsel wird der Blick auf den manchmal rauen, manchmal friedlichen See dann weiter und die freie Aussicht auf die umliegenden Berge hinterlässt ein Gefühl von Freiheit. Im Norden bis Osten liegt jetzt die fotogene Bucht von Bremner Bay, an deren Südende Sie bei km 14,5 nach der Umrundung von Eely Point den Startpunkt des Beacon Point Walk erreichen.

Von der mitunter hektischen Atmosphäre im Zentrum Wanakas ist hier nur noch wenig zu spüren und Straßen bekommen Sie kaum zu Gesicht. Grüne, liebevoll gestaltete Grundstücke mit unaufdringlichen, modernen Häusern setzen die Hintergrundkulisse des ohnehin reizvollen Sees in Szene. Neben großen Wiesen säumen Cabbage Trees, Bruchweiden oder das Toetoe-Gras mit den typisch flauschigen Büscheln den Weg, später sind es eher struppige Büsche. Nach kurzweiligen 2,1 km erreichen Sie mit Penrith Beach einen langen, sichelförmigen Kiesbadestrand – ein lokaler Geheimtipp ❻.

Der Weiterweg nach Norden ist ab hier von einer breiten Schotterstraße geprägt. Mit viel Verkehr ist in der Sackgasse allerdings nicht zu rechnen und allgemein wirkt die Umgebung immer abgeschiedener.

Wer möchte, kann alternativ direkt am nördlichen Ende des Strandes für die ersten 400 m einen Schlenker durch die sogenannten Penrith Wetlands machen.

Nach 500 m geht die Straße nach einem Poller in einen kleineren Fahrweg über. Richtung Osten wird die große Dublin Bay in ihrer Ausdehnung sichtbar und im Norden erheben sich markante Berghänge. Schließlich erreichen Sie nach etwas mehr als 500 m den eher unscheinbaren Beacon Point, den nördlichsten Punkt Wanakas und Ihrer Wanderung ❼. Die letzten 2 km ab hier runden den Tag mit einer Wanderung an wilder, steiniger Uferlandschaft mit steilen, buschigen Hängen aus Lösssedimenten ab, bis Sie schließlich den Ausgangspunkt unterhalb des Holiday Parks erreichen.

Blick von Eely Point auf Bremner Bay

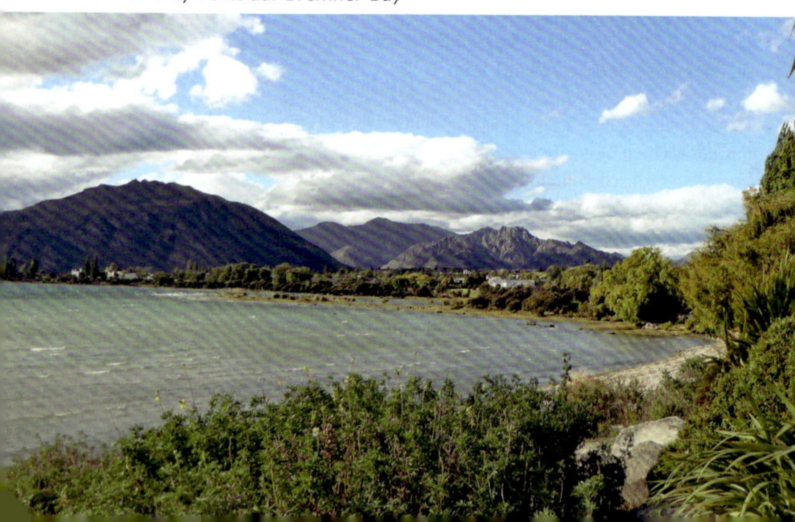

⓲ Wanaka: Skyline Track (mit Mt Alpha und Roys Peak)

Tour für ausdauernde Weitblickbegeisterte

Einmal die faszinierenden Blicke vom Roys Peak in die unvergleichliche Gebirgs- und Seenlandschaft erleben zu dürfen, steht wahrscheinlich bei nahezu jedem Neuseelandreisenden weit oben auf der Wunschliste. Dementsprechend geschäftig geht es zeitweise auf dem Wanderweg im Westen von Lake Wanaka zu – es sei denn, Sie nehmen die kleine logistische Herausforderung an und starten mit dem langen, aber moderaten Aufstieg im Spotts-Creek-Tal auf der östlichen Cardrona-Seite. Während Sie häufig in völliger Abgeschiedenheit unterwegs sind, werden die Ausblicke zunehmend imposanter. Die Tour gipfelt in einer „Skyline"-Gratwanderung zwischen dem schroffen Mt Alpha und dem Sehnsuchtsberg Roys Peak.

→ Start: Spotts Creek Carpark, GPS S 44°46.409' E 169°05.494';
Ziel: Roys Peak Carpark, GPS S 44°40.389' E 169°04.311'

22,7 km

9 Std. 30 Min.

↑↓ 1.540 m/1.610 m

⇧ 320-1.630 m

Track größtenteils eindeutig erkennbar, Wegweiser an den wichtigsten Stellen, Markierung mit orangen/roten Stäben

Überwiegend einfacher, breiter Weg, nur zwischen Mt Alpha (km 12,5) und Roys Peak (km 14,9) teilweise schmaler, steiler und abschüssiger Track, jedoch ohne größere Hindernisse. Mit Erreichen des Bergrückens von Mt Alpha am Ende des 4WD-Fahrwegs (❹, km 10,2) wird die Umgebung deutlich exponierter: Starke Winde und schlechte Sichtbedingungen durch tiefe Wolken sind hier häufig. Es sind mehrere Zäune und Tore zu überwinden. Es gibt entlang des ganzen Weges weder Schatten noch einen Wasservorrat. ☺ In den Morgenstunden liegen die ersten Kilometer durch das Spotts-Creek-Tal noch im Schatten.

Mt Alpha (km 12,5) und Roys Peak (km 14,9) haben zwar keine Rastbänke, sind aber wegen der Aussicht bei schönem Wetter außergewöhnlich schöne Plätze zum Verweilen. Bei der Ruhestätte der Glendhu-Station-Familie gibt es Bänke und Tische (km 20,9).

WC ca. 1,5 km unterhalb des Roys Peak (km 16,4), Roys-Peak-Parkplatz (Ziel)

Für Kinder mit ausgeprägter Fitness ist der klassische Aufstieg vom Roys Peak Carpark (Ziel) zum Roys Peak und auf demselben Weg zurück eine Option, der Aufstieg über den Skyline Track hingegen ist für Kinder nicht geeignet.

P Start: Spotts Creek Carpark. Anfahrt: in Wanaka der Beschilderung nach Cardrona (Queenstown) und im weiteren Verlauf der McDougall St (später Cardrona Valley Rd) für 10 km bis zur unscheinbaren Parkbucht auf der rechten Seite folgen. Ziel: Roys Peak Carpark. Anfahrt: der Hauptstraße am Ufer des Lake Wanaka Richtung Glendhu Bay/Mt Aspiring National Park für etwa 7 km folgen.

WanaTaxi und yello! cabs (☞ Wanderung 17) bedienen zu flexiblen Zeiten beide Enden: Wanaka – Spotts Creek, ca. $ 30, Roys Peak Carpark – Wanaka, ca. $ 25, Roys Peak Carpark – Spotts Creek, ca. $ 50, alle Preise einfache Fahrt. Ritchies (☞ Wanderung 17) fährt 2 x tägl. nach festem Fahrplan, vormittags zum Roys Peak Carpark, am Nachmittag zurück nach Wanaka, $ 20 p. P.

i Mt Aspiring National Park DOC Visitor Centre (☞ Wanderung 16) oder Wanaka i-SITE (☞ Wanderung 17)

☺ Die beste Wanderzeit für diese Tour ist vom 11. November bis April.

✋ Der Abschnitt des Roys Peak Track durch die private Alpha Burn Station ist von Oktober bis zum 10. November gesperrt.

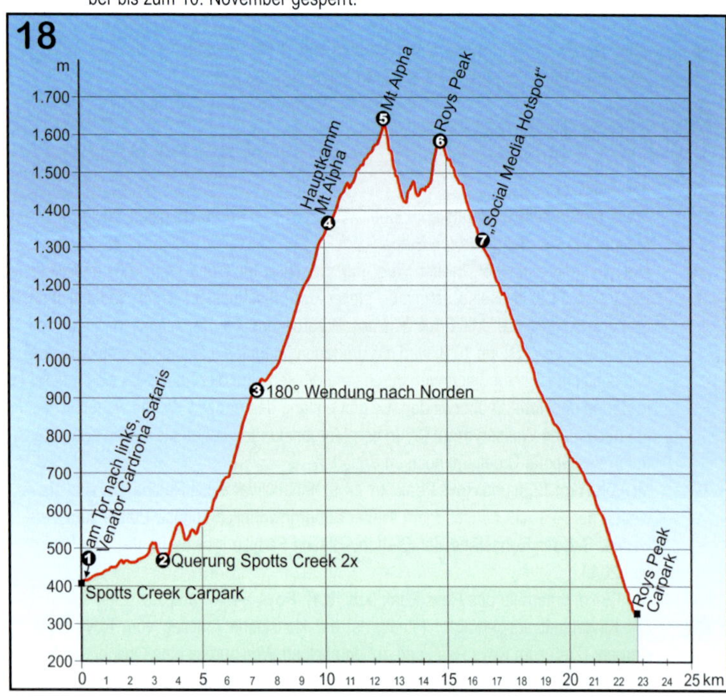

☞ Unter winterlichen Bedingungen weist das Gelände ein mittleres bis hohes Lawinenrisiko auf (ATES: Challenging bis Complex, ☞ Reise-Infos/Weitere (Natur-)Gefahren).

Steigen Sie am Spotts-Creek-Parkplatz durch das Tor im Zaun und folgen Sie dem mit roten Stäben markierten Pfad über die Wiese. Bereits nach 100 m erreichen Sie ein weiteres Tor und halten sich direkt danach links ❶.

☞ Sie passieren für die nächsten 9,2 km privates Gelände. Ein Warnschild am Zaun erinnert Sie daran, dass das durchquerte Gebiet im Spotts-Creek-Tal in den Monaten Februar bis Juli gelegentlich für Jagdsafaris genutzt wird. Beachten Sie die allgemeinen Sicherheitshinweise im Kapitel ☞ Reise-Infos/Weitere (Natur-) Gefahren. Informieren Sie außerdem vorab den Veranstalter Venator Cardrona Safaris (venatornz.com) am besten

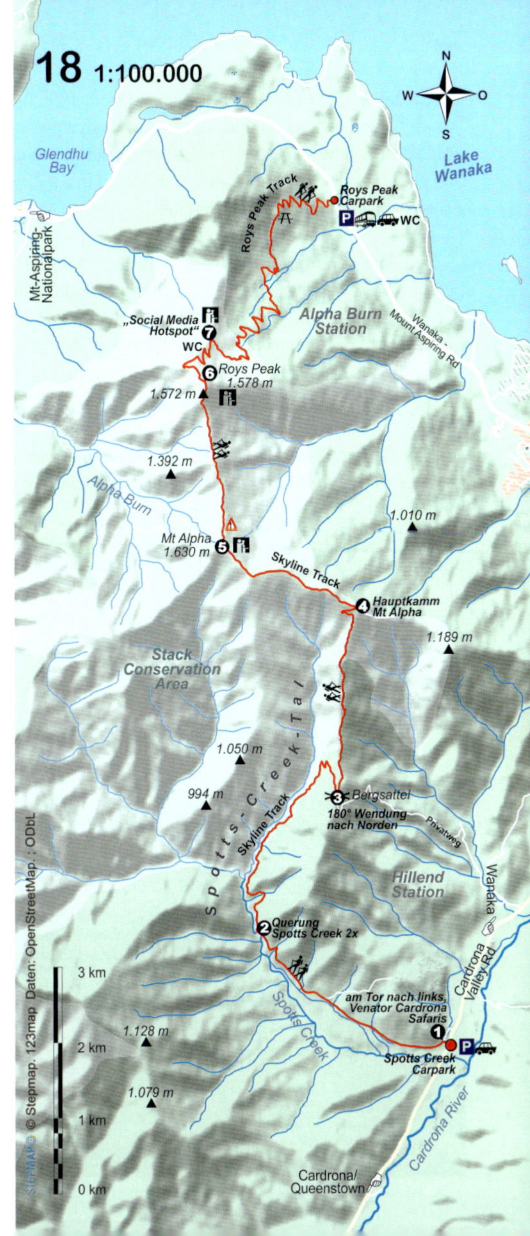

per SMS (📱 027/427 10 09 (Duncan) oder 021/65 67 03 (Marcus)) über Ihre Wanderpläne. Obwohl am Wanderstart Handyempfang besteht, empfiehlt sich die Kontaktaufnahme ein, zwei Tage zuvor. Sollten Sie auf Rothirsche treffen, halten Sie gebührenden Abstand. Auch in der danach folgenden Stack Conservation Area ist das öffentliche Jagen erlaubt.

Laufen Sie nun entlang eines schmalen Wiesenkorridors nach Westen. Links befindet sich das Weideland im weiten, auslaufenden Tal des Spotts Creek und zur Rechten die Grashügel der Hillend Station. Nach 2 km treffen Sie auf einen doppelspurigen, wenig benutzten Fahrweg, der von rechts kommt. Dieser gibt Ihnen für die nächsten Kilometer die Richtung vor und verläuft in Laufrichtung rechts oberhalb des Spotts Creek.

Das Tal verengt sich zunehmend und auf dem langsam nach Norden schwenkenden Weg muss der Spotts Creek kurz nacheinander zweimal gequert werden ❷, was unter normalen Wetterbedingungen durch Steinehüpfen problemlos zu meistern ist.

Der Weg schlängelt sich die kommende Zeit entlang der östlichen Flanken über dem Kerbtal des Baches bergan. Eher unbemerkt hat die Laufrichtung allmählich nach Nordosten gedreht. Schließlich geht es durch Serpentinen und kurz danach vorübergehend nach Süden zu einem Bergsattel, den Sie nach insgesamt 7,3 km erreichen ❸.

Blick von Roys Peak

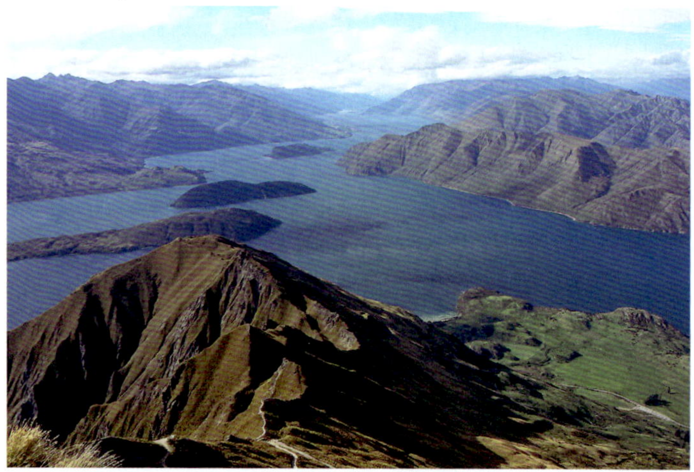

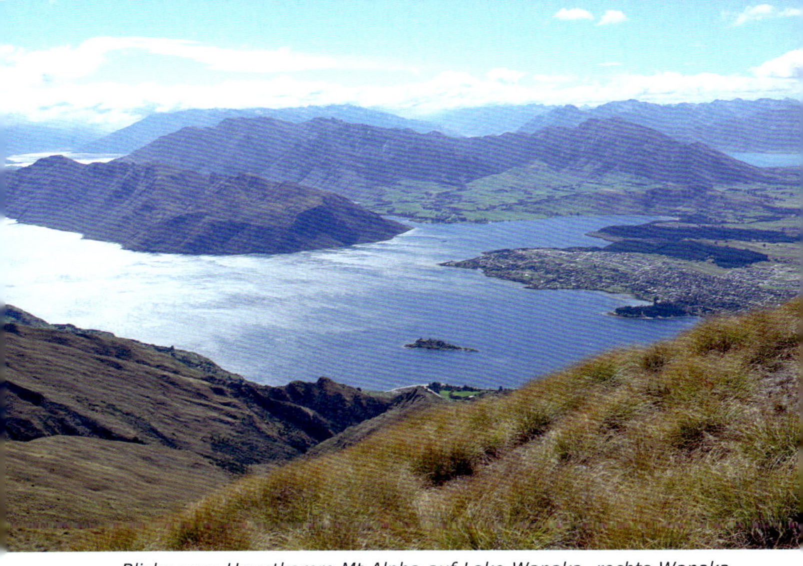

Blicke vom Hauptkamm Mt Alpha auf Lake Wanaka, rechts Wanaka

Wenden Sie sich hier in einer 180-Grad-Kehre wieder nach Norden und wandern Sie über die samtig weich anmutenden Grashügel den Bergkamm hinauf. Achten Sie auf die Schilder („Roys Peak" und „Skyline Walking Track") sowie die großen orangen Dreiecke – alle anderen Wege sind als Privattracks nicht für die Öffentlichkeit bestimmt. Erstmals haben Sie einen schönen Blick ins Cardrona Valley im Osten.

Nach einer kurzen Verschnaufpause in flacherem Gelände geht es wie gewohnt weiter bergan, der Weg ist jedoch sehr einfach zu laufen. Mehrere Tore werden passiert, nach dem letzten verlassen Sie privates Gebiet und betreten die Stack Conservation Area. Mit jedem Meter des Anstiegs wird die Perspektive auf die umliegende Landschaft besser und die Bergwelt im Süden wird bis nach Queenstown sichtbar.

Schließlich treffen Sie am Ende des Fahrweges auf den östlichen Hauptkamm von Mt Alpha ❹. Gehen Sie auf dem Pfad nach links in Richtung des höchsten Punkts der Wanderung. Häufig wird es mit Erreichen des Kamms deutlich windiger. ☝ Halten Sie Bekleidung zum Schutz vor Wind, Regen und kalten Temperaturen bereit.

Die Aussichten werden nun mit den fantastischen Blicken auf den vielarmigen Lake Wanaka komplettiert. Der See liegt eingebettet in die Bergszenerie friedlich vor Ihnen. Den Ort Wanaka sowie das Südufer von Lake Hāwea in der Entfernung können Sie zu Ihrer Rechten sehen.

In Wegrichtung gesehen erwarten Sie schon Roys Peak im Hintergrund und der verbindende schmale Berggrat mit Mt Alpha. Der Untergrund ist weiterhin leicht zu laufen und der Anstieg ist nicht mehr so steil wie zuvor. Ohne Orientierungsprobleme erreichen Sie nach 12,5 km den Gipfel von Mt Alpha ❺. Bei schönem Wetter ein „Muss" für eine ausgedehnte Pause.

Von hier aus haben Sie einen umfassenden 360-Grad-Blick auf die Landschaft mit den weiten Flusstälern des Motatapu River im Westen und des Matukituki River im Nordwesten. In der Entfernung sind die Serpentinen des Treble Cone Skifields zu erkennen. Bei gutem Wetter können Sie auch den etwas verdeckten Rob-Roy-Gletscher im West-Matukituki-Tal oder weiter entfernt gar den Mt Aspiring, das „Matterhorn Neuseelands", erspähen.

Weiter geht es mit festem Blick auf Roys Peak über einen teilweise schmalen, steilen und ausgesetzten Berggratpfad nach Norden. Das 2,5 km lange Wegstück durch eine Senke bis zum nächsten Gipfel quert zwar das anspruchsvollste Terrain der Wanderung, unter guten Wetterbedingungen ist der Abschnitt für geübte Wanderer mit etwas Schwindelfreiheit aber mühelos machbar. Beim steilen Abstieg durch die schroffen Felsen direkt nach Mt Alpha sollten Sie auf jeden Fall auf dem Weg entlang der westlichen (linken) Seite des Grats bleiben, auf der östlichen Flanke besteht Absturzgefahr!

Der letzte Anstieg des Tages hinauf zum Roys Peak ❻ hat es in sich und außer Atem oben angekommen treffen Sie nach insgesamt 14,9 km mit hoher Wahrscheinlichkeit auf Wanderer von der anderen Seite. Die unverdeckte Panoramaaussicht von der Plattform des Sendemasts ist wahrlich atemberaubend und das i-Tüpfelchen der Wanderung. Die Mündung des Matukituki River in den Lake Wanaka ist jetzt zu sehen und zu Ihren Füßen liegt die Glendhu Bay.

Vor dem scharfkantigen Bergmassiv im Norden sind auch die vielen Schleifen des Roys Peak Track zu erkennen, dem Sie nun folgen. Die über 1.200 Höhenmeter Abstieg verteilen sich auf noch fast 8 km bis zum Roys-Peak-Parkplatz, obwohl das Ziel stets in greifbarer Nähe zu sein scheint (Luftlinie 3 km). Der Fahrweg hinunter ist sehr breit und einfach zu laufen. Entlang des Tracks können Sie noch einmal ungehinderte Blicke in die Lake-Wanaka-Umgebung genießen.

1,5 km nach Roys Peak erreichen Sie an einer Rechtskurve ein kleines Plateau ❼. Ein kleiner Pfad führt von hier für ein paar Meter weiter nach Norden. Die Aussicht ist hier kaum anders als bisher, jedoch wirken Fotos aus dieser Perspektive wie ein ultimativer Ausdruck von Freiheit. Bilder vom Aussichtspunkt haben sich auf sozialen Medien wie Instagram und Facebook als absoluter Hit erwiesen, aus dem Grund nenne ich den eigentlich unbenannten Punkt auch „Social Media Hotspot". Stellen Sie sich darauf ein, dass Sie unter Umständen einige Minuten warten müssen, bis Sie an der Reihe sind. Sie können den Aussichtspunkt jedoch auch unbesehen links liegen lassen, denn Sie haben die schönsten Bilder der Wanderung bestimmt schon längst für immer in Ihrem Kopf abgespeichert.

19 Queenstown: Ben Lomond (via Moonlight Track)

Tour für konditionsstarke Panoramajunkies

Der einfach zugängliche und damit auch populäre Ben Lomond gehört ohne Zweifel zu den spektakulärsten Gipfeln Neuseelands. Der lange, schweißtreibende Aufstieg wird mit einem unvergleichlichen 360-Grad-Blick belohnt. Beim Zustieg über die ausgedehnten Tussockhänge des Moonlight Track baut sich die Bergszenerie immer imposanter auf. Der Weg bietet eine ruhige Alternative zum klassischen Start von Queenstown aus. Im Vergleich ist der Moonlight Track zwar länger, dafür jedoch weniger steil. Wem der Gesamtanstieg von 1.520 Höhenmetern zu viel ist, kann diesen mit einer Seilbahnfahrt bei der klassischen Variante um ein Drittel reduzieren (☞ Seite 128).

→ Start: Bushaltestelle McChesney Rd, Arthurs Point, GPS S 44°59.579' E 168°40.351'; Ziel: untere Gondola-Station, Brecon St, Queenstown, GPS S 45°01.711' E 168°39.355'

20,9 km (mit Seilbahnfahrt am Ende: 18,8 km)

8 Std. 30 Min. (mit Seilbahnfahrt am Ende: 7 Std. 30 Min.)

↑ ↓ 1.520 m/1.565 m (mit Seilbahnfahrt am Ende: ↓ 1.130 m)

⇧ 355-1.750 m

Wegweiser an allen wichtigen Stellen für Moonlight Track, Ben Lomond Track und Skyline-Gelände (km 1,5 bis km 18,9), Tiki Trail (km 18,9 bis km 20,9) mit Schildern des Queenstown Lakes District und orangen Dreiecken versehen, Weg meist eindeutig, Markierung auf offenem Gelände mit Stäben

Die Wege sind überwiegend einfach zu laufen, wesentlich anspruchsvoller sind jedoch die steilen Abschnitte vom Ben Lomond Saddle zum Gipfel und zurück (km 11,8 bis km 15) sowie der Tiki Trail (km 18,9 bis km 20,9).

Skyline Gondola (km 18,8): Market Kitchen Café & Stratosfare Restaurant & Bar

Ben Lomond Saddle (km 11,8), Skyline Gondola (km 18,8)

WC Skyline Gondola (km 18,8)

Queenstown Holiday Park Creeksyde, 54 Robins Rd, ☏ 03/442 94 47 oder 08 00/78 62 22 (nur 300 m von der Bushaltestelle Boundary St bzw. 800 m von der Skyline Gondola entfernt)

Der Weg ist für Kinder ungeeignet. Der Tiki Trail ist für trittsichere ältere Kinder eine mögliche spannende Alternative.

P Die Parkplatzsuche in Queenstown kann einem Albtraum gleichen, hier die besten Tipps (alle Angaben Stand Juni 2019):

Der **Boundary St Carpark** (GPS S 45°01.665' E 168°39.674'), hat als einer der wenigen Parkplätze in Queenstown eine ausreichende Parkdauer von max. 10 Std. bei günstigen $ 1/Std. (8:00-18:00), auch für große Wohnwagen zugelassen. In der Zeit von 19:00 bis 8:00 nicht im Mittelbereich innerhalb der gelben Linie parken (Busse) und ganztägig die Carpooling-Plätze frei halten. Anfahrt: von Frankton/Queenstown Airport dem SH 6A Richtung Town Centre folgen, an der Kreuzung nach dem Queenstown DOC Visitor Centre rechts nach Coronet Peak, Arrowtown (Shotover St/Gorge Rd) abbiegen und 300 m folgen, danach 2x links zur Einfahrt zum Carpark.

- **Recreation Ground Carpark** (GPS S 45°01.805' E 168°39.586'), ebenfalls max. 10 Std., $ 1/Std. (8:00-18:00). Anfahrt: an oben genannter Kreuzung links nach Glenorchy (Shotover St) abbiegen, an den beiden nächsten Kreisverkehren jeweils rechts halten (Camp St, Memorial St). Die Einfahrt liegt links direkt nach dem zweiten Kreisverkehr (insgesamt 250 m).
- Sind die beiden Plätze voll belegt, bleiben noch drei Parkflächen zu beiden Seiten der **Ballarat St** (GPS S 45°01.851' E 168°39.785', nicht direkt an der Straße parken), jedoch $ 2/Std. Alle anderen Parkplätze im Ort haben eine Parkdauer von max. 4 Std. oder kürzer.

Tipp 1: Alternativ ist noch ein kleiner kostenfreier Parkplatz am Beginn des Moonlight Track in Arthurs Point vorhanden ❶: Anfahrt wie zum Boundary St Carpark, jedoch Gorge Rd für weitere 4,3 km und dann der Wanderwegbeschreibung bis km 1,5 (Start Moonlight Track) folgen. Tipp 2: Wenn Sie eventuell langwieriges Suchen nicht abschreckt, dann können Sie mit Glück eine kostenfreie und zeitlich unbegrenzte Parkbucht am Fahrbahnrand entlang folgender Straßen finden (keine gestrichelte gelbe Randmarkierung und ohne blaues P-Schild!): Gorge Rd oder westlich von Brecon St (Isle St, Man St, Hay St, Lake St)

Unabhängig von der Wahl des Parkplatzes oder der Unterkunft nehmen Sie für die Verbindung von Queenstown zum Ausgangspunkt der Wanderung in Arthurs Point die Linie 2, Orbus Queenstown (www.orc.govt.nz/public-transport), ab Haltestelle Boundary St (Ecke Gorge Rd/Boundary St), tägl. zwischen 6:41 bis 8:41 halbstündlich., danach stündlich, letzte Fahrt am späten Abend, $ 5, Fahrtdauer 8 Min./2 Haltestellen bis zum Ausstieg McChesney Rd

Skyline Gondola, www.skyline.co.nz, $ 29

Queenstown DOC Visitor Centre, 50 Stanley St (SH 6A), ☏ 03/442 79 35, queenstownvc@doc.govt.nz

Die beste Wanderzeit für diese Tour ist November bis April.

Sie bewegen sich in exponierter, alpiner Umgebung. Wappnen Sie sich vor möglichem Wind, Regen und Kälte. Ein sehr informatives Sicherheitsvideo zum Track finden Sie auf Youtube [Suchbegriff: Ben Lomond Track: Alpine Tramping (Hiking) Series]. Festes Schuhwerk ist sehr zu empfehlen und Trekkingstöcke sind ebenso ratsam.

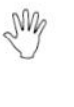
Nehmen Sie außerdem großzügige Mengen zu trinken mit und sorgen Sie für ausreichend Sonnenschutz. Der lange Anstieg und ununterbrochen offenes Gelände ohne Schatten fordern ihren Tribut. Im Sommer lohnt ein früher Start.

Vor allem der Abschnitt oberhalb des Ben Lomond Saddle birgt unter winterlichen Bedingungen ein Lawinenrisiko. Konsultieren Sie bitte vorab die Mitarbeiter des DOC Visitor Centre, sollten Sie trotz Schnee eine Wanderung in Erwägung ziehen, da das terrainspezifische Lawinenrisiko (ATES) für den Track bisher nicht ermittelt wurde (☞ Reise-Infos/Weitere (Natur-)Gefahren).

Ein Großteil des hier beschriebenen Weges wird auch von Mountainbikern genutzt. Beim Abstieg nach Queenstown kreuzen zudem Bike-Trails den Wanderweg oder laufen parallel, sie sind allerdings in der Regel entsprechend gekennzeichnet. Einzig auf dem Abschnitt zwischen Ben Lomond Saddle und Gipfel müssen Sie nicht mit Zweiradnutzern rechnen.

Hinter der Bushaltestelle folgen Sie in Fahrtrichtung dem Fußweg links hinauf in die McChesney Rd. Nach zwei Kehren orientieren Sie sich zunächst für 200 m geradeaus und biegen im Anschluss bei den vielen Briefkästen nach links in die Seitenstraße Moonlight Track (kleines Holzschild) ab. Folgen Sie dieser für 1 km bis zu einer Verbreiterung mit ein paar wenigen Parkflächen zu beiden Seiten ❶.

Hinter dem Parkplatz startet der Moonlight Track offiziell und die Straße geht in einen Fahrweg über. An der unmittelbar folgenden Gabelung bleiben Sie links. Bereits nach 100 m biegen Sie erneut links in einen kleinen, kurzen Waldweg, der nach nur wenigen Metern bis zu einem Tor führt. Von nun an haben Sie die ganze Zeit freie Blicke auf die bergige Umgebung und bewegen sich bis zum Abstieg nach Queenstown hinter dem Ben Lomond Saddle auf dem privaten Farmgebiet der Ben Lomond Station.

Auf Ihrer rechten Seite befindet sich der Canyon des Shotover River. Von hier oben ist der Fluss nur in Teilen zu erkennen, so steil sind die Wände. Manchmal können Sie die bekannten Shotover-Jetboote sehen oder zumindest hören. Hören können Sie auch die Schreie der Menschen über der Schlucht, die sich beim sogenannten Canyonswing (💻 www.canyonswing.co.nz) todesmutig in die Tiefe stürzen.

Der Weg schlängelt sich für eine längere Zeit um die Hänge oberhalb des Tals, ist insgesamt einfach zu wandern und birgt keine größeren Hindernisse. Da es sich um Weideland handelt, rechnen Sie mit Kühen und ihren Hinterlassenschaften. Sie orientieren sich zunächst nach Norden und passieren bei km 2,8 einen Erdrutsch, der eine kurze abschüssige Stelle geschaffen hat. Schließlich schwenkt der Weg nach insgesamt 3,7 km langsam nach Westen. Obwohl Sie sich auf dem Track zum Ben Lomond befinden, laufen Sie die nächsten 1,3 km erstmal einmal wieder bergab. Doch dann geht es stetig bergauf, und das ohne Unterbrechung für gute 1.200 Höhenmeter bis zum Gipfel. ✋ Achten Sie an dieser niedrigen

Stelle darauf, dass Sie auf dem eigentlichen Weg bleiben und nicht den Pfad nach rechts unten zum Moonlight Creek nehmen, der jetzt in der Talsohle fließt. Der Weg wird im weiteren Verlauf zum breiten Farmweg.

Biegen Sie nach insgesamt 6,3 km in einer ebenen Rechtskurve (Richtung Moke Lake, ☞ Wanderung 20) nach links ab, hinauf zu einem Tor (Schild „Queenstown, 4hr via Ben Lomond Saddle") ❷. Zunächst verläuft der nun schmale, einfache Pfad für 600 m nach Südwesten, dann dreht er aber gänzlich nach Süden. Wer die weiten, für Neuseeland typischen Tussockhänge mag, wird die nächsten Kilometer voll auf seine Kosten kommen. Die Bergwelt ringsum wirkt mit jedem gewonnenen Höhenmeter majestätischer. Die Wegführung ist meistens eindeutig, alte Stangen mit ausgewaschenen Farben und ein paar Leuchtbändern oder orangen Dreiecken müssen als Markierung herhalten.

Versuchen Sie Ihre Kräfte gut einzuteilen, denn die kontinuierliche Steigung ist eher angenehm verglichen mit dem, was Sie später noch erwartet. Spätestens

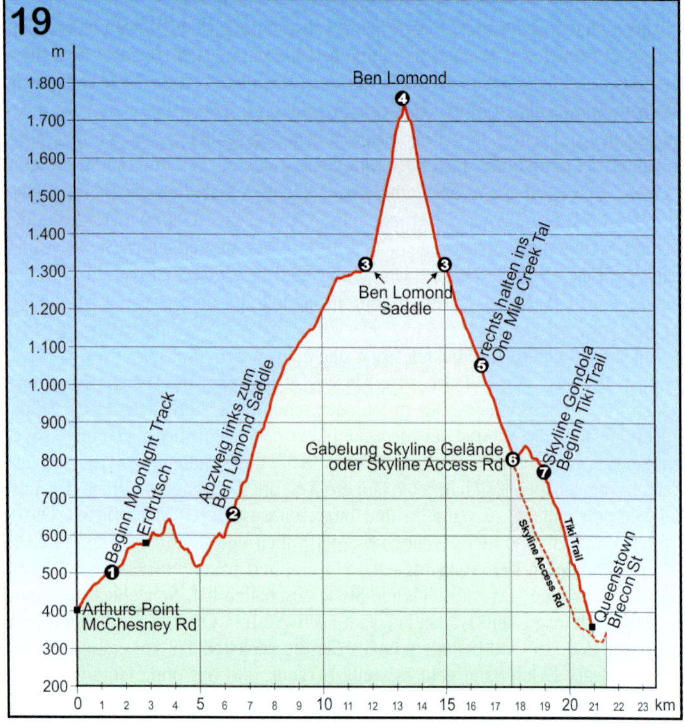

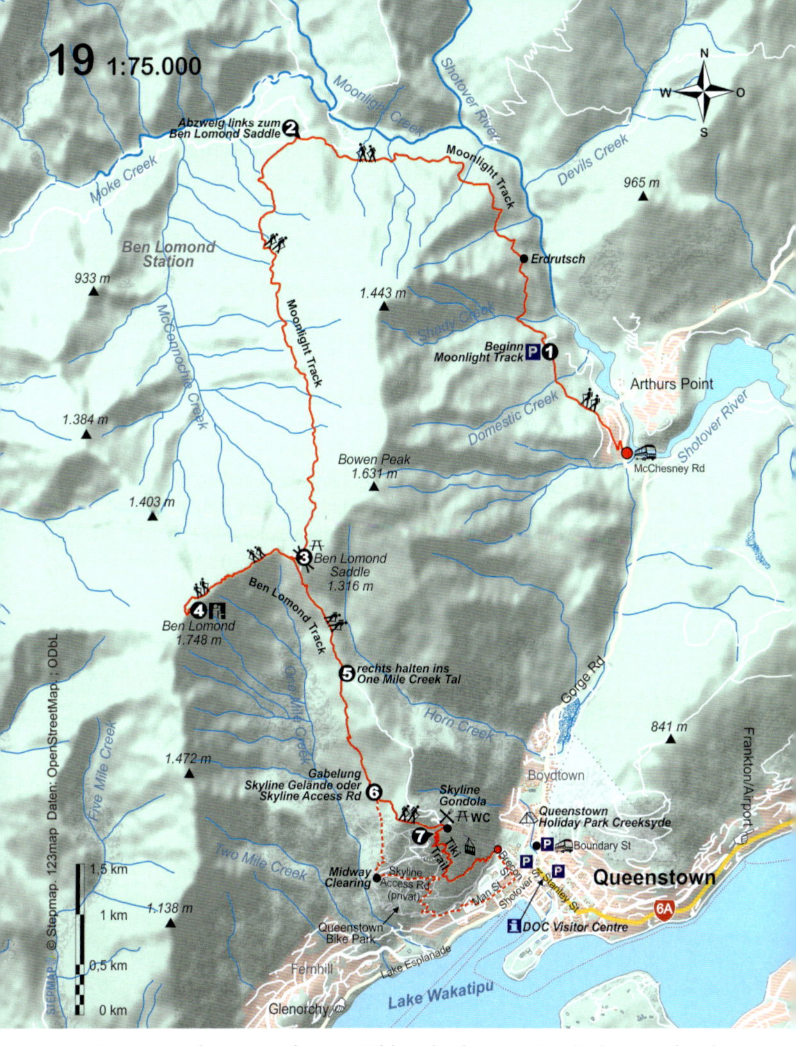

wenn Ben Lomond immer näher ins Bild rückt, können Sie die bevorstehende sportliche Herausforderung erahnen. Doch zunächst flacht der Anstieg 2,3 km nach dem Abzweig erst einmal etwas ab, sodass Sie die kommenden 3 km bis zum Sattel zwischen Bowen Peak links und Ben Lomond rechts zum Durchatmen nutzen können.

Am Ben Lomond Saddle angelangt ❸ sehen Sie nach Süden erstmals den von Bergen eingerahmten Lake Wakatipu und Teile von Queenstown. Halten Sie sich über Tussockgras rechts und erklimmen Sie die letzten 450 Höhenmeter bis zum Ben Lomond entlang seines Nordostrückens. (Wanderer von Queenstown orientieren sich dementsprechend nach links, ☞ Seite 128)

Der Aufstieg über den manchmal schmalen Pfad ist steil und beschwerlich. Die meisten Wanderer müssen mehrere kurze Pausen einlegen. Der teilweise lose und steinige Untergrund mit Felsbrocken im oberen Bereich ist jedoch unter guten Wetterbedingungen vergleichsweise einfach zu bewältigen und es gibt kaum gefährliche, abschüssige Stellen. ✋ Allgemein ist natürlich dennoch entsprechende Konzentration und Respekt angebracht, gerade Nässe oder sogar Schnee kann die Hänge in gefährliche Rutschbahnen verwandeln.

Das spannende Panorama öffnet sich mit jedem Meter mehr. Nach Norden bis Nordwesten und kurz vor dem Gipfel auch nach Westen mit Blick zum Moke Lake wird die Aussicht zunehmend grandioser. Und dann haben Sie es zum Ben Lomond ❹ geschafft: herzlichen Glückwunsch! Die Keas freuen sich mit Ihnen, aber Achtung: Sie sind äußerst frech und bestenfalls nur auf Ihre Snacks aus. Vielleicht verschlägt Ihnen die unglaubliche Szenerie, die Sie von hier oben genießen

Ben Lomond

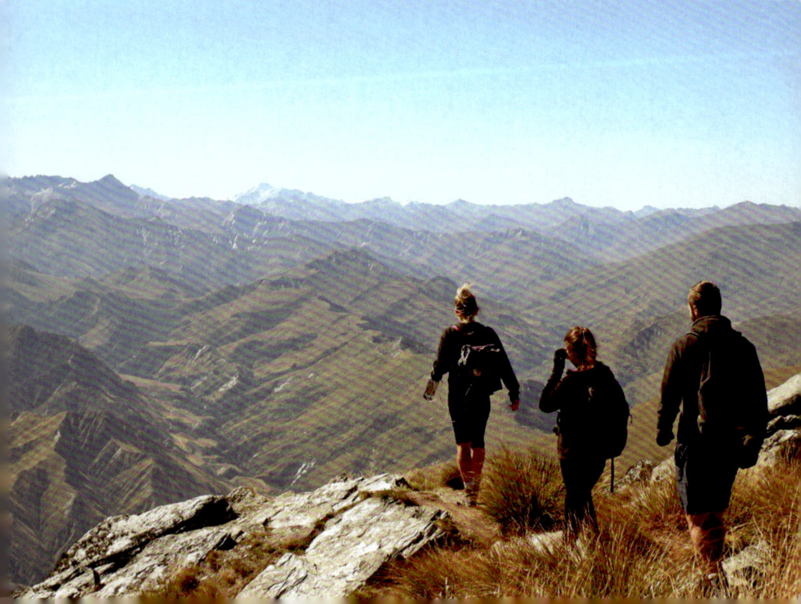

können, sogar die Sprache. Berge, so weit das Auge reicht, und obendrein im Süden der tiefblaue Lake Wakatipu mit den Höhenzügen der Remarkables, Mt Cecil und Walter Peak im Hintergrund. Im Norden können Sie die vergletscherten Flanken von Mt Earnslaw und Mt Aspiring im gleichnamigen Nationalpark erkennen. Ein Gipfelweiser nennt die Namen weiterer markanter Berge der Umgebung.

Bei schönem Wetter wird es Ihnen schwerfallen, den Weg nach unten wieder anzutreten. Beachten Sie jedoch bei Ihrer Zeitplanung, dass Sie für den Weg bis nach Queenstown noch etwa 3 Std. benötigen (2 Std. mit der Seilbahn/Gondola). Für den Rückweg zum Sattel nehmen Sie denselben Pfad wie beim Aufstieg. Halten Sie sich dann rechts und folgen Sie dem ausgetretenen, teilweise stark erodierten Weg hinunter. Zur besseren Orientierung sind vereinzelte Markierungsstangen gesetzt. Zunächst wandern Sie entlang eines Bergkamms bergab, diesen verlassen Sie aber nach 1,4 km nach rechts ins Tal des One Mile Creek ❺. ✋ Ignorieren Sie den Pfad geradeaus den Hügel hinauf. Knapp 1 km später durchqueren Sie ein kleines Wäldchen und gelangen nach weiteren 400 m an eine wichtige Weggabelung ❻. Das große Schild mit der Angabe „Queenstown, via One Mile" kurz vorher ist etwas irreführend.

↳ Der nachfolgend beschriebene Weg ist zwar der spannendere, wenn Ihnen aber die Knie schmerzen und Sie nicht die Seilbahn nutzen möchten, dann sei Ihnen der alternative, etwas weniger steile und vor allem einfachere Weg nach rechts über die Skyline Access Rd empfohlen (nahezu gleich lang). Achten Sie dabei auf die kreuzenden Mountainbike-Trails und bleiben Sie auf dem nur für Wanderer vorgesehenen Waldweg des Ben Lomond Track (nach 200 m dem Weg mit Schild „no bikes" folgen). Ab dem sogenannten Midway Clearing laufen Sie auf der privaten Skyline Access Rd bis hinunter zum Ort (☞ Karte).

Nehmen Sie an der Kreuzung den Weg nach links zunächst leicht bergauf Richtung Skyline-Seilbahnstation (kleines Schild „Gondola and restaurant, 20 min"). Wenig später erreichen Sie nach einem Waldstück das Skyline-Gelände. Wandern Sie entlang eines kleinen Weges parallel zur Rodelbahn Richtung Seilbahnstation, dann nach einer Brücke kurz bergan und anschließend dem Wegweiser „Skyline Complex" folgend in Schlängellinien bis zum Gebäude.

🚡 Die Seilbahn ist in der Regel bis zum späten Abend in Betrieb, da auch das beliebte Restaurant noch geöffnet ist und täglich eine Sternbeobachtungstour angeboten wird.

✕ Stratosfare Restaurant & Bar: 🚪 11:30 bis 14:45 sowie ab 16:30, Buchung für Restaurant vorab empfohlen, feste Reservierungszeiten und max. 90 Min.

♦ Market Kitchen Café: 🚪 ab 9:30

Wollen Sie weiter bis nach Queenstown hinunterwandern, dann gehen Sie rechts am Gebäudekomplex vorbei und erneut bergab, über zwei Rodeltunnel geradeaus an einer Helikopterplattform vorbei. Sie können bereits das Baumhaus von Ziptrek (💻 ziptrek.co.nz) auf der linken Seite der hier beginnenden Skyline Access Rd sehen. Direkt davor beginnt scharf links der Tiki Trail (Schild „Tiki Trail – 1 hour to Brecon St") ❼, dem Sie immer bergab folgen.

✋ Wägen Sie ab, ob Ihnen der interessante, jedoch steile Weg mit steinigen Abschnitten, hohen Absätzen und ein paar Stufen, der fast vollständig durch Wald führt, und die Schonung Ihres Geldbeutels mehr wert sind als die Erholung für Ihre müden Muskeln und Gelenke. Gerade am Ende einer anstrengenden Tour ist die Verletzungsgefahr erhöht. Außerdem kann der Weg bei Nässe rutschig sein.

Von der unteren Seilbahnstation erreichen Sie in wenigen Minuten Ihren Parkplatz (☞ Karte).

➯ Ben Lomond mit Start/Ziel in Queenstown
⇆, ➲ 15,1 km [mit Seilbahnfahrt in beide Richtungen: 10,9 km], ⌛ 7 Std. [4 Std. 45 Min.], ↑ ↓ 1.475 m/1.475 m [1.040 m/1.040 m], ⇧ 355-1.750 m

Anders als bei der beschriebenen Wanderung über den Moonlight Track starten viele Wanderer in Queenstown bei der Skyline Gondola am Nordende der Brecon St und beenden die Wanderung auch dort wieder. Wenn Sie sich für diese Variante entscheiden, dann können Sie entweder mit der Seilbahn zur oberen Station fahren ($ 44 Hin- und Rückfahrt, Einzelticket nach oben nicht möglich, 🚪 ab 9:00) oder den Aufstieg mit dem Tiki Trail links neben dem Skyline-Gebäude der Seilbahn (GPS S 45°01.711' E 168°39.355') beginnen. Die Steintreppe an der Infotafel „Ben Lomond Forest, Brecon Street" führt rasch in den Wald.

Nach schattigen ca. 1 Std. 15 Min. über steilen Weg mit ein paar Stufen und Steinen erreichen Sie am Baumhaus von Ziptrek das obere Ende des Tiki Trail ❼. Halten Sie sich hier rechts Richtung Gebäudekomplex und folgen Sie dann dem Weg in Schlängellinien durch das baumfreie Rodelgelände nach Westen (Schilder „Ben Lomond Track, Skyline Loop Track").

Es geht ein letztes Mal in den Wald – hier beginnen bergan der Ben Lomond Track und der Moonlight Track (grünes DOC-Schild). Nach dem Abzweig des Skyline Loop Track geben die Bäume den Blick auf offenes Tussockgelände frei. Folgen Sie dem leicht abfallenden Weg für 300 m bis zu einer Kreuzung ❻, an der Sie sich rechts halten (Schild „Ben Lomond Saddle, Ben Lomond Summit"). Mit Ben Lomond nun im Blick geht es im weiteren Verlauf stetig bergan entlang des ausgetretenen Weges mit einzelnen Markierungsstangen bis zum Ben Lomond Saddle ❸ (➲ 3,8 km, ⌛ ca. 1 Std. 30 Min, ↑ 550 m seit der oberen Seilbahnstation). Die Beschreibung für den Weg vom Sattel zum Gipfel und den Rückweg nach Queenstown finden Sie ab Seite 126.

20 Queenstown: Moke Lake Loop

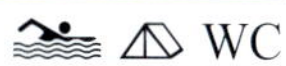
WC

Tour für Frischluftfans jeden Alters

Die Wanderung um den Moke Lake ist eine hervorragende Option für alle, die dem Gewusel von Queenstown entkommen möchten, und bietet für Familien und Reisende mit wenig Zeit wegen der kurzen Distanz und dem idyllisch gelegenen Campingplatz direkt beim Start eine tolle Abwechslung. Fotoliebhaber werden die friedliche Stimmung des Sees und die Silhouette der umliegenden Berge zu schätzen wissen.

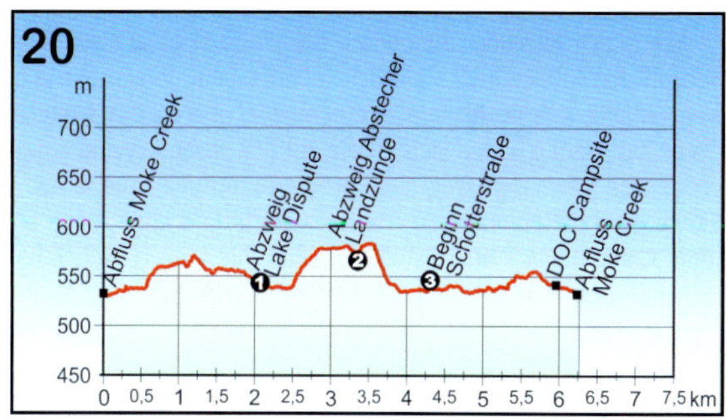

- ↻ Start/Ziel: Parkplatz am Abfluss in den Moke Creek, Nordende Moke Lake, GPS S 44°59.857' E 168°34.321'
- 6,3 km
- 2 Std.
- ↑↓ 130 m/130 m
- ⇧ 530-585 m
- Wegweiser an allen wichtigen Stellen (außer am Straßenabschnitt), Weg um den See eindeutig
- sehr einfacher Weg mit festem, ebenem Untergrund, kein Schatten (außer beim Abstecher zur Landzunge bei km 3,4)
- keine offiziellen Rastplätze, guter Pausenplatz beim Abstecher zur Landzunge bei km 3,4
- WC Moke Lake DOC Campsite (Start/Ziel)
- Der Steg beim Start eignet sich am besten zum Baden, vor allem für Kinder.
- Moke Lake DOC Campsite (Start/Ziel)
- Pferde und Merinoschafe sowie Badespaß am Anfang der Strecke sorgen für Abwechslung. Kein Schatten und kein Schutz vor widrigen Wetterbedingungen.

 Es gibt keine Busverbindung zum Startpunkt.

P Parkplatz am Start/Ziel. Anfahrt: in Queenstown der Beschilderung nach Glenorchy folgen. Nach 6,2 km entlang der Lake Esplanade/Glenorchy-Queenstown Rd rechts in die Moke Lake Rd abbiegen, nach 600 m links halten und der Straße für 7 km folgen (5,8 km davon sind unbefestigt mit einigen Viehgittern). Am Nordende von Moke Lake (geradeaus beginnt die Ben Lomond Station) fahren Sie beim DOC-Schild nach links über das Viehgitter und 300 m geradeaus bis zum Parkplatz.

i ☞ Wanderung 19

☺ Die beste Wanderzeit für diese Tour ist September bis Mai.

Rechnen Sie mit Mountainbikern, die den Track ebenso nutzen dürfen.

Vom Parkplatz aus überqueren Sie einen kleinen Steg über den Abfluss des Sees in den Moke Creek. Auf der anderen Seite folgen Sie dem breiten Wiesenweg entlang des nördlichen Seeufers. Sie queren das weite und flache Moke-Creek-Tal. Häufig halten sich Pferde auf der großen Weide auf oder Merinoschafe versperren Ihnen den Weg. Den größten Eindruck hinterlassen jedoch die Berge, die zu allen Seiten aufragen. Wenn Sie sich umdrehen, dann können Sie in Richtung Campingplatz im Osten den von hier aus unscheinbar wirkenden Ben Lomond, den Hausberg von Queenstown, erkennen (☞ Wanderung 19).

Blick vom Westufer über den Moke Lake

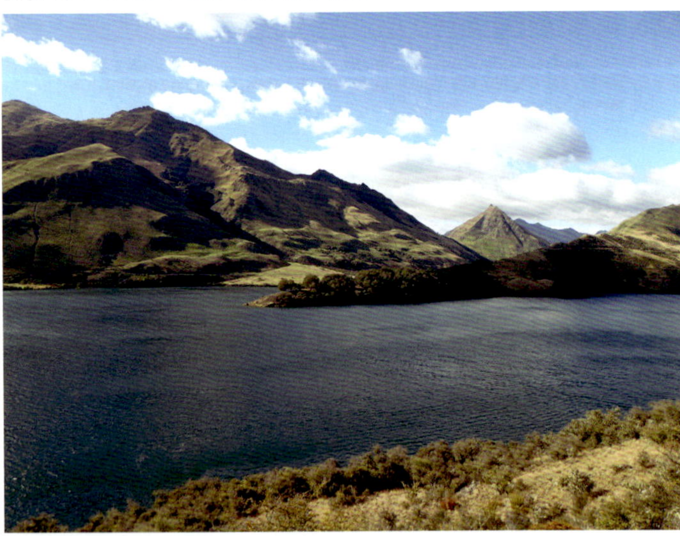

Der Track schwenkt nach 600 m entsprechend der Uferlinie nach Süden und wird jetzt ein mittelbreiter, weiterhin bequem zu wandernder Schotterweg mit tollen Aussichten auf den See. Der weitere Wegverlauf erinnert von oben betrachtet stark an die Form des Buchstaben „W“. Nach einem kleinen Zwischenanstieg erreichen Sie nach 2,1 km am Südwestzipfel von Moke Lake einen Zaun ❶. Klettern Sie über die Zaunstufen nach links, rechter Hand geht es zum Lake Dispute. Über Holzbohlen queren Sie eine Feuchtwiese, bevor der nun ansteigende Weg in Richtung des verlängerten Bergkamms von Wedge Peak nach Norden führt.

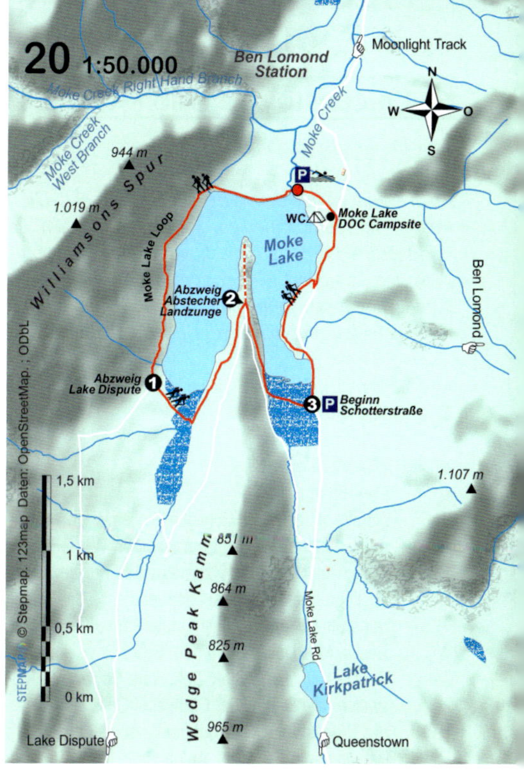

Dort, wo der Weg bei km 3,4 scharf nach Süden dreht ❷, können Sie einen schattigen Abstecher bis zur äußersten Spitze der bewaldeten Landzunge machen (⇆, ➲ 800 m, ⌛ 15 Min., ↑↓ 30 m/30 m). Der Platz eignet sich fantastisch für ein ausgedehntes Picknick am friedlichen See. Achten Sie jedoch bei starkem Wind auf eventuell hinabfallende Äste.

Nahezu spiegelbildlich verläuft der weitere Weg auf der anderen Kammflanke zunächst wenige Schritte bergauf und dann bis zu einem weiteren Feuchtwiesenabschnitt über Bohlen hinunter. An dessen Ende gelangen Sie zur Schotterstraße, die Sie schon von der Anfahrt kennen ❸. Sie können hier wieder umdrehen und denselben Weg, auf dem Sie gekommen sind, zurückgehen (➲ 2,4 km mehr) oder aber der bekannten Straße bis zum Ausgangspunkt zurück folgen. Nach knapp 400 m können Sie die Straße noch einmal für kurze Zeit verlassen, indem Sie hinter dem Zaun mit Stufen dem schmalen, ausgetretenen Wiesenpfad am Seeufer folgen.

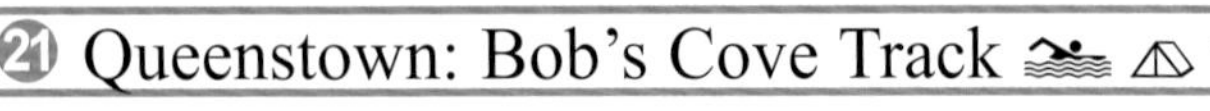

21 Queenstown: Bob's Cove Track WC

Tour für Genusswanderer

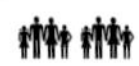

Auch wenn es auf der Karte anders aussieht: Die nahe Straße nach Glenorchy werden Sie kaum bemerken. Stattdessen können Sie unter Vogelgezwitscher und Windgesäusel die subtropisch anmutende Umgebung entlang des Ufers von Lake Wakatipu in vollen Zügen genießen. Herr-der-Ringe-Fans kommen auf dieser Wanderung genauso auf ihre Kosten wie historisch Interessierte. Wer einen Gang runterschalten und mal wieder tief durchatmen möchte, ist hier genau richtig.

Start/Ziel: Parkplatz Twelve Mile Delta, GPS S 45°04.097' E 168°32.840'
10,4 km
3 Std.
275 m/275 m
310-385 m
Wegweiser an allen wichtigen Stellen, Weg eindeutig, keine Markierung
sehr einfacher Weg mit nur wenigen Wurzeln und vereinzelten Stufen (Ausnahme: Picnic Point – der Loop zum Ausblick beinhaltet einen etwas anspruchsvolleren Auf-/Abstieg über Steine), durchgehend schattige Plätze verfügbar
keine offiziellen Rastplätze, gute Pausenmöglichkeit beim Picnic Point (km 4,2)
WC Twelve Mile Delta (Start/Ziel), Bob's Cove (km 5,4)
Twelve Mile Delta (Start/Ziel), Rata Cove (km 2,4), Bob's Cove (km 5 bis km 5,6)
Twelve Mile Delta DOC Campsite (Start/Ziel)
Der Weg ist für Kinder gut geeignet, es gibt keine gefährlichen Stellen.
P Parkplatz am Start/Ziel. Anfahrt: wie ☞ Wanderung 20, jedoch der Lake Esplanade/Glenorchy-Queenstown Rd in der Nähe des Ufers von Lake Wakatipu für 10,5 km folgen. Beim gekennzeichneten Abzweig zum Campsite links abbiegen und für 800 m im großen Bogen um den Campingplatz bis zum Parkplatz am Südende fahren.
Glenorchy Journeys, ☏ 03/409 08 00 oder 08 00/49 56 87, www.glenorchyjourneys.co.nz, mehrfach tägl. Queenstown – Twelve Mile Delta/Bob's Cove, $ 15, mind. 3 Pers., Vorabbuchung notwendig
i ☞ Wanderung 19
Der Track ist auch für Mountainbikes zugelassen.

Die Wanderung startet im Süden des großen Twelve Mile Delta Campsite in unmittelbarer Nähe zum Zufluss des Twelve Mile Creek in den Lake Wakatipu. Am westlichen Ende des Parkplatzes beginnt nach einem Poller und dem Schild „Bobs Cove Track" mit einem Schotterweg der offizielle Track. (Sollten Sie vom Campsite aus starten, dann führen alle Pfade nach Westen letztlich auch auf den beschriebenen Wanderweg.)

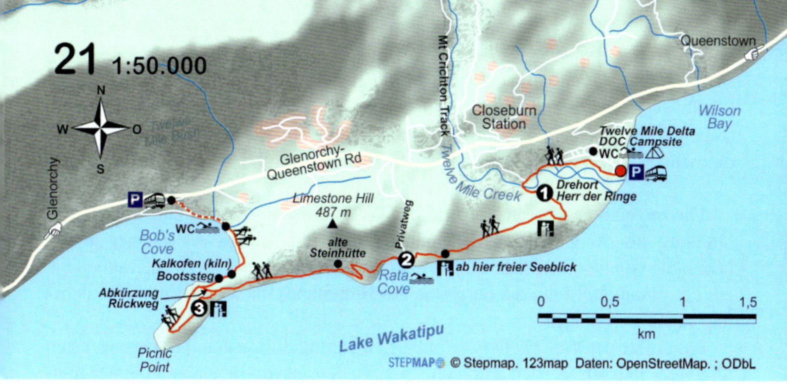

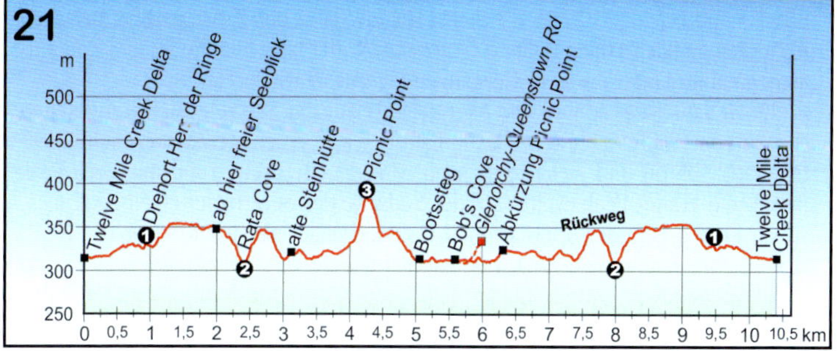

Bleiben Sie anfangs bei allen Abzweigen wie z. B. dem Zubringer zum Mt Crichton Track stets links in der Nähe des buschigen Deltabetts des Twelve Mile Creek. Nach 750 m überqueren Sie auf einer Holzbrücke eine kleine Schlucht des Baches und wenden sich auf der anderen Seite vorübergehend nach Südosten.

Im Gebiet um den gesamten Twelve Mile Creek wurde vor 150 Jahren im großen Stil nach Gold gesucht (manche versuchen ihr Glück heute noch), indem große Erdmengen mit Wasser freigespült wurden (*gold sluicing*). Die dadurch entstandenen Terrassen und steilen Abbruchwände sind heute noch zu sehen.

Herr-der-Ringe-Fans aufgepasst: Nur wenige Meter nach der markanten Abbruchwand auf der rechten Seite und einem kurzen Anstieg schauen Sie von einem Wall nach links hinab auf eine tiefer liegende Terrasse mit ein paar verstreuten Sträuchern und Gräsern ❶. Hier wurde für den zweiten Teil der Trilogie gedreht: Frodo und Sam liegen mit Gollum versteckt im Gebüsch und beobachten von der Anhöhe den Überraschungsangriff der getarnten Waldläufer von Ithilien gegen die düsteren Haradrim-Krieger und ihre Olifanten auf dem Weg nach

Mordor. Kurz darauf nehmen Faramirs Männer die beiden Hobbits in Gefangenschaft. 70 m weiter entlang des Hauptweges können Sie nach links einen 100 m langen Abstecher zum Drehort der Szene machen, in der Sam und Gollum über die richtige Zubereitung von Kaninchen debattieren.

Die Vegetation wird dichter und der Weg macht ansteigend eine 270-Grad-Drehung bis zu einem Aussichtspunkt. Über das Twelve-Mile-Gebiet hinaus haben Sie von hier Ausblicke auf die schöne Wilson Bay und im Norden sehen Sie auf der gesamten Breite die Bergzüge des Hinterlands mit Mt Crichton als höchstem Punkt zur Linken.

Nun führt der Weg wieder wie anfangs Richtung Südwesten. Für den nächsten Kilometer müssen Sie sich jedoch noch gedulden, bevor Sie einen außergewöhnlichen Panoramablick auf Lake Wakatipu genießen können, denn noch verdecken Büsche und niedrige Bäume die Sicht. Halten Sie in der Zwischenzeit Ausschau nach dem gelblichgrünen Bellbird (*makomako*) oder lauschen Sie seinem Konzert, manchmal im Duett mit dem vielseitigen Gesangskünstler Tūī.

Doch dann ist es so weit und Neuseelands längster See zeigt sich – abgesehen von kurzen Waldabschnitten – dauerhaft in seiner prächtigen blauen Schönheit. Die karg, schroff und gleichzeitig sanft wirkende Bergkette rund um Cecil Peak (links) und Walter Peak (Mitte) auf der Südseite des Sees bildet einen eindrucksvollen Kontrast zu der üppig grünen Uferlandschaft. Verstreute Cabbage Trees, Horoeka- (Lancewood-), Rātā- und Kōwhai-Bäume versprühen einen Hauch von Exotik, außerdem werden Eukalyptusbäume (*gum trees*) mit ihrem kräftigen Geruch nach und nach präsenter. Bei km 2,4 gelangen Sie an den einsamen Steinstrand von Rata Cove, auch als Farry's Beach bekannt ❷. Hier können Sie Ihre Seele baumeln lassen und einen Sprung ins kühle Wasser wagen.

Auf der weiteren Wanderung geht es über den Hügel einer Landzunge zur nächsten, lang gezogenen Bucht mit der Halbinsel Picnic Point im Hintergrund. Das Terrain wird kurzzeitig etwas unebener, es geht über Wurzeln und Stufen. Sie laufen an einer Steinhütte aus alten Tagen vorbei: Nur wenige Meter von hier im Hinterland wurden Ende des 19. Jahrhunderts Kalksteinvorkommen des von der Straße aus sichtbaren Limestone Hill abgebaut, zu Branntkalk verarbeitet und nach Queenstown verschifft, wo das Pulver unter anderem als Baustoff Verwendung fand. Insgesamt wurden sieben Kalköfen (*kiln*) betrieben. Die zahlreichen Eukalyptusbäume entlang des Weges sind übrigens die Nachkommen von eigens für die Ofenfeuer angepflanzten Bäumen.

Nach erneut fantastischen Blicken auf den See erreichen Sie nach insgesamt 4 km den Abzweig zum Picnic Point Loop. Laufen Sie am Wegweiser links steil hinauf über steinigen Untergrund zum felsigen höchsten Punkt der Halbinsel ❸. Von oben haben Sie eine hervorragende Sicht auf das Gebiet um die Landenge zwischen der malerischen, meist windgeschützten Bucht von Bob's Cove im Norden und Lake Wakatipu. Weit im Osten können Sie noch hinter Queenstown die

Bergkette der Remarkables erkennen. Geradeaus geht es anschließend wieder bergab, um für die nächsten 600 m die Runde um Picnic Point (fast) zu komplettieren.

Am Abzweig zurück zum Twelve Mile Delta gehen Sie zunächst geradeaus und folgen fortan der hufeisenförmigen Uferlinie von Bob´s Cove. Ein kleiner Bootssteg nach 100 m ist ein fotogener Platz für eine Pause, das Wasser ist an ruhigen Tagen kristallklar. Außerdem können Sie hier noch am ehesten ein Phänomen namens Seiche erleben. Mit gutem Auge kann der gezeitenähnliche Vorgang, den die Māoris „Herzschlag des Riesen Lake Wakatipu" nannten, beobachtet werden. In jeweils 27 Minuten fällt und steigt der Wasserstand um ca. 20 cm. Es wird behauptet, Bob´s Cove sei der am besten geeignete Ort entlang des gesamten Seeufers, um dies zu sehen.

Wenige Schritte nach dem Bootsteg können Sie einen wiederaufgebauten Kalkofen anschauen. Der Weg dreht schließlich nach Nordwesten und bietet mehrere Zugänge zum Kiesstrand. Durch einen schönen Südbuchenwald geht es abschließend bergauf bis zum Parkplatz nach 6 km (wenn Sie sich dort abholen lassen wollen). An den beiden Weggabelungen halten Sie sich dazu rechts (Wegweiser „carpark direct"). Für den Rückweg nehmen Sie den hier beschriebenen Wegverlauf, können jedoch bei Picnic Point abkürzen.

Bitte laufen Sie nicht entlang der Glenorchy-Queenstown Rd zurück. Alternativ können Sie sich vom Shuttle-Anbieter Glenorchy Journeys zum Ausgangspunkt zurückfahren lassen.

Blicke zwischen Rata Cove und Picnic Point

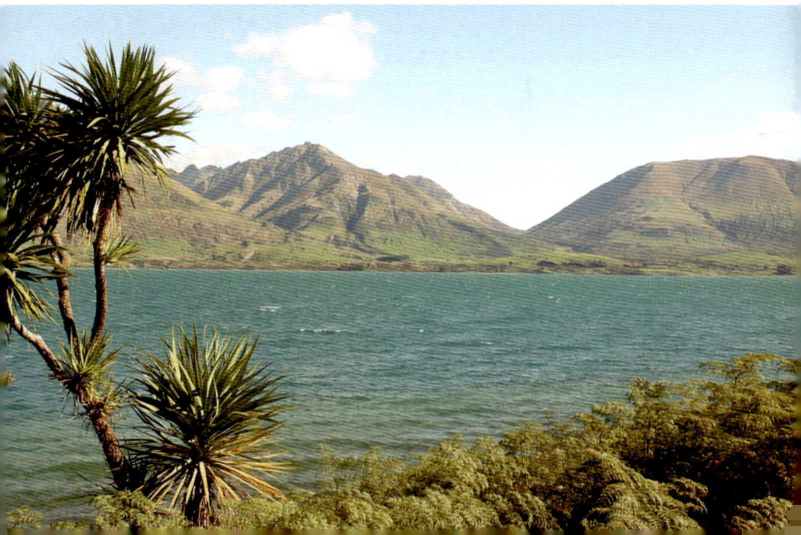

22 Fiordland-Nationalpark: Whisky Trail Circuit mit Key Summit

Tour für orientierungssichere Rundumblickenthusiasten

„It's the most magnificent walk you can do in this area." Das war der Kommentar des langjährigen Hüttenwarts und Wanderführers der Gegend. Wer Glück hat und ein gutes Wetterfenster erwischt, erlebt auf der Wanderung über den Kamm der Livingstone Mountains 360-Grad-Aussichten über eine Berg-, Täler- und Seenlandschaft vom Feinsten. Und das ganz ohne Andrang, denn der Whisky Trail ist nur wenigen bekannt. Ist Ihnen der Wettergott nicht hold oder haben Sie nicht die notwendige Bergerfahrung und Kondition für den anspruchsvollen Abschnitt, dann ist das kein Grund zur Traurigkeit. Die ersten 10 km durch Märchenwald und die Panoramaaussicht vom Key Summit sorgen bereits für sich für ein beeindruckendes Wandererlebnis.

Start/Ziel: Parkplatz The Divide, GPS S 44°49.494' E 168°7.065'

25,8 km

10 Std. 30 Min.

1.395 m/1.395 m

530-1.545 m

offizielle Tracks (Routeburn Track, Greenstone Track und Key Summit Track, km 0 bis km 9,8/km 22,3 bis km 25,8): an allen wichtigen Stellen Wegweiser vorhanden, orange Dreiecke als Markierungen; km 9,8 bis km 11,4/km 20 bis km 22,3: erkennbarer Pfad, aber ohne Markierung; km 11,4 bis km 20: ohne Weg und ohne jegliche Markierung

offizielle Tracks: einfacher Waldweg, ab Howden Hut schmaler und naturbelassen, teilweise über Steine und Wurzeln, ab und zu matschig und vereinzelte Bachquerungen; Livingstone Mountains (km 9,8 bis km 22,3): anfangs anspruchsvoller Aufstieg über schmalen, steilen Pfad mit vielen Wurzeln und Steinen, festes Schuhwerk erforderlich, ab Baumgrenze offenes, teilweise steiles Terrain, natürlicher Untergrund (z. B. Tussockgras, Geröll), stark den Elementen ausgesetzt (Wind, Regen, Sonne)

Howden Hut (km 3,3)

WC am Parkplatz (Start/Ziel), an allen Hütten und Campsites, Key Summit (km 22,7)

z. B. Cascade Creek DOC Campsite (8,5 km südlich vom Start/Ziel entlang der Milford Rd, 75 km von Te Anau), für mehr Infos: www.doc.govt.nz [Suchbegriff: Milford Road tips for drivers]

Howden Hut (km 3,3), McKellar Hut (250 m ab km 9,8)

Howden Campsite, auch Greenstone Saddle Campsite genannt (km 4,8)

Nur die Trackabschnitte der offiziellen Tracks sind für Kinder gut geeignet. Außer dem Key Summit Track verlaufen die Wanderwege im schattigen Wald.

Parkplatz am Start/Ziel. Anfahrt: ca. 83 km von Te Anau der Milford Rd (SH 94) bis The Divide folgen. Der Parkplatz liegt auf der rechten Seite.

Tracknet, ☏ 03/249 77 77, 08 00/48 32 62, tracknet.net, Okt-April mehrmals tägl. Queenstown/Te Anau – The Divide, $ 84/$ 43 p. P.

Fiordland National Park DOC Visitor Centre, Lakefront Drive, Te Anau, ☏ 03/249 79 24, fiordlandvc@doc.govt.nz

Die beste Wanderzeit für diese Tour ist Dezember bis März.

Im Fiordland regnet es besonders häufig und intensiv. An ca. 200 Tagen im Jahr muss mit Niederschlag gerechnet werden, im Wandergebiet fallen schätzungsweise 3.000-4.000 mm im Jahr vom Himmel. Die durchschnittliche Temperatur liegt im Sommer bei etwa 10 °C.

Unter winterlichen Bedingungen weist das Gelände ein niedriges (offizielle Tracks) und mittleres (Livingstone Mountains) Lawinenrisiko auf (ATES: Simple bis Challenging, ☞ Reise-Infos/Weitere (Natur-)Gefahren).

Die Wanderung beginnt am Parkplatz The Divide, dem niedrigsten Ost-West-Pass der Südalpen. Am nördlichen Ende kündigt auf der rechten Seite ein Schild den Beginn des Routeburn Track an, einer der schönsten Great Walks von Neuseeland. Starten Sie möglichst zeitig, um die lange Wanderung entspannt genießen zu können.

Wie durch ein Tor betreten Sie eine zauberhafte Umgebung aus dem beeindruckenden üppigen Grün des niederschlagsreichen Fiordlands. Farne, Moose und Bartflechten in einem Regenwaldgewirr aus Sträuchern und Bäumen werden Sie die nächste Zeit auf Ihrer Wanderung begleiten. Der Weg ist sehr einfach zu begehen und nur ab und zu etwas steiniger. Bereits wenige Meter nach dem Start beginnt der erste Anstieg des Tages. Stetig, aber gemütlich geht es 270 Höhenmeter hinauf.

Nach etwa 2,4 km öffnet sich der Wald und Sie haben eine erste gute Sicht auf das breite, bewaldete Hollyford-Tal im Norden mit imposanten Bergflanken zu beiden Seiten. Im Westen formen die Gipfel von Mt Christina, Mt Crosscut und Mt Lyttle einen Bergkessel, an dessen Grund sich Lake Marian versteckt.

Weitere 150 m später haben Sie am Abzweig zum Key Summit auf der rechten Seite den vorerst höchsten Punkt der Wanderung erreicht. Tipp: Sollten ideale Sichtbedingungen vorherrschen, dann ist es eine Überlegung wert, bereits jetzt einen kurzen Abstecher im Zickzack zum Key Summit zu unternehmen (⇆, ➲ 1,5 km, ↑ ↓ 120 m/120 m). Auch wenn Sie den Key Summit am Ende der Wanderung von der anderen Richtung erneut passieren werden – Sie wissen nicht, ob sich bis dahin nicht vielleicht die Wetterbedingungen geändert haben.

Die weitere Wanderung gegen den Uhrzeigersinn von Key Summit nach Süden bis zum Pt 1543 ist hingegen nicht ratsam, da der Abstieg zur McKellar Hut schwer auffindbar ist, insbesondere bei schlechteren Sichtbedingungen.

Nach dem Abzweig zum Key Summit geht es wieder bergab. Der Wald wird jetzt noch uriger und bemooster und nach nur 700 m erreichen Sie die Howden Hut ❶. Direkt am Ufer des Lake Howden gelegen, laden Bänke und ein Tisch am See zu einer ersten Verschnaufpause ein (bitte lassen Sie ggf. den Hüttenbewohnern den Vortritt).

Howden Hut, 28 Schlafplätze, $ 130 p. P., Great-Walks-Buchung erforderlich (☞ Wanderinfrastruktur)

Sie halten sich direkt an der Hütte rechts Richtung Greenstone Track und verlassen damit den Routeburn Track. Der Weg verläuft am Westufer des Lake Howden und ist ab hier naturbelassener und schmaler als bisher. Ein zügiges Vorankommen ist aber dennoch weiterhin möglich. 1,5 km nach der Howden Hut bzw. 600 m nach dem Südufer des Lake Howden passieren Sie am kaum wahrnehmbaren Greenstone Saddle den Howden Campsite, eine kostenfreie

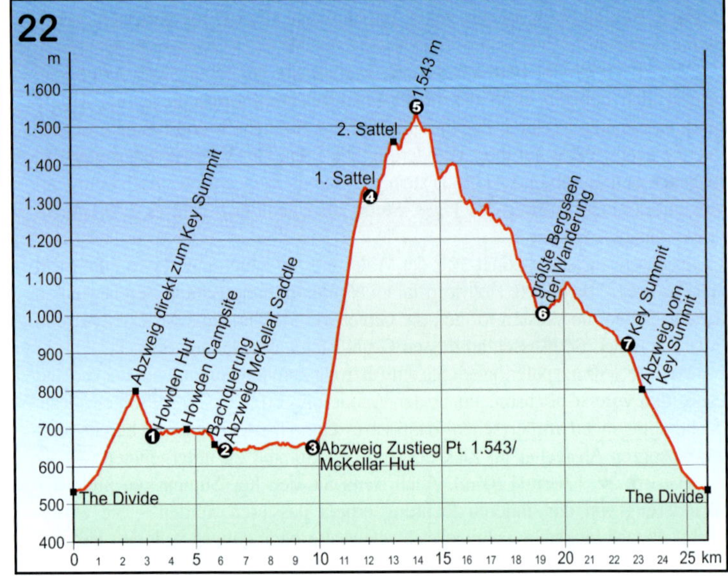

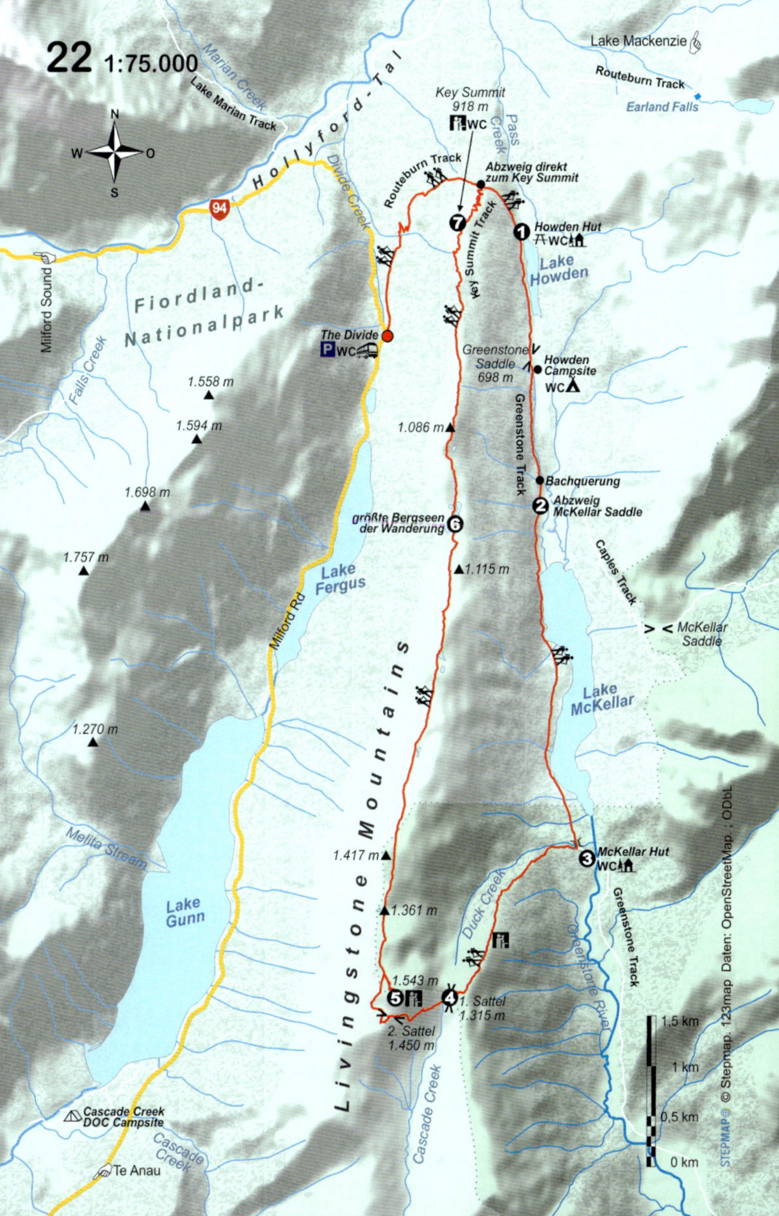
22 1:75.000
N
W
O
S
Marian Creek
Lake Marian Track
Hollyford-Tal
94
Divide Creek
Milford Sound
Fiordland-Nationalpark
Falls Creek
Key Summit 918 m
WC
Routeburn Track
Abzweig direkt zum Key Summit
Pass Creek
Lake Mackenzie
Routeburn Track
Earland Falls
7
Key Summit Track
1
Howden Hut
WC
Lake Howden
The Divide
P WC
1.558 m
1.594 m
1.698 m
1.757 m
1.270 m
Greenstone Saddle 698 m
Howden Campsite
WC
Greenstone Track
1.086 m
Bachquerung
2
Abzweig McKellar Saddle
größte Bergseen der Wanderung
6
1.115 m
Lake Fergus
Caples Track
McKellar Saddle
Milford Rd
Livingstone Mountains
Lake McKellar
Melita Stream
Lake Gunn
1.417 m
3
McKellar Hut
WC
Greenstone Track
1.361 m
Duck Creek
Greenstone River
1.543 m
5
4
1. Sattel 1.315 m
2. Sattel 1.450 m
Cascade Creek
Cascade Creek DOC Campsite
Cascade Creek
Te Anau
1,5 km
1 km
0,5 km
0 km
STEPMAP © Stepmap. 123map Daten: OpenStreetMap ; ODbL

Alternative, die nur etwa 20 Min. vom Routeburn Track entfernt ist. Außer einer Toilette gibt es jedoch keine weitere Infrastruktur, das Wasser holen Sie sich aus einem der nahe gelegenen Bachläufe entlang des Weges.

Wald zwischen Lake Howden Hut und McKellar Hut entlang des Greenstone Track

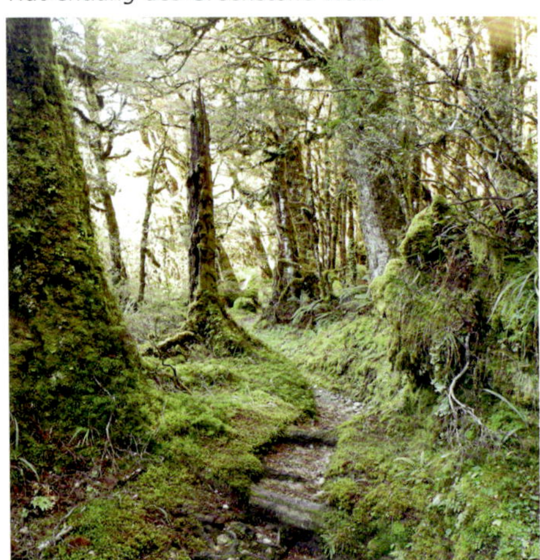

Der Wanderweg verläuft weiterhin auf der Westseite des Tals, vereinzelt können die Bergzüge auf der gegenüberliegenden Seite durch den Wald erspäht werden. Bei km 5,9 gelangen Sie an eine ca. 5 m breite, aber flache Furt, wo Sie den Bach unter normalen Wetterbedingungen problemlos durchqueren können. Achtung: Sollte nach starkem Regen das Wasser mehr als knietief sein und schnell fließen, kehren Sie bitte um oder warten Sie das Abklingen des Baches ab.

Das Tal wird nun weiter und 250 m nach der Bachquerung geht ein Weg nach links in Richtung McKellar Saddle und Caples Track ab ❷. Sie bleiben allerdings geradeaus auf dem Greenstone Track und laufen auf den bereits erkennbaren Lake McKellar zu. Nach ein paar kleineren Bachläufen passieren Sie wie zuvor den See oberhalb von dessen Westufer und 1,4 km nach dem Abzweig haben Sie Zugang zu einem kleinen Kiesstrand – ein schöner Platz für eine Pause. Im Osten sehen Sie McKellar Saddle.

Anschließend verlassen Sie für eine Weile das nahe Ufer und der immergrüne Regenwald macht seinem Namen noch einmal richtig Ehre. Sie queren erneut einen kleineren Bach und haben später letztmalig direkten Zugang zum Ufer des Lake McKellar.

Insgesamt 9,8 km nach dem Start erreichen Sie schließlich eine Brücke mit Metallgeländer über den Duck Creek. Auf der anderen Seite der Brücke beginnt die Greenstone Conservation Area und mit einem Wegweiser und orangen Dreiecken, die nach links weisen, wird die McKellar Hut mit 3 Min. Weg angekündigt ❸.

McKellar Hut (250 m), 24 Schlafplätze, $ 15, Serviced Hut Ticket

Die nachfolgenden Warnhinweise betreffen nur den nicht markierten Abschnitt (km 9,8 bis km 22,3):

- Ausschließlich erfahrene Bergwanderer sollten die Strecke über den Bergrücken der Livingstone Mountains laufen. Sie sollten in der Lage sein, sich im weglosen Gelände orientieren zu können – auch bei schlechten Sichtbedingungen.
- Die Mitnahme von Kompass, Karte und/oder einem Gerät mit aufgespieltem GPS-Track und ausreichende Kenntnis über deren Nutzung ist erforderlich. Beachten Sie die Hinweise zur magnetischen Deklination (☞ Reise-Infos/Karten und GPS). Rechnen Sie immer mit Verschlechterung des Wetters und Beeinträchtigung der Sicht. Obwohl die Route über einen komfortabel breiten Bergkamm verläuft, ist bei schlechter Sicht besondere Vorsicht geboten, um nicht in den teils abschüssigen Bereich auf den Seiten zu gelangen.
- Der Weg entlang des Bergkamms ist sehr exponiert. Entsprechend ist Kleidung nach dem Zwiebelprinzip, die vor Regen und Wind schützt und wärmt, dringend anzuraten.
- Prüfen Sie vorab die Wettervorhersage und starten Sie nur bei guter Prognose (Temperaturen, Regen, Wind, Frostgrenze (*free air freezing level*) über 2.000 m, mit den Angaben zu Harris Saddle liefert z. B. www.metservice.com/mountain/fiordland-national-park annähernde Vergleichswerte). Im Gebiet um The Divide ist der Wetterbericht mit großer Vorsicht zu genießen (lokales Mikroklima).
- Kehren Sie bitte um, sollte Schnee das Laufen behindern. Auch geringe Schneereste sowie Eis bei Temperaturen um den Gefrierpunkt können an den typischen Tussockgrashängen gefährliche Rutschpartien auslösen.

Direkt am Wegweiser halten Sie sich allerdings rechts und folgen dem schmalen, ausgetretenen Pfad. Hier beginnt der Aufstieg hinauf zum Pt 1543, dem Zustiegspunkt zur Wanderung entlang des Bergkamms der Livingstone Mountains. Ein letztes oranges Dreieck mit den Hinweisen „Pt 1543, Route only, No Marking" und ein Wassertank zeigen an, dass Sie sich auf dem richtigen Weg befinden.

Anfangs ist der Pfad noch einfach zu begehen und steigt nur moderat an, doch schon bald wird er anspruchsvoll. Auf steilem und schmalem Weg geht es über viele Wurzeln und Steine anstrengend über einen Seitenkamm oberhalb des im Westen parallel verlaufenden Duck Creek stetig nach oben. Ab und zu ist der Einsatz der Hände hilfreich und größere Schritte sind zur Überwindung der Höhe notwendig.

Bei einer Höhe von 1.080 m (km 11,2) haben Sie die Baumgrenze erreicht. Herrliche Blicke zurück Richtung Lake McKellar und zum gleichnamigen Sattel oberhalb des Sees eröffnen sich. Im Osten ragt die Bergkette der Ailsa Mountains in den Himmel. Wandern Sie beim weiteren Aufstieg immer entlang der höchsten Stelle des Seitenkamms, achten Sie aber auf die teilweise abschüssigen Stellen zur rechten Seite (Duck Creek). ☺ 100 m nach der Baumgrenze (⇧ 1.135 m) führt ein kurzer Abstecher nach links zu einem Aussichtspunkt mit fantastischem Blick nach Süden in das Greenstone Valley mit dem mäandernden Greenstone River.

Ab etwa km 11,4 und ca. 1.200 m Höhe wird es immer schwerer, einen Pfad ausfindig zu machen. Steigen Sie weglos über Tussockgras weiter bergauf, bald können Sie auf der rechten Seite einen Sattel erkennen. Auf einer Höhe von 1.330 m (km 11,9) flacht das Gelände ab und nach einem kurzen Rechtsschlenker haben Sie den etwas tiefer liegenden Sattel erreicht ❹. Nach Norden blicken Sie von hier in das Tal des Duck Creek und im Süden liegt der Kerbeinschnitt des Cascade Creek.

Obwohl sich der Gipfel von Pt 1543 jetzt genau im Westen befindet, ist der direkte Anstieg nicht empfehlenswert. Wandern Sie stattdessen zunächst diagonal oberhalb des Cascade-Creek-Tals hinauf zu einem weiteren Sattel zwischen Pt 1543 und einer kleinen Kuppe im Süden von Pt 1543 (Richtung Westsüdwest, WSW, 250°). Starten Sie den Aufstieg am besten ca. 100 m versetzt im Süden. Das Gelände ist sehr steil und teilweise steinig, das Gras besonders bei Nässe sehr rutschig.

Nach ca. 900 m (⇧ 1.450 m) ist schließlich der zweite Sattel erreicht. Ob Sie den Gipfel bereits hier von Süden her besteigen oder ihn aber weiter an seinen Flanken im Uhrzeigersinn umrunden und dann von Westen oder Norden erklimmen, hängt von Ihrer persönlichen Einschätzung und den aktuellen Gegebenheiten ab. Mitunter machen alte Schneefelder kleine Umwege erforderlich. Die letzten Meter hinauf auf Pt 1543 sind steil und Sie kraxeln über loses Geröll auf den Gipfel ❺.

Das Panorama von oben ist wahrhaftig spektakulär. Zu allen Seiten sind tiefe Täler und lang gezogene Bergkämme zu bestaunen. Neben dem bereits vertrauten Greenstone-Tal mit Lake McKellar und McKellar Saddle im Osten können Sie im Süden das weite Eglinton-Tal sehen, bekannt von der Zufahrt über die Milford Rd. Drumherum türmen sich die meist schneebedeckten Gebirgszüge der Ailsa- (Osten), Earl- (Westen) und Darran Mountains (Nordwesten) sowie weit entferntere Gipfel wie z. B. Mt Earnslaw auf.

Sie selbst befinden sich mitten auf dem Bergkamm der Livingstone Mountains, der nach Norden die Richtung des kommenden Abstiegs vorgibt. Orientieren Sie sich vom Pt 1543 anfangs nach Nordnordwest (NNW, 335°) und peilen Sie zwei kleine Berghöcker an, die Sie nach ca. 400 m erreichen. Laufen Sie auf diesen für 200 m nach Norden.

Zu Ihren Füßen liegen die von Gletschern geschürften Täler aus der Eiszeit vor 14.000 Jahren, die das sich langsam zuspitzende Bergmassiv von beiden Seiten einrahmen (Eglinton-Tal mit Lake Gunn links und Greenstone-Tal mit Lake McKellar rechts).

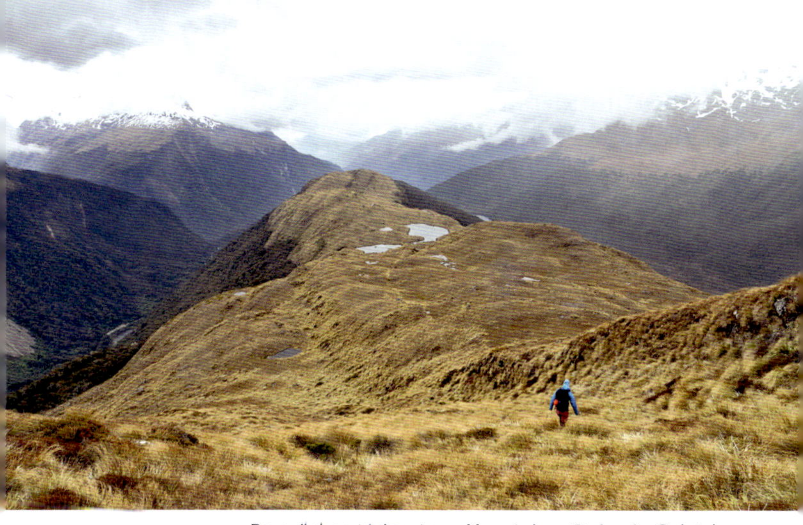

Bergrücken Livingstone Mountains, 📷 *Armin Galetzka*

Die Orientierung für die nächsten 4,5 km ist relativ einfach – gute Sichtbedingungen vorausgesetzt: Halten Sie sich je nach Terrain mittig auf dem breiten Kamm tendenziell in Richtung Nord zu Ost (NzO, 10°). Die erste Zeit fällt das Gelände steil ab und Grasbüschel und Moos machen den Untergrund sehr weich und erhöhen die Gefahr des Umknickens.

Ab und zu säumen kleinere Bergseen (*tarns*) das Tussockgelände und nach 3 km gelangen Sie zu zwei größeren Exemplaren (⇧ 1.230 m). McKellar Saddle mit dem erkennbaren Caples Track liegt jetzt genau im Osten. Laufen Sie an der Nordspitze des zweiten Sees durch eine kleine Schlucht, bis es anschließend noch einmal richtig steil über hohe Grasbüschel bergab geht. Entsprechend anstrengend ist der Abstieg. Etwas entfernt warten schon die größten Bergseen der Wanderung auf Sie, welche nach 1 km erreicht werden (⇧ 1.010 m) ❻.

Genau in Richtung Norden von Ihnen liegt jetzt Pt 1086, welcher den letzten Anstieg des Tages markiert. Noch vorher werden Sie auf die ersten Pfadspuren treffen und spätestens ab dem Gipfel ist der ausgetretene Pfad eindeutig.

Der Blick auf den Talkessel von Lake Marian wird beim weiteren Abstieg immer besser und nach einem guten Kilometer gelangen Sie zur Baumgrenze. Abwechselnd schlängelt sich der Pfad durch Grasland mit buschigen Abschnitten und wundervollen verwunschenen und besonders knorrig wachsenden Wald, bis Sie schließlich zum Key Summit gelangen ❼. Genießen Sie noch einmal die beeindruckende Szenerie, bevor Sie im Zickzack hinunter zum Routeburn Track laufen, welcher Sie nach links auf dem bekannten Weg zurück zum Parkplatz The Divide bringt.

23 Fiordland-Nationalpark: Green Lake Circuit

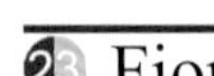

WC

Tour für Wildnisfreaks mit Orientierungssinn

Kaum ein Gebiet Neuseelands verkörpert die Unberührtheit der Natur so sehr wie der riesige Fiordland-Nationalpark im Südwesten der Südinsel. Das mit Abstand flächengrößte Schutzareal des Landes ist in weiten Teilen wild und unzugänglich. Dass die ursprüngliche Gegend um den Green Lake überhaupt im Rahmen einer Tageswanderung erreichbar ist, verdanken wir Naturliebhaber ironischerweise dem umstrittenen Bau von Neuseelands größtem Wasserkraftwerk am Lake Manapouri in den 1960ern. Auf der anspruchsvollen Wanderung selbst werden Sie davon außer ein paar Stromleitungen am Anfang nichts mitbekommen. Stattdessen erwartet Sie pure, naturbelassene Schönheit.

↻ Start/Ziel: Borland Saddle, GPS S 45°44.728' E 167°22.803'

16,1 km (inkl. Abstecher zur Green Lake Hut)

8 Std. 45 Min.

↑↓ 985 m/985 m

⇧ 740-1.480 m

✎ Entlang der offiziellen Tracks (Mt Burns Tarns Track, Start bis km 0,7, und Green Lake Track, km 5,5 bis km 13,5) sehr gute Beschilderung und Markierung (orange Dreiecke oder orange Stäbe), beim Aufstieg zum Pt 1476 ohne Markierung, aber überwiegend kleinere Pfade, beim Abstieg zum Green Lake komplett weglos. Ein hohes Maß an Orientierungssinn ist erforderlich. Die Mitnahme von Kompass und/oder GPS-Gerät ist dringend anzuraten. Beachten Sie dabei die Hinweise zur magnetischen Deklination (☞ Reise-Infos/Karten und GPS)!

Wanderung auf naturbelassenen, schmalen Wegen mit großer Bandbreite in puncto Anspruchslevel (von angenehmem Waldweg, schlammiger Feuchtwiese, Steinen und Wurzeln als Untergrund bis hin zu extrem unebenem Tussockhang mit Erdlöchern und versteckten Wasserläufen, Steigung/Gefälle von flach bis sehr steil), die ersten 5,5 km bis zum Green Lake exponiert ohne Schatten

Es gibt keine offiziellen Rastplätze, Pt 1476 mit fantastischen Blicken ist eine Pause wert (km 2,7).

WC Borland Saddle (Start/Ziel), Green Lake Hut (km 6,2), Borland Bivvy (km 13,5)

Green Lake (km 5,5 bis km 7,5)

Green Lake Hut (km 6,2), Borland Bivvy (km 13,5)

Die Tour ist für Kinder nicht geeignet. Für die Größeren ist die Wanderung entlang des offiziellen Green Lake Track eine herausfordernde Alternative.

P Parkfläche beim Borland Saddle. Anfahrt: von Te Anau für 53 km auf der Southern Scenic Route Richtung Tuatapere fahren. Rechts in die Lake Monowai Rd abbiegen und der Beschilderung bis zur Borland Lodge folgen (11,6 km, die zweite Hälfte ist unbefestigt). Hier am Tor startet die private Borland Rd. Der Zustand der 16 km langen kurvigen, engen Straße bis zum Borland Saddle kann sich jederzeit ändern, vor allem nach Wetterkapriolen (Auswaschungen etc.). Ggf. ist das Tor geschlossen, z. B. wegen Lawinenrisiko. Aktuelle Infos zum Straßenzustand kann das DOC in Te Anau geben. Für größere Wohnmobile ist die Straße nicht zu empfehlen, denn selbst für herkömmliche Fahrzeuge (ohne Allrad) oder kleine Campervans kann die Anfahrt anspruchsvoll sein.

Viele Mietwagenanbieter decken entstehende Schäden nicht ab und mitunter ist die Borland Rd in den Bedingungen sogar explizit ausgeschlossen.

Wild Rides Fiordland, ☏ 03/280 01 16 oder 08 00/96 00 96, www.wildridesfiordland.co.nz, fährt auf Anfrage von Te Anau zum Borland Saddle/Borland Bivvy und zurück, Preis je nach Saison und Verfügbarkeit ab $ 96 p. P., mind. 2 Pers.

i ☞ Wanderung 22

☺ Die beste Wanderzeit für diese Tour ist Dezember bis März.

Starten Sie rechtzeitig und kalkulieren Sie genügend Puffer ein. Berücksichtigen Sie die verfügbare Tageslänge.

Unter winterlichen Bedingungen weist das Gelände ein mittleres bis hohes Lawinenrisiko auf (ATES: Challenging bis Complex, ☞ Reise-Infos/Weitere (Natur-)Gefahren). In der Regel wird dann auch die Borland Rd gesperrt sein.

Am Borland Saddle geht es im Kurvenäußeren der Straße bei den Schildern („Mt Burns Tops“) über einen kleinen Erdhügel hinein in typisch dichten Fiordland-Wald (oranger Stab). Flechten und Moose verleihen den knorrigen Südbuchen mit ihren unzähligen Baumbärten ein märchenhaftes Aussehen. Der schmale, ansteigende Waldweg ist mit einigen Wurzeln durchzogen.

Nach 250 m wird bei 1.050 m Höhe schlagartig die Baumgrenze erreicht und subalpines Tussockbuschwerk bestimmt nun die Szenerie. Folgen Sie dem bewachsenen Bergrücken hinauf. Vereinzelt kann es etwas schlammig werden, orange Stäbe helfen ab und zu bei der Orientierung. Zu Ihrer Rechten öffnet sich die weite Bergwelt Fiordlands. Alles, was Sie im Tal im Vordergrund erkennen – die kleinen Seen (der Green Lake im Süden ist noch verdeckt), die flachen Feuchtgebiete und die hügeligen Buchenwälder – ist das Ergebnis des größten dokumentierten Erdrutsches weltweit. Vor ca. 12.000 Jahren fielen Bergmassen von 27 km^3 in sich zusammen, Sie laufen heute quasi an der Abbruchkante entlang. Nach knapp 500 m über offenes Gelände haben Sie den ersten Anstieg der Wanderung auf 1.190 m Höhe gemeistert ❶. Im Rückblick erscheinen die

Strommasten entlang der Borland Rd schon winzig, bald werden sie gar nicht mehr ins Auge fallen. Hier endet der offizielle Track und entsprechend auch die fortlaufende Markierung. Für den nächsten Kilometer geht es in leichtem Auf und Ab in Schlangenlinien um eine Vielzahl von kleineren Bergseen herum gen Südosten. Die unterschiedlichen Formen der sogenannten *tarns* bieten bei allen Wetterlagen grandiose Fotomotive. Den größten gleich zu Beginn umgehen Sie am besten an dessen linken Ufer. Meist sind kleine Pfade durch das goldene Tussockgelände zu erkennen, das Laufen ist daher eher einfach. Halten Sie sich im Zweifel auf Höhe der kleinen Bergrücken.

Auf der linken Seite rauscht unter den Hängen von Mt Burns ein Bach ins Tal hinunter. Vor sich können Sie mit dem Gipfel ohne eigenen Namen – schlicht Pt 1476 – bereits den höchsten Punkt der Wanderung sehen.

Schließlich geht es nach dem letzten See am Wegesrand nach insgesamt 1,7 km wieder bergan. Den steilen Hügel mit Felsspitze umrunden Sie am besten an dessen unwegsamer rechter Flanke. Die Pfadspuren verlieren sich vorübergehend, bis Sie den Bergrücken wieder erreichen. Nach knapp 200 Höhenmetern Anstieg wird es zur rechten Seite abschüssig. Bleiben Sie zur Sicherheit auf der Nordosthangseite. ☝ Bei Schnee oder eisigen Temperaturen können sich die Tussockhänge in gefährliche Rutschbahnen verwandeln. Seien Sie dann besonders vorsichtig oder kehren Sie bei fehlemden Halt wieder um.

Dann ist es geschafft und Sie haben vom Pt 1476 (km 2,7) einen beeindruckenden 360-Grad-Blick ❷. Im Süden ist der im Talkessel eingebettete Green

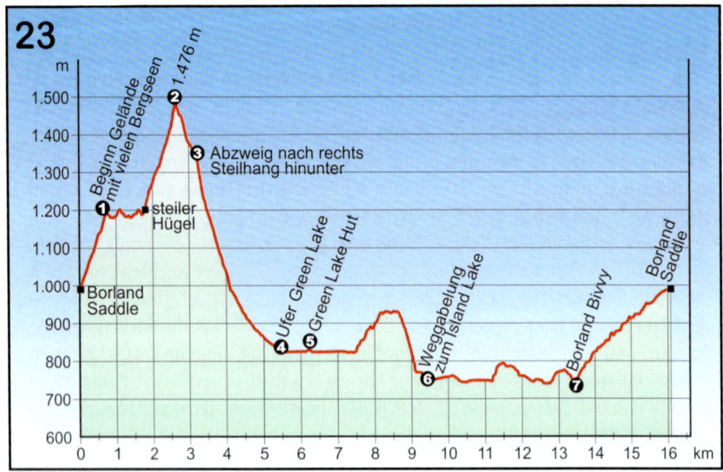

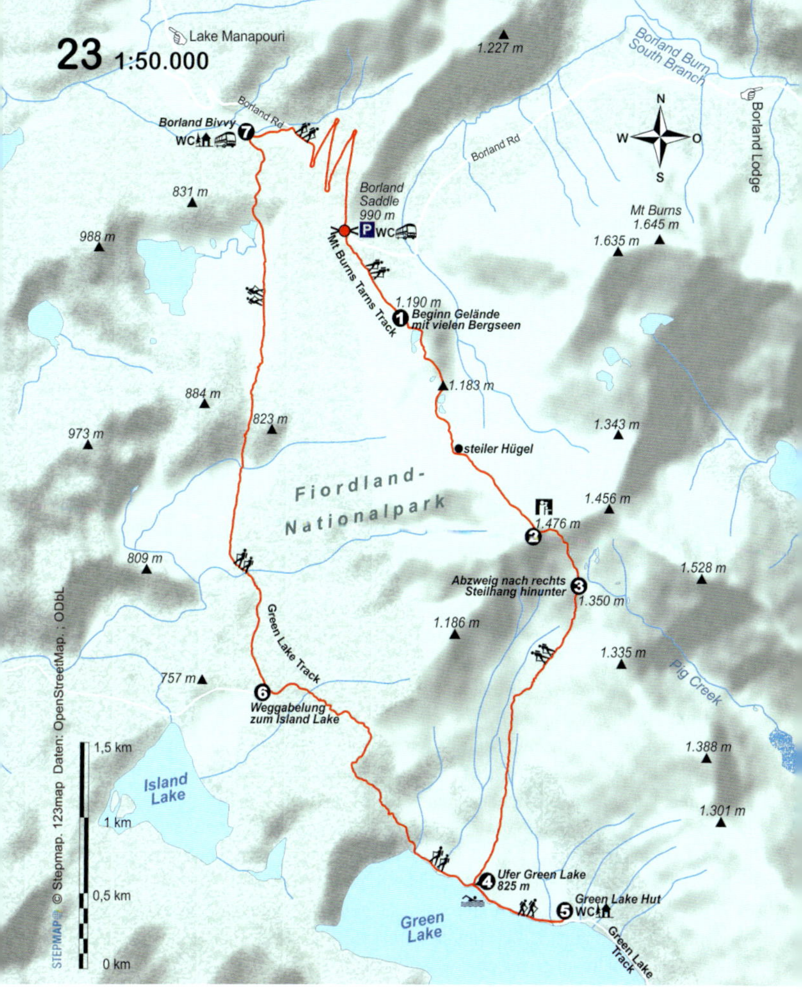

Lake in seiner vollen Schönheit zu sehen und der Cleughearn Peak spiegelt sich bei ruhigem Wetter im See. Man kann sich den Erdrutsch aus längst vergangenen Zeiten gut vorstellen, ohne den auch der Green Lake nie entstanden wäre. Hier oben inmitten der bergigen Wildnis Fiordlands, dem größten Nationalpark Neuseelands, stellt sich ein unbeschreibliches Gefühl von Freiheit ein. Genießen Sie die einzigartige Stimmung.

Vor Ihnen liegt nun der anspruchsvollste Abschnitt der Wanderung. Nutzen Sie zur besseren Orientierung den guten Überblick von oben auf die Umgebung, um sich ein Bild vom weglosen Weiterweg über den großflächigen Tussockhang hinunter zum Nordufer des Green Lake zu machen. ☝ Rechnen Sie immer mit Wetterumschwüngen und Beeinträchtigung der Sichtbedingungen.

Zunächst wandern Sie von Pt 1476 links bergab entlang der Pfadspuren über den kleinen Bergrücken Richtung Osten. Rechts wird es kurzzeitig wieder abschüssig, bleiben Sie am linken Rand. Nach 150 m (⇧ 1.450 m) orientieren Sie sich rechts nach Südsüdost (SSO, 155°) in Richtung des Bergrückens, der den Green Lake vom Osten her begrenzt. Im Hängetal sehen Sie linker Hand eine Ansammlung von Bergseen und nach 200 m (⇧ 1.380 m) streifen Sie einen größeren davon (ca. 20 m x 20 m). Nach weiteren 200 m erreichen Sie am rechten Hangrand eine kleine kahle Stelle in der sonst grasbewachsenen Landschaft. Eine alte Stange markiert diesen Punkt (⇧ 1.350 m) ❸.

Direkt danach geht es nach rechts durch eine Rinne einen Steilhang (ca. 35° Gefälle) hinunter. ☝ Bei Schnee oder Eis bitte umdrehen. Auch unter guten Bedingungen kann der Untergrund durch das Gefälle rutschig sein. Am Auslauf der Rinne nach 150 m wird das Gefälle flacher (ca. 20°). Wandern Sie noch für weitere ca. 100 m gen Süden. Damit gewährleisten Sie, dass Sie beim bevorstehenden, 2 km langen off-track-Abschnitt durch den Tussockbuschhang hinab zum See eine größere, teilweise mehrere Meter tiefe, bewachsene und oft trockene Bachrinne rechts (im Westen) als Auffanglinie nutzen können (zwischen 100 m und 200 m weiter westlich davon befindet sich ein weiterer, eindeutiger Wasserlauf mit steinigem Bachbett).

Korrigieren Sie anschließend bei einer Höhe von etwa 1.200 m Ihre Laufrichtung nach Südwest zu Süd (SWzS, 215°), damit Sie später die bald in der Entfernung sichtbaren Buchenbestände zu beiden Seiten mittig passieren können und sich ein bush bashing durch dichten Wald ersparen. Denn der Abstieg durch das Buschgelände ist schon anspruchsvoll genug: Der Untergrund ist sehr tückisch, da der unebene Boden mit Erdhügeln, Löchern, kleinen, aber tiefen Wasserläufen und Steinen unter dem dichten Gras und Buschwerk übersät ist. Manchmal ist es auch etwas sumpfig. Trekkingstöcke und Gamaschen werden sich hier als sehr hilfreich erweisen. Lassen Sie sich viel Zeit, um Verletzungen zu vermeiden!

Nach etwa 700-800 m (⇧ 970 m) wenden Sie sich wieder genau nach Süden, kurz nachdem das Gelände wahrnehmbar weniger steil geworden ist (ca. 10° Gefälle). Obwohl es durch die nun gewölbte Hangform stetig flacher wird, bleibt das Gehen weiterhin mühsam, auch weil teilweise größere Büsche das Weiterkommen erschweren. Links (im Osten) gesellt sich mit bewaldeten Hängen und einem vorgelagerten Bach eine weitere Auffanglinie hinzu.

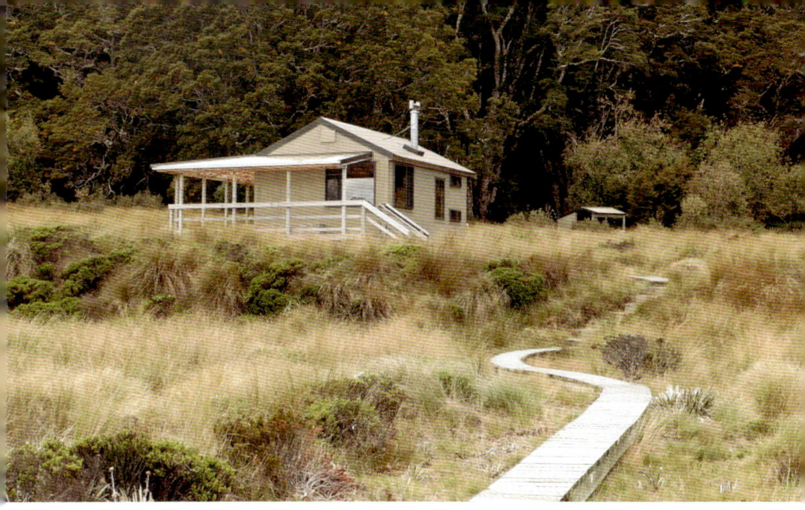

Green Lake Hut

Nach 400 m ist die Green Lake Hut erstmals am linken Uferrand des Sees zu erkennen, behalten Sie jedoch Ihre Südausrichtung bei. In Höhe des ersten Buchenwäldchens auf der rechten Seite (⇧ 880 m) orientieren Sie sich für die letzten 600 m bis zum Green Lake am besten Richtung Südsüdwest (SSW, 200°), um die Wahrscheinlichkeit nasser Füße durch die vielen kleineren Bachmündungen in den See zu verringern. Ganz zu vermeiden ist das allerdings kaum.

Nach insgesamt 5,5 km haben Sie das Ufer erreicht (⇧ 825 m) ❹. Zu beiden Seiten verläuft der offizielle Green Lake Track. Laufen Sie gemütlich nach links für 750 m am See entlang, um zur Green Lake Hut zu gelangen, einem schönen Übernachtungsplatz in der Natur ❺.

Green Lake Hut, 12 Schlafplätze, $ 5, Standard Hut Ticket

Ohne einen Abstecher zur Hütte folgen Sie dem Ufer 500 m nach rechts. An seinem Ende werden Sie von einer zauberhaften Umgebung „verschlungen". Während der nächsten 6 km bis zur Borland Rd mit sehr guter Markierung (orange Dreiecke und Stangen) überqueren Sie insgesamt drei immer niedriger werdende Höhenzüge durch urige, naturbelassene Südbuchenwälder. Der wilde Untergrund ist mit vielen Wurzeln, Steinen und Schlamm übersät. Der meist schmale Weg ist mitunter steil (vor allem zwischen km 1,2 und km 1,7 nach dem Green Lake) und außerdem sind einige kleinere Bäche zu queren, was jedoch unter normalen Bedingungen kein Problem darstellt.

An einer Weggabelung 2 km nach dem Green Lake biegen Sie rechts ab (Schild „Borland Road") ❻.

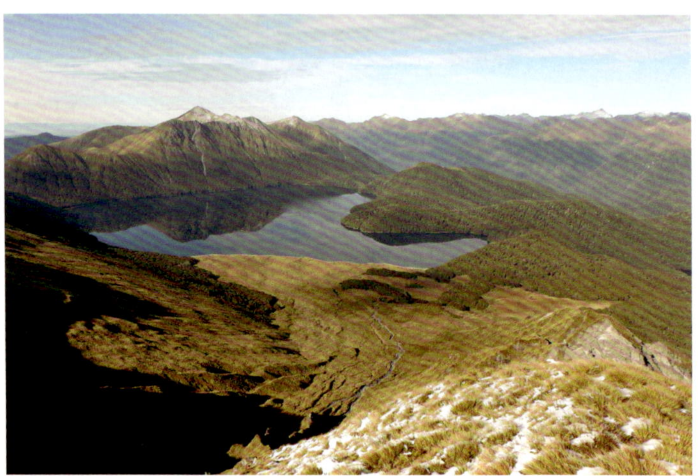

Blick von Pt 1476 auf Green Lake

Der Abstecher zum Island Lake lohnt sich kaum, da das dicht bewachsene Ufer schwer zugänglich ist und nach 700 m eine knifflige Bachquerung zu meistern wäre. Einen schönen Platz für eine Pause mit gutem Blick auf den entfernten See finden Sie bereits nach 200 m.

Der nun flache Waldweg ist für den nächsten Kilometer bequem zu laufen. Anschließend erreichen Sie das erste von zwei Feuchtgebieten, welche jeweils am höher gelegenen östlichen Rand gestreift werden. Der Weg durch das hohe Gras kann ziemlich zugewachsen sein, sodass es manchmal schwierig ist, den orangen Stäben zu folgen. Achten Sie am Ende der ersten Wiesenebene auf tiefe, schwer erkennbare Wasserläufe, bevor es nach 750 m beim großen orangen Dreieck wieder durch ursprünglichen Wald über einen kleinen Sattel geht.

Auf der anderen Seite erwartet Sie nach 600 m ein weiteres Feuchtgebiet, das seinem Namen alle Ehre macht. Rechnen Sie hier am abfallenden Flachhang für den nächsten Kilometer mit sehr nassen und schlammigen Bedingungen, wenn Sie durch das „Labyrinth" wandern, und achten Sie wieder auf verdeckte Wasserrinnen.

Am Nordende verlassen Sie das offene Gelände über einen Hügel (oranges Dreieck) und ein letztes Mal geht es durch den dichten Wald. Nach 600 m erreichen Sie schließlich die Borland Rd ❼. Links steht die kleine Biwakschachtel Borland Bivvy (2 Schlafplätze, kostenfrei). Folgen Sie der Straße nach rechts für 2,6 km in Serpentinen hinauf zum Ausgangspunkt.

㉔ Catlins: Surat Bay und Cannibal Bay ⚠ WC

Tour für Tierfreunde und Strandgänger

Die Besonderheit der Wanderung entlang der weiten Strände von Surat Bay und Cannibal Bay ist ohne Zweifel die hohe Chance, hier die geschützten Neuseeländischen Seelöwen (sea lions) aus der Nähe beobachten zu können. In den letzten Jahren ist das Gebiet um das Ästuar des Catlins River vermehrt zur Kinderstube der Tiere geworden und die gefährdeten Meeressäuger wurden sogar schon im inländisch gelegenen Catlins Lake gesichtet.

⇆ Start/Ziel: Parkplatz am Ende der Surat Bay Rd, Newhaven, GPS S 46°28.415' E 169°42.989'

9,2 km

2 Std. 30 Min.

↑↓ 25 m/25 m

⇧ 0-10 m

direkt am Strand ohne Markierung, Verbindungsweg von Surat Bay zur Cannibal Bay (False Islet) eindeutig erkennbar, mit Stäben und orangen Dreiecken markiert

fester, gut zu laufender Untergrund am Strand (bei Ebbe), tiefer Sand am Übergang am False Islet

keine Rastplätze

WC 100 m nach dem Start/vor dem Ziel

Schwimmen im Meer ist wegen der Seelöwen und der Strömung nicht empfehlenswert. Der Sweetwater Creek am Ästuar (km 0,1) verläuft durch Farmgebiet, daher ist Baden dort ebenfalls nicht ratsam.

Newhaven Holiday Park Surat Bay (nahe Start/Ziel)

Die Seelöwen sind die Trumpfkarte der Wanderung.
Achten Sie auf die Warnhinweise auf der nächsten Seite!

Eine Anreise mit dem Bus ist leider nicht möglich.

P Parkplatz am Start/Ziel. Anfahrt: von Balclutha der Southern Scenic Route ca. 30 km bis Owaka folgen. Im Ort von der Hauptstraße nach links Richtung Surat Bay abbiegen (braunes Schild), nach 2 km links über die Brücke fahren und rechts auf die Newhaven Rd abbiegen. Der unbefestigten Straße für 3 km folgen und in Newhaven rechts in die Surat Bay Rd abbiegen. Nach 150 m erreichen Sie den Parkplatz. Alternativer kleiner Parkplatz Cannibal Bay: 4 km vor Owaka nach links der unbefestigten, engen und kurvigen Cannibal Bay Rd für 8 km folgen.

i Catlins Information Centre, 10 Campbell St, Owaka, ☏ 03/415 83 71, catlinsinfo@cluthadc.govt.nz, www.catlins.org.nz

Bei rauer See ist die Tour nur im Zeitfenster von ca. 2 Std. vor und nach Ebbe zu empfehlen. Eine Vorhersage können Sie unter www.marineweather.co.nz/forecasts/cannibal-bay abrufen.

Halten Sie stets gebührenden Abstand von mind. 10 m (besser 20 m) zu den Seelöwen und zollen Sie den notwendigen Respekt. Ein männlicher Mähnenkoloss kann bis zu 450 kg auf die Waage bringen. Die Tiere halten sich auch gerne versteckt in Dünen auf (vor allem im Winter), wo sie wegen des hohen Grases manchmal erst kurz vorher bemerkt werden. Seien Sie entsprechend vorsichtig und beaufsichtigen Sie Ihre Kinder. Dünen queren Sie in den Abschnitten von km 0,1 bis km 0,6 (Alternativpfad) sowie von km 3,1 bis km 3,7 (False Islet).

Vom Parkplatz aus folgen Sie dem Ufer des Gezeitenästuars und überqueren nach weniger als 100 m nach rechts einen Bach über eine kleine Holzbrücke (geradeaus ist der Zugang zum Newhaven Holiday Park). Auf der anderen Seite geht es nach Süden. Ab hier können Sie entweder über den schmalen Sandstreifen direkt am Ufer oder bei hohem Wasserstand entlang eines unmarkierten Pfades durchs Gras etwas oberhalb laufen (eventuell schon hier Seelöwen).

Nach 500 m erreichen beide Wege den breiten Strand der Surat Bay ❶. Halten Sie auf dem Weg nach Osten gut Ausschau nach den Seelöwen. Manchmal sind die dösenden Tiere aus der Ferne gar nicht so leicht von Treibholzstämmen oder Algen-

Seelöwen

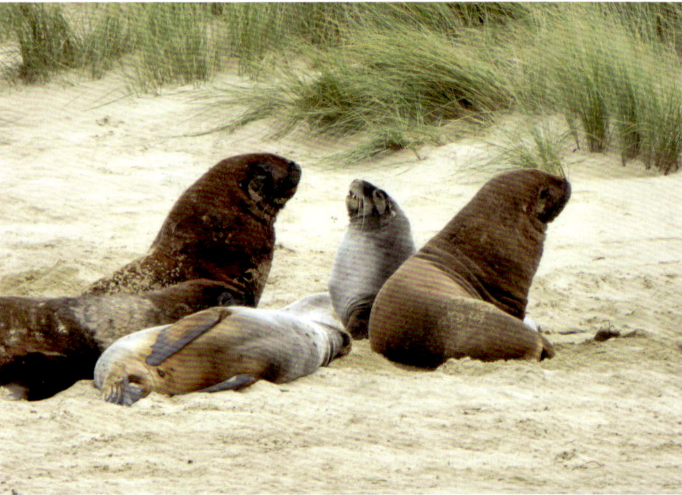

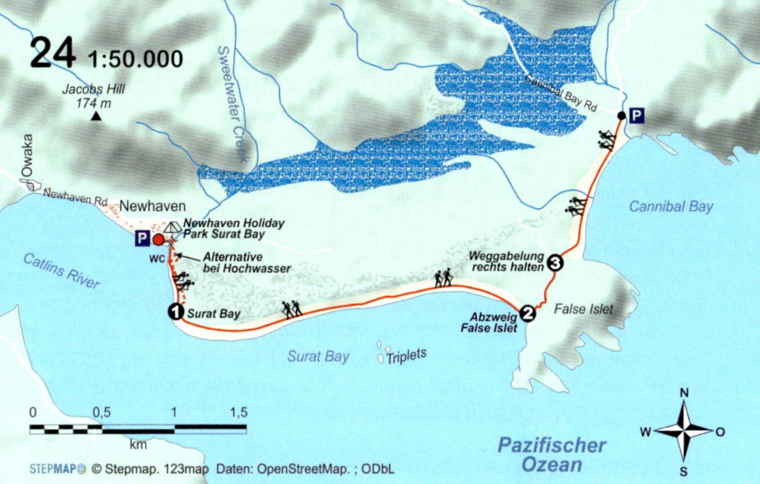

klumpen (*kelp*) zu unterscheiden. Anders als die Seebären haben sie eine wuchtige Statur, eine stumpfe Nase und kurze Schnurrhaare. Erst Mitte der 1990er-Jahre wurden nach 150 Jahren wieder Junge (*pups*) außerhalb der Subantarktis auf dem „Festland“ im Südosten der Südinsel geboren, in den Catlins sogar erst 2006.

Nach 500 m am Strand erinnert ein Schild an ein Schiffsunglück aus dem Jahr 1874, welchem die Bucht ihren Namen verdankt. Zur Geschichte dahinter lohnt ein Besuch im Owaka Museum (💻 www.owakamuseum.org.nz), das sich im selben Gebäude wie das Visitor Centre in Owaka befindet.

Je weiter Sie nach Osten in die Nähe des False Islet vordringen, desto besser sind die Chancen, Seelöwen anzutreffen. Das Kap trennt die Surat Bay von der benachbarten Cannibal Bay. Um zur zweiten Bucht zu gelangen, steigen Sie bei km 3,1 etwa 50 m vor dem Ende des Strandabschnitts nach links in die Grasdüne hinauf und folgen dem kleinen Pfad durchs Gebüsch ❷.

Nach 150 m geht der Weg nach links in einen breiten Sandweg über. ✋ Die Anhöhen der Landspitze von False Islet zu Ihrer rechten Seite sind privates Gelände. Darüber hinaus besteht an den steilen Klippen Lebensgefahr. Sehen Sie daher von einem Abstecher ab.

An einer Weggabelung nach weiteren knapp 300 m bleiben Sie rechts ❸ und erreichen nach 100 m die Cannibal Bay. Hier am Südende der Bucht machen häufig Gruppen von Seelöwen Rast an Land. Die Interaktionen der Tiere bieten ein herrliches Schauspiel.

Bis zum Nordende (mit Parkplatz) ist es noch 1 km. Vom Strandende aus betrachtet sehen die Felsen von False Islet wie das in den Himmel schauende Gesicht einer polynesischen Steinstatue aus.

Der Rückweg erfolgt auf der bekannten Strecke.

 Otago Peninsula: Sandymount und Sandfly Bay

WC

Tour für Dünenbezwinger mit Lust auf Meer 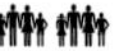

Der Weg um den Sandymount ist eine hervorragende Möglichkeit, die kilometerlange Küstenlinie der Otago Peninsula vor den Toren Dunedins in ihrer ganzen Ausdehnung zu erfassen. Entlang einer reizvollen Wanderstrecke eröffnen sich fantastische Aussichten aufs Meer und eingeschnittene Inlets. Nach der Runde zum „sandigen Gipfel" können Sie noch im Sauseschritt die lang gezogene Sanddüne zur Sandfly Bay hinabgleiten, welche Seebären, Seelöwen und auch Pinguine zwischenzeitlich ihr Zuhause nennen.

- Start/Ziel: Parkplatz am Ende der Sandymount Rd, GPS S 45°53.307' E 170°40.269'
- 6,1 km (inkl. Abstecher zur Sandfly Bay)
- 3 Std.
- 370 m/370 m
- 0-315 m
- Wegweiser an allen wichtigen Stellen, Markierung mit orangen Stäben und Pfählen
- Sandymount-Rundweg: anfangs fester Untergrund, später sandiger Boden, insgesamt einfacher Weg; Abstecher zur Sandfly Bay: tiefer Sand, dadurch ist der Rückweg bergan konditionell anspruchsvoll; kaum Schatten
- Picknicktische beim Parkplatz (Start/Ziel)
- WC am Parkplatz (Start/Ziel) sowie am Start des Sandfly Bay Track (☞ ⬂)
- Schwimmen im Meer ist wegen der Strömung nicht zu empfehlen.
- Portobello Village Tourist Park (ca. 8 km entfernt auf der Hafenseite gelegen), ☏ 03/478 03 59. Alternativ: *freedom camping* beim Parkplatz (nur *self-contained!*)
- Bei entsprechender Kondition macht insbesondere der Dünenabschnitt hinunter zur Sandfly Bay Spaß (das Hochkrabbeln auch). Der Sandymount-Rundweg kann jedoch auch bis auf eine Länge von 2,2 km abgekürzt werden. Im südöstlichen Bereich der Wanderung zwischen km 0,8 und km 1,2 besteht Absturzgefahr an den nahen Klippen. Behalten Sie hier Ihre Kinder besonders gut im Blick und bleiben Sie auf dem Weg!
- **P** Parkplatz am Start/Ziel. Anfahrt: in Dunedin Richtung Otago Harbour (Hafen) halten und der Beschilderung nach Andersons Bay (später Otago Peninsula/Highcliff Rd) folgen. Nach ca. 4 km ab Dunedin Zentrum beginnt links bergan gegenüber der Kirche die Highcliff Rd. Dieser 10 km folgen und dann rechts in die Sandymount Rd abbiegen. Auf der überwiegend unbefestigten Straße sind es noch 4 km bis zum Parkplatz.

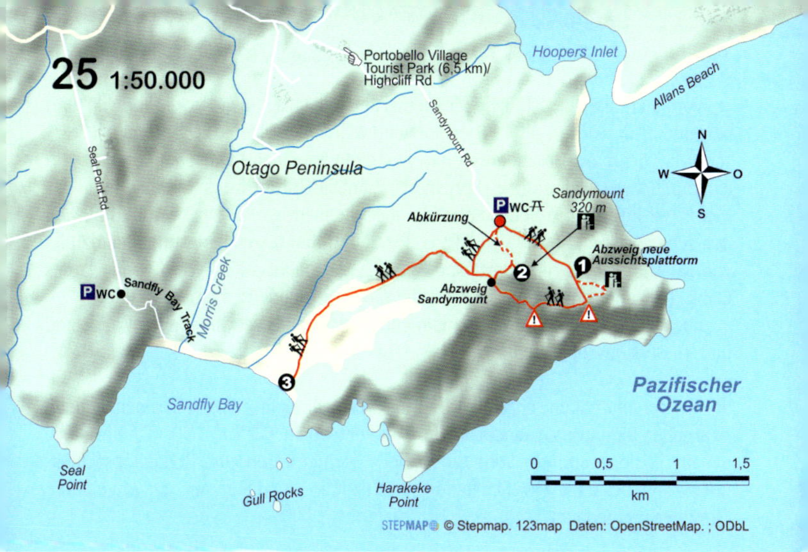

25 1:50.000

STEPMAP © Stepmap. 123map Daten: OpenStreetMap. ; ODbL

Dunedin DOC Visitor Centre, 50 The Octagon, ☏ 03/474 33 00, dunedinvc@doc.govt.nz

Der Track ist von September bis zum 15. Oktober geschlossen.

Es kam leider in der Vergangenheit zu Autoeinbrüchen. Lassen Sie daher keine Wertsachen im Fahrzeug!

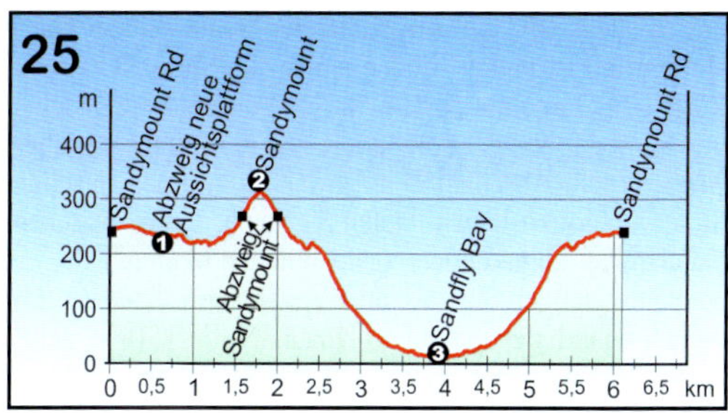

Alternativ können Sie die Wanderung auch am Westende der Sandfly Bay beginnen. Der kurze, aber anscheinend bekanntere Sandfly Bay Track führt über steile Sanddünen hinunter. Sie erreichen den Parkplatz am Start/Ziel von der Highcliff Rd rechts abbiegend über die asphaltierte Seal Point Rd (1,7 km), nur knapp 1 km vor dem oben beschriebenen Abzweig zur Sandymount Rd.

Vom Parkplatz aus folgen Sie dem Fahrweg linker Hand leicht bergan und betreten nach weniger als 100 m eine eindrucksvolle Allee aus Monterey-Zypressen (Macrocarpa). Am anderen Ende passieren Sie einen Farmschuppen und laufen durch zwei kleine Tore. Von hier haben Sie fortan freien Ausblick auf das Meer. Auf Ihrer linken Seite sehen Sie über die niedrige Küstenvegetation hinweg den schneeweißen Strand von Allans Beach und den hügeligen grünen Landzipfel von Mt Charles bis hin zum Cape Saunders, benannt 1770 von Kapitän James Cook. Im Landesinneren schimmert die Gezeitenlagune des Hoopers Inlet.

Die Küstenumgebung ist zunehmend von sanft geschwungenem Weideland und Tussockbüscheln geprägt.

Bei einer alten, einsamen Zypresse ❶ geht es in Zukunft in einem kleinen Abstecher hinunter zu einem neuen Aussichtspunkt (➲ ca. 300 m mehr). Die genaue Position und der Verlauf des Wegs dorthin waren zum Redaktionsschluss noch nicht bekannt. Die Darstellung in der Karte ist daher nur zur ungefähren Orientierung gedacht.

Nach den ersten 800 m dreht der Weg nach Westen. Fast ohne es zu merken, wandern Sie die nächsten 400 m oberhalb einer Steilküste mit tiefen Klippen entlang. Zwei bisher bestehende Aussichtsplattformen wurden Mitte 2019 gesperrt, da es Bedenken wegen der Stabilität des Felsens gab, und sollten inzwischen abgebaut sein. Bleiben Sie zu Ihrer eigenen Sicherheit auf dem Wiesenweg und folgen Sie den orangen Pfählen.

Anschließend verläuft der Weg im Bogen hinauf zum Sandymount. Während des Anstiegs (↑ 100 m) macht der Hügel seinem Namen alle Ehre, denn der Untergrund ist immer wieder sandig. Im Südwesten ist nach und nach die lange Küste von Otago mit Sandfly Bay im Vordergrund zu sehen, an klaren Tagen können Sie sogar Nugget Point am Rande der Catlins erspähen. Die Küstenvegetation ist in diesem Abschnitt sehr abwechslungsreich. Nachdem Sie einen Zaun mit Stufen überquert haben, laufen Sie wenig später zwischen ein paar gewundenen, märchenhaft anmutenden Ngaio-Bäumen hindurch.

Bald gelangen Sie an eine Weggabelung (km 1,6). Steigen Sie hier zunächst rechter Hand den Sandweg hinauf. Nach 150 m geht es an einem weiteren Abzweig erneut nach rechts und der „Gipfel" ist nach wenigen Schritten erreicht ❷. Von hier oben haben Sie einen wunderschönen, umfassenden Blick in alle Richtungen. Eine Peilscheibe zeigt alle markanten Punkte der Gegend.

Zurück an der ersten Weggabelung biegen Sie nun bergab nach rechts ab. Am Fuß des Abstiegs treffen Sie auf eine Kreuzung (km 2,2), an der es nach rechts 400 m zurück zum Parkplatz geht. Haben Sie aber noch genügend Puste, Zeit und Lust, dann merken Sie sich den Rückweg für später und schlagen stattdessen geradeaus den Weg Richtung Sandfly Bay ein.

Nur wenig später sind Sie von einer Dünenlandschaft umgeben. Der Weg durch fortan sandiges Gelände führt noch einmal kurz einen kleinen Hügel hinauf, bevor er nach links einer abfallenden Schneise zur Bucht hinunter folgt (großes oranges Dreieck). Kurzzeitig ist es durch dichtes Gestrüpp sehr eng, hier sind lange Hosen zum Schutz der Beine empfehlenswert.

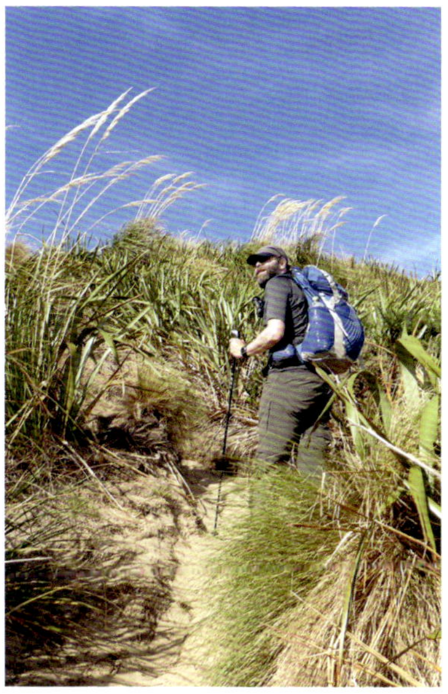

Aufstieg zum Sandymount

Dann aber beginnt der lustigste Teil der Wanderung. Das Hinabgleiten über die lange Sanddüne bereitet Kindern und auch Erwachsenen viel Spaß. So beschwingt kommt man sonst selten ans Ziel. In Ihrer Planung sollten Sie jedoch berücksichtigen, dass der Rückweg durch den Sand hinauf beschwerlich ist und Sie für die eigentlich kurze Distanz mehr Zeit als gewohnt benötigen werden. Nehmen Sie genügend Trinkwasser mit. Die gesamte Route bis zum Strand hinunter ist mit sporadisch gesetzten orangen Stäben versehen.

Übrigens: Die Sandfly Bay verdankt ihren Namen nicht den gleichnamigen kleinen Biestern, sondern dem herumfliegenden Sand. Rechnen Sie mit windigen Verhältnissen. Unten angelangt ❸ (km 3,9) können Sie auf dem 1 km langen Strand mit Glück gleich drei Vertreter der neuseeländischen Fauna antreffen: Neben Neuseeländischen Seebären (*fur seals*, an beiden felsigen Strandenden) und Seelöwen (*sea lions*, direkt am Strand und auch im Gras hinter den Dünen!) kommen mitunter Gelbaugenpinguine (*yellow-eyed penguin*) an Land. Die beste Chance, das zu beobachten, besteht am späten Nachmittag bzw. frühen Abend. Während die beiden Vertreter der Familie der Ohrenrobben nur einen respektvollen Abstand von mind. 10 m benötigen, sind die Pinguine deutlich scheuer. Wenn Sie die Vögel sehen, verhalten Sie sich ruhig, gehen Sie in die Hocke und verbleiben Sie in Ihrer Position, wenn möglich mit mind. 50 m Abstand. Warten Sie, bis die Tiere Unterschlupf in den Dünenbüschen gefunden haben, andernfalls kehren die Pinguine ins Meer zurück.

Treten Sie rechtzeitig mit ausreichend Tageslicht den Rückweg zum Parkplatz auf der (zum großen Teil schon bekannten) Route an.

Weitere Tracks

Mt-Aspiring-Nationalpark: Rob Roy Glacier

Der Anblick des mächtigen Rob-Roy-Hängegletschers mit den herabstürzenden Wasserfällen im riesigen Felsamphitheater ist einer der unvergesslichen Momente einer Neuseelandreise. Die Wanderung durch das Matukituki-Tal führt nach der eindrucksvollen Hängebrücke in die Schlucht des tosenden Rob Roy Stream und verläuft durch Südbuchenwald 400 Höhenmeter hinauf zu zwei Aussichtspunkten (⇆ 10,9 km). Die steilsten Stellen des Weges sind zwar mit Stufen entschärft, dennoch müssen vereinzelt ausgesetzte Passagen gemeistert werden. Für Kleinkinder ist die Tour eher ungeeignet. Die lange Anfahrt über unbefestigte Straße ist holprig und auf den letzten 9 km sind zahlreiche Bäche zu queren.

www.doc.govt.nz [Suchbegriff: Rob Roy Track]

Zum Druckzeitpunkt war der Track auf unbestimmte Zeit gesperrt. Erkundigen Sie sich vor Ort über den aktuellen Status.

Mt-Aspiring-Nationalpark: Harris Saddle, Routeburn Track

Der Routeburn Track ist einer der Great Walks Neuseelands mit eindrucksvoller alpiner Landschaft. Eine ambitionierte Tageswanderung tief hinein in die spektakuläre Bergwelt kann an langen Sommertagen von der Glenorchy-Seite aus unternommen werden (⇆ 25 km, ↑↓ 785 m/785 m). Die ersten zwei Drittel (Distanz und Anstieg) verlaufen durch märchenhaften Wald bis zur Baumgrenze bei den Routeburn Falls. Durch einen weiten Talkessel erreichen Sie vorbei an Lake Harris den gleichnamigen Sattel. Ein paar Minuten weiter entlang des Tracks oder 250 m höher vom Conical Hill haben Sie umwerfende Blicke ins Hollyford-Tal und auf die dahinterliegenden Darran Mountains. Rechnen Sie mit einigen Wanderern.

www.doc.govt.nz [Suchbegriff: Routeburn Track] und www.youtube.com [Suchbegriff: Routeburn Track: Alpine Tramping (Hiking) Series]

Fiordland-Nationalpark: Lake Marian

Der alpine Karsee Lake Marian ist ein besonders eindrucksvolles Beispiel für die Kraft der Gletscher. Gigantische Eisschichten haben hier in der Vergangenheit einen imposanten Talkessel in die Darran Mountains geschürft. Der Track steigt 400 m durch das bewaldete Hängetal steil hinauf und wird nach den Wasserfällen zum anspruchsvollen Unterfangen: rutschig, matschig, mit hohen Absätzen, über Steinbrocken und Wurzeln. Der magische See entschädigt jedoch für jegliche Kraxelei. ☺ Tipp: Wanderung 22 eröffnet aus der Ferne fantastische Ausblicke auf das eingeschlossene Tal.

www.doc.govt.nz [Suchbegriff: Lake Marian Track]

Mehr **Sicherheit** beim Wandern –
Mieten Sie einen **Notfallsender** (PLB)
für Ihr Outdoor-Abenteuer.

- *effiziente Hilfe unterwegs bei Notfällen*
- *Gerät 142 g leicht*
- *in Neuseeland registriert*
- *faire Mietkonditionen*
- *Langzeitmieten möglich*

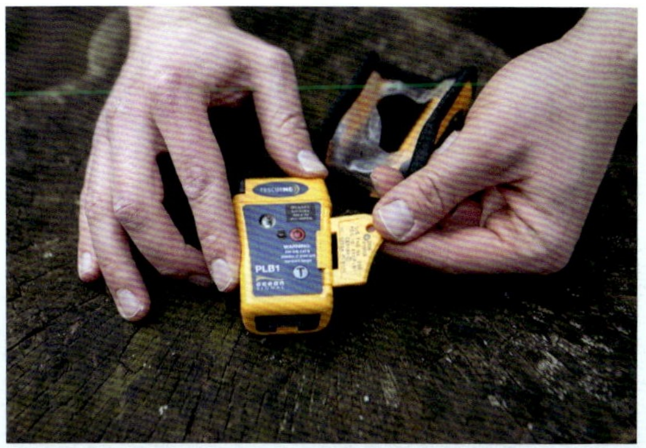

Satellitengestützt auch ohne Handynetz
überall in Neuseelands Wildnis einsetzbar.

www.notfallsender.de

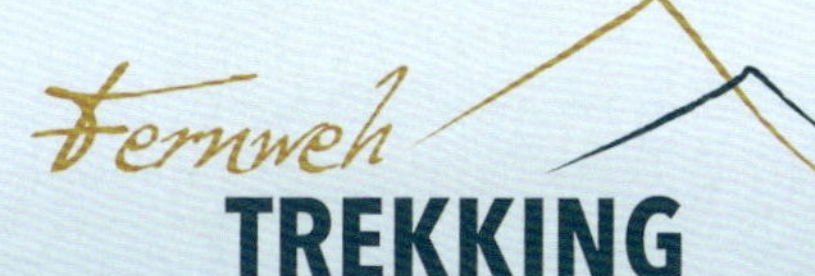

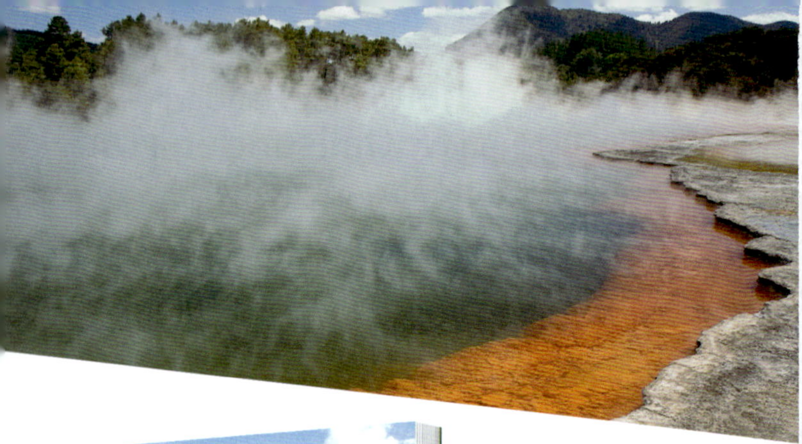

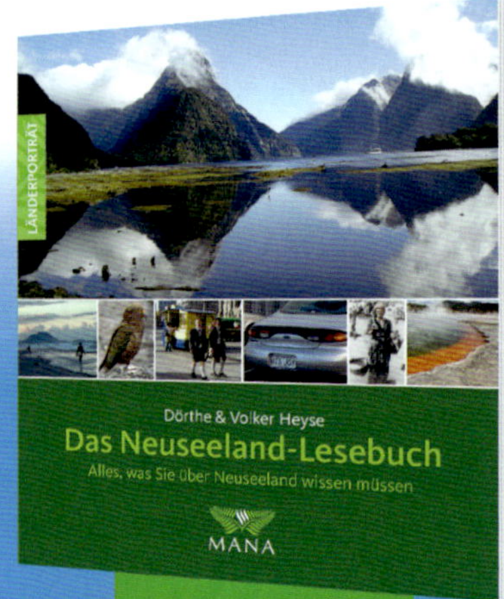

Dörthe & Volker Heyse

Das Neuseelandlesebuch

Länderporträt

480 Seiten
ca.450 Abbildungen

27,50€

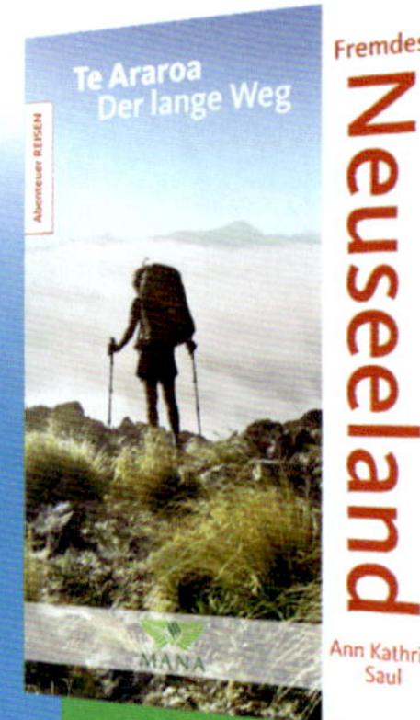

Ann Kathrin Saul

Fremdes Neuseeland

Selbstfindung auf
dem Te Araroa

304 Seiten
50 Abbildungen

16,50€

LÄNDER *erlesen*...
20 Jahre MANA-Verlag

mana-verlag.de

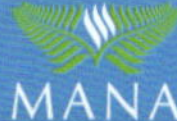